Lea estos testimonios y más acerca de cómo el reino de Dios se manifiesta en la tierra, de manera tangible:

Sanidades y milagros creativos

- "¡Dios le regresó el ojo!", exclamó la hijastra de un hombre a quien le habían removido un ojo mediante cirugía, debido a una lesión irreparable. Después que su hijastra y la iglesia creyeron por sanidad para este hombre, Dios sobrenaturalmente le puso un ojo nuevo.

- Un hombre de veintiún años sufría de acondroplasia, una condición genética que es el tipo más común de enanismo. Después de orar por un milagro creativo, él dijo haber sido tocado por el fuego de Dios, y que podía mover sus brazos, los cuales antes sólo tenían una movilidad limitada. Después, al año siguiente, ¡creció cinco pulgadas más en estatura, como una manifestación tangible del reino de Dios en la tierra!

- Una mujer respondió por fe a un llamado que se hizo desde el altar a todos los que eran VIH-positivo. Cuando un ministro declaró sanidad sobre ella, sintió que un calor recorría todo su cuerpo. Al siguiente día, ella fue al médico para un nuevo examen, ¡y los resultados fueron negativos! Ella testifica que recibió "gozo, salud y todo lo que necesitaba".

Salvación y victoria sobre el pecado

- Un joven usaba y vendía drogas, se prostituía con hombres y mujeres, había tenido problemas con la ley y padecía desequilibrio psicológico. Un día, solo en su cuarto, desesperado y deprimido, escuchó que Jesús lo llamó por su nombre y le dijo, "Te he dado muchas oportunidades pero me has dado la espalda. Está es tu última oportunidad para escoger correctamente". Esa noche, el poder de Dios lo liberó. "Hoy soy una persona diferente", dice él. "Hago guerra espiritual contra el enemigo de nuestras almas y lo desarraigo del territorio que le pertenece a Jesús".

- Una exitosa y acaudalada abogada sentía "un vacío inconfundible del cual no podía escapar. Yo… no podía entender por qué casi siempre me sentía triste, deprimida y temerosa". Una pregunta siempre repicaba en su mente: *¿Es esto todo lo que hay en la vida?* Después de responder al mensaje del reino de Dios, ella dice, "Jesús me derritió el corazón y se lo entregué. Comencé mi propia relación personal con Él y sentí su presencia por primera vez en mi vida… Jesucristo llenó el vacío que había en mí".

+ Un jugador de béisbol de las Grandes Ligas se había enfocado sólo en su éxito y huía de su relación con Dios. "Entonces, mi amigo me llevó a la capilla de béisbol", dice, "y allí le di mi corazón a Jesús. No sé cómo explicar esto, pero sentí como si una carga pesada había sido quitada de mi alma… El odio, el rencor, el resentimiento y la amargura comenzaron a desaparecer. La familia, el ministerio, las amistades… ¡Todo ha sido restaurado!".

Liberación de demonios y opresión

+ Durante un retiro espiritual, una mujer que estaba atada al rechazo, abandono y culpabilidad fue guiada a renunciar a esas ataduras por medio de la oración. "Cuando terminé", dice ella, "sentí que toda opresión se había ido. Hoy me siento libre de esa maldición generacional de abandono. ¡El dolor en mi corazón desapareció!".

+ "Me sentía vacío y quería morirme", dice un joven que fue diagnosticado con trastorno esquizoafectivo y trastorno obsesivo-compulsivo. Le habían dicho que tendría que usar medicamentos el resto de su vida. Entonces él respondió a un llamado al altar para aceptar a Jesús. "Me sentí como un hombre nuevo y cambiado", dijo. "Esa noche, sentí electricidad subiendo y bajando por todo mi cuerpo". Este joven lleva ya nueve años sin tomar medicina y continúa libre de la depresión.

+ Una mujer en el Medio Oriente llevaba treinta años siendo violentamente poseída por demonios. Una cadena había sido apretada alrededor de su abdomen y ensartada a un hueco en la pared, para evitar que lastimara a otros. La atmósfera estaba cargada de oposición espiritual. Después que una pastora le ordenara a los demonios de temor y suicidio que salieran de la mujer poseída, en el nombre de Jesús, y después que su prima oró, cantó y adoró a Dios, la mujer se calmó. Por primera vez en tres décadas, las cuerdas y cadenas le fueron quitadas y comenzó a comportarse normalmente. Calmadamente comió su cena, se puso piyama y durmió en una cama.

Prosperidad

+ "¡Señor, tú me prometiste que viviría en abundancia!". Esta fue la oración de un hombre que con mucho sacrificio le había dado a Dios, confiando que Él le daría la provisión financiera para suplir las necesidades de su familia. Sus ahorros cayeron a $1,200, y tenía facturas que pagar. Cuando le pidió a su esposa que le trajera la caja chica que contenía sus ahorros, ella dijo, "¡Hay 11,200!". Diez mil dólares habían sido puestos sobrenaturalmente dentro de la caja de dinero.

+ Un pastor y su esposa fueron activados en el poder sobrenatural del reino de Dios. Ellos oraron por un hombre que tenía una deuda de medio millón de dólares, porque su contador no había pagado los impuestos, y creyeron por la cancelación de esa deuda. ¡Dios hizo el milagro! Primero, le notificaron al hombre que su deuda había sido reducida a la mitad. Un mes después, recibió la notificación que el resto de la deuda había sido cancelada.

+ Una familia enfrentaba un inminente juicio hipotecario sobre su casa, porque al padre le habían reducido las horas de trabajo, lo que hacía imposible que pudieran reunir para pagar la hipoteca. "Comenzamos a declarar un milagro de Dios", dijeron. Tenían la certeza que Él les proveería. Poco después, Dios le habló a un amigo de la familia en oración, diciéndole, "Ellos no se quedarán sin casa, porque tú se la darás". El amigo les dio $95,000 para la compra de su casa.

Vida de resurrección

+ La niña prematura de una pareja nació muerta, y tuvieron que esperar doce horas antes de recibir el permiso para ver el cuerpo de su hija en la morgue. Cuando la iglesia se enteró de la noticia, comenzó a interceder por la familia. Finalmente se les permitió a los padres entrar a la morgue, donde el cuerpo de la niña había permanecido medio día a temperaturas extremadamente bajas. La mujer tomó las frías manos de su hija entre las de ella para despedirse. De repente, ella escuchó un sonido débil, y la niña se movió. ¡Dios la había resucitado! La pequeña fue llevada de inmediato a la unidad neonatal, donde los doctores confirmaron que sus signos vitales eran normales.

* Un pastor y su esposa fueron enviados a orar por un hombre en el hospital, pero llegaron a la habitación justo después que había muerto. Impusieron sus manos sobre el difunto, declarando que Dios lo resucitaría, pero al no verlo levantarse, se marcharon tristes. Después de darle las condolencias a la familia, el hijo del hombre dijo, "¿De qué está hablando? ¡Mi padre no está muerto!". Mientras ese hecho se confirmaba, otra familia gritaba de gozo, diciendo que *su* padre había sido levantado de entre los muertos. ¡La recepcionista había dirigido al pastor y su esposa a la habitación equivocada! El otro hombre por quien ellos habían orado estaba ahora completamente sano y diciéndole a todos que ¡Jesús lo había resucitado! Él y toda su familia recibieron a Jesús como su Salvador.

* Un pastor le predica a su iglesia acerca de pararse en fe para orar por sanidades, milagros y resurrecciones. Dos muchachas, de catorce y quince años, se apropiaron de esa palabra. Una semana después, su abuela sufrió un severo ataque al corazón y murió. Las dos muchachas corrieron hacia ella, asustadas, pero llenas del denuedo del Espíritu Santo. ¡Después de orar, los signos vitales de su abuela regresaron! El doctor no podía entender cómo una viejita de noventa años pudo sobrevivir a tan severo ataque.

EL REINO de PODER

CÓMO DEMOSTRARLO
AQUÍ y AHORA

EL REINO *de* PODER

CÓMO DEMOSTRARLO AQUÍ y AHORA

GUILLERMO MALDONADO

WHITAKER
HOUSE

Diseño de portada por Danielle Cruz.
Traducción por Adriana Cardona. Corrección y revisión de textos por Jose Miguel Anahuaman y Gloria Zura.

EL REINO DE PODER: CÓMO DEMOSTRARLO AQUÍ Y AHORA

(Publicado también en inglés bajo el título: *The Kingdom of Power: How to Demonstrate It Here and Now*)

Guillermo Maldonado
13651 S.W. 143rd Ct., #101 • Miami, FL 33186
http://www.elreyjesus.org/
www.ERJPub.org

ISBN: 978-1-60374-561-1 • eBook ISBN: 978-1-60374-739-4
Impreso en los Estados Unidos de América
© 2013 por Guillermo Maldonado

Whitaker House
1030 Hunt Valley Circle
New Kensington, PA 15068
www.whitakerhouse.com

Por favor, envíe comentarios o sugerencias para hacer mejoras a este libro a: comentarios@whitakerhouse.com.

1 2 3 4 5 6 7 8 9 10 11   ᵾ   21 20 18 17 16 15 14 13

Contenido

1

El reino de Dios está en usted

Jesús hizo esta sorprendente declaración a sus discípulos: *"No temáis, manada pequeña, porque a vuestro Padre le ha placido **daros el reino**"* (Lucas 12:32). Esta declaración, hoy en día, también es válida para los seguidores de Jesús. No importa con qué problemas o temores tengamos que luchar en nuestras vidas, Dios nos ha dado su reino, el cual brilla poderosamente en medio de la oscuridad de nuestro mundo, arrasando con la enfermedad, el pecado, los demonios, la carencia, y hasta la muerte. ¡Lo invito a entrar en el reino de poder de Dios para que pueda verlo demostrado en el aquí y ahora!

Hay una impactante imagen nocturna de la tierra, la cual fue producida por la NASA a través de una combinación de datos satelitales. Cada punto blanco de luz en la imagen representa la luz producida por una ciudad, mientras que las luces combinadas de varias zonas metropolitanas se ven como si fueran parches brillantes de iluminación.

Más allá de crear una foto hermosa, el despliegue de luces en "mapas" satelitales como éste, provee información acerca del estilo de vida de las personas alrededor del mundo. Estos grafican el urbanismo, revelan el consumo de electricidad nocturna, y a veces son usados para indicar el desarrollo económico y otros factores sociales de varios países y regiones. Los investigadores llaman a esto, "datos de luminosidad".[1]

---

1. http://geology.com/articles/satellite-photo-earth-at-night.shtml; http://geology.com/press-release/world-at-night/; http://www.flickr.com/photos/wwworks/2712986388/.

Luz brillando en la oscuridad

[Jesús dijo,] *"Vosotros sois la luz del mundo; una ciudad asentada sobre un monte no se puede esconder.... Así alumbre vuestra luz delante de los hombres, para que vean vuestras buenas obras, y glorifiquen a vuestro Padre que está en los cielos".* (Mateo 5:14, 16)

Jesús describió a sus seguidores como personas con "luminosidad espiritual". ¿Qué pasaría si pudiéramos "graficar" el resplandor de la luz de Dios que emiten los creyentes en toda la tierra, de manera que su grado de luminosidad nos indicara la condición espiritual de la gente y su accionar para Dios? Podríamos detectar…

- ♦ las naciones o regiones donde hoy la luz de Dios es más brillante en la tierra.
- ♦ cuán lejos y hasta qué grado hemos esparcido el reino de Dios a través de la tierra.

Los "datos de luminosidad espiritual" combinados de todos los cristianos en el mundo nos dirían cuánto brillamos *"como luminares* [luces radiantes] *en el mundo* (Filipenses 2:15). Si verdaderamente permitimos que nuestra luz brille, deberíamos ver "parches" brillantes de luz espiritual en nuestras ciudades, estados, regiones y naciones. Los creyentes juntos en unidad como "ciudades brillantes" pueden disipar la oscuridad espiritual donde quiera que vivan, trabajen o viajen.

Brillando de adentro hacia afuera

En el mapa satelital de la NASA, los puntos blancos de luz son claramente visibles. Sin embargo, no podemos ver la electricidad que origina esas luces porque ésta trabaja sin ser vista al interior de numerosos generadores.

De forma similar, nuestra luz espiritual es "generada" dentro de nosotros. Cuando nacemos de nuevo (vea Juan 3:1–21), Dios viene a morar en nosotros por medio del Espíritu Santo, y el reino es establecido en nosotros. Jesús dijo, *"El reino de Dios no vendrá con advertencia, ni dirán: Helo aquí, o helo allí; porque he aquí **el reino de Dios está entre vosotros**"* (Lucas 17:20–21).

Si la electricidad no fuera generada ni usada en la tierra, nuestro mundo físico sería muy oscuro de noche. Cuando ocurre un gran apagón eléctrico en ciudades o regiones, la luminosidad en las fotos satelitales disminuye. De la misma forma, si por alguna razón la luz de Dios disminuyera en nosotros, emitiremos una luz espiritual débil, y el reino de Dios no avanzará en nuestras vidas ni en el mundo.

Sin embargo, cuando el reino de Dios fluye en nosotros y a través de nosotros por medio del poder sobrenatural del Espíritu Santo, éste es como un gran generador. Esto ocurre cuando aprendemos cómo funciona el reino de Dios y actuamos conforme a sus principios. ¡Entonces brillaremos! Daremos gloria a Dios mientras alumbramos el camino para que otros reciban el reino de Dios en sus propias vidas, el cual produce milagros y transformación.

El reino de Dios primero debe entrar en nosotros, para que luego pueda manifestarse externamente.

Recientemente estuve ministrando en una reunión en Dallas donde muchos milagros y sanidades sucedieron bajo la unción de Dios. El Pastor Damion, de Phoenix, Arizona, era uno de los asistentes. Él está bajo la cobertura de una iglesia asociada a nuestro ministerio y testificó acerca de un milagro que le sucedió a una mujer de su congregación. Al padrastro de esa mujer, quien vive en Detroit y trabajaba para una compañía eléctrica, lo habían golpeado con un tubo de metal por haberse negado a hacer algo ilegal relacionado con su trabajo. Como resultado, su ojo derecho tuvo que ser removido, y el área del ojo fue completamente suturada. El Pastor Damion recibió una llamada telefónica de la mujer de su congregación, pidiéndole que por favor mantuviera a su padrastro en oración.

Este pastor le había estado enseñando a su congregación algunos de los principios de mi libro *Cómo Caminar en el Poder Sobrenatural de Dios*. Un domingo, fue movido por Dios a poner la grabación de unos de los servicios de nuestro ministerio, la cual había bajado de nuestra página Web. Él recordaba que yo había mencionado algo acerca de poner esas grabaciones en los servicios, porque el espíritu de sanidad y liberación permanecía en la atmósfera, produciendo sanidades y liberaciones adicionales para aquellos que tienen fe para recibirlos. Después de un poderoso tiempo de adoración, el Pastor Damion puso la grabación en fe, con la expectativa de que algo iba a suceder. Casi al final de la grabación, yo oré, y durante esa parte del servicio en la iglesia, la mujer sintió que Dios le decía que pusiera su mano sobre su ojo derecho, como un acto profético para acelerar la sanidad de su padrastro en Detroit. Ella creyó, y el resto de la iglesia creyó con ella que algo pasaría.

Treinta minutos después de terminado el servicio, el Pastor Damion recibió una llamada de la mujer, quien gritaba en el teléfono. Él pensó que algo malo había sucedido, pero ella decía, "¡Dios le regresó su ojo! ¡Fue Dios!". Esto fue lo que sucedió: esa mañana su padrastro todavía estaba en el hospital, y cuando el doctor fue a examinar los puntos, notó que algo se movía bajo el párpado suturado. El doctor dijo que eso no podía ser, así que lo abrieron y ¡allí estaba el ojo! El hombre podía ver formas y sombras, tal como ve un bebé recién nacido antes que su visión se desarrolle por completo. Más tarde pudo ver perfectamente bien. Dios le había creado un ojo nuevo donde el anterior fue removido debido al daño severo que había sufrido.

El padrastro no era creyente, pero después de este poderoso milagro, es salvo y ahora está en fuego por Dios. Además, la hijastra de este hombre pudo quedar embarazada, después que los médicos le habían dicho que no podía tener hijos. Asimismo, la otra hija del hombre, quien también vive en Detroit, fue sanada de la enfermedad de Crohn. ¡Esto es lo que produce el reino de Dios cuando es demostrado en la tierra!

El reino de poder

Muchos de nosotros hemos escuchado a maestros y pastores hablar acerca del reino de Dios, sin embargo, pocos hemos tenido una profunda revelación y entendimiento de lo que en realidad es, por lo que nos hemos diluido sus verdades y beneficios. Hemos fallado en entender su potencial para cambiar vidas. A medida que lee este capítulo, pídale a Dios que le de revelación de su reino, su poder y características. El reino de Dios es una realidad que podemos recibir y disfrutar hoy.

El gobierno soberano de Dios

¿Qué es el reino de Dios? Es su gobierno soberano en la tierra. En el Nuevo Testamento, el vocablo griego para "reino" es *basileía*, que significa "realeza", "gobierno", "un reino" (STRONG, G932), o "soberanía", "poder real" (NASC, G932). Viene de la raíz *basileus*, la cual da la idea de un "fundamento de poder" (STRONG, G935).

Un reino terrenal es la influencia, dominio, voluntad y gobierno de un rey o príncipe sobre cierto territorio, con el propósito de gobernar a sus habitantes. No puede haber un rey sin dominio ni súbditos. El reino de los cielos —el reino de Dios—, es su ámbito y su cimiento de poder en la tierra. Es su dominio o señorío, en el cual Él establece su voluntad en las vidas de su pueblo, aquí y ahora, por medio de la obra redentora de su Hijo Jesucristo. Dios gobierna sobre territorios, entidades, y seres humanos. Él gobierna sobre la enfermedad, la pobreza y la opresión. Él es soberano sobre su enemigo espiritual, Satanás (el diablo), quien busca expandir su propio reino de oscuridad en el mundo, para oponerse al reino de la luz de Dios.

Todo lo que un rey gobierna se conoce como su dominio o territorio.

Dios es el gobernador supremo del universo, que incluye nuestro mundo, y Él quiere que participemos activamente en la expansión de su reino aquí. *"De Jehová es la tierra y su plenitud; el mundo, y los que en él habitan"* (Salmos 24:1). El reino invisible, eterno y permanente de Dios, impacta el mundo visible, físico y natural, a través de hombres y mujeres nacidos del Espíritu en su reino.

Dondequiera que el reino de Dios gobierne, es visiblemente demostrado, y toda obra del enemigo debe salir, porque la oscuridad no puede permanecer en el mismo territorio ocupado por la luz. Por ejemplo, cuando el reino de Dios viene sobre un individuo, la enfermedad, el pecado, la maldad y otras obras del infierno tienen que huir.

Estaba ministrando en la iglesia más grande de Perú; era un servicio de sanidad y milagros. Fue allí donde conocí a la niña Loretta Ismaeles, de siete años, quien había nacido sin glándula tiroides. Esa enfermedad causa enanismo y otros síntomas, incluyendo la falta de pelo. Loretta sufría a diario de debilidad y sueño. Ella le decía a su madre que quería ser sanada, que no quería pasar el resto de su vida tomando pastillas, las cuales le eran prescritas por el médico para mantener la enfermedad bajo control.

La niña fue llevada por su madre al servicio de sanidad y milagros, y mientras yo ministraba, Loretta sintió un fuego en su corazón y en su boca, y lo exhaló. Ella creyó que así estaba expulsando todas sus enfermedades. Cuando pasó al altar a testificar de su sanidad, le pedí a uno de los médicos que le examinara la garganta y buscara la glándula tiroides. El doctor la examinó, ¡y sintió la glándula! Dios había creado una nueva glándula tiroides en ella. Loretta lloraba de felicidad. La niña misma se chequeó la glándula y saltó de gozo cuando la sintió. Estaba feliz sabiendo que había sido sanada, que podía dejar los medicamentos, y que ya no tendría que lidiar con su falta de energía diaria, y otros síntomas. Esta fue una demostración visible de la presencia del reino de poder de Dios en nuestro mundo hoy, trayendo su voluntad de sanidad y plenitud para la tierra.

El reino de Dios es la manifestación del ámbito espiritual, que demuestra su señorío, dominio y voluntad.

El reino y la iglesia

Para entender el reino de Dios debemos saber que éste no es igual a la iglesia. Hoy en día, muchos pastores, maestros y creyentes no tienen una clara revelación y propósito de las Escrituras acerca del reino. Jesús habló del reino más de cien veces, mientras que a la iglesia se refirió sólo dos veces. Después de su crucifixión y resurrección se quedó en la tierra por cuarenta días antes de ascender al cielo. ¿Qué hizo en este tiempo? Instruyó a sus discípulos *acerca del reino* (vea Hechos 1:3). Jesús es el Hijo de Dios (totalmente Dios y totalmente hombre), y después de cumplir su misión en la tierra, Dios Padre lo estableció como gobernador del mundo. Como dice Apocalipsis 11:15, *"Los reinos del mundo han venido a ser de nuestro Señor y de su Cristo; y ¡él reinará por los siglos de los siglos!"*. Dios le dio a Jesús toda autoridad en el cielo y en la tierra (vea Mateo 28:18). Él es nuestro Señor y Rey, y por medio de Él, el reino de Dios se expande por toda la tierra.

Como consecuencia, la iglesia está compuesta por aquellos que fueron redimidos por medio de la muerte y resurrección de Jesús, y que son llamados a expandir su reino, tal como lo hizo Jesús cuando vivió en la tierra. La iglesia no es el reino sino la *agencia* por medio de la cual el reino es extendido.

Muchos de nosotros tenemos más conocimiento acerca de la doctrina y cultura de nuestras iglesias y denominaciones individuales, que el que tenemos acerca del reino de Dios. Sin embargo, la iglesia siempre debe estar sujeta a los propósitos del reino. Ninguna iglesia ni ministerio cristiano debe comportarse conforme a su propia agenda. En el ámbito sobrenatural, debemos ser gobernados por una mentalidad de reino, no por una mentalidad democrática.

El reino de Dios y el reino de los cielos

Otro malentendido acerca del reino es el significado de la frase "reino de Dios" versus la frase "reino de los cielos". En la Escritura, estas frases a menudo se usan de forma intercambiable. Sin embargo, aunque son similares, creo que cada una implica algo específico. El reino de los cielos es un lugar espiritual llamado "cielo", desde donde Dios gobierna e influye sobre la tierra y el universo entero. Es la morada de Dios o la atmósfera donde se encuentran su trono, corte de ángeles, ancianos y demás. (Vea, por ejemplo, Apocalipsis 4:9–10). El asiento de gloria y poder del Padre está rodeado por una *"luz inaccesible"* (1 Timoteo 6:16).

El reino de los cielos es el dominio de Dios.

El reino de los cielos es invisible, pero impacta el mundo visible como el reino de Dios. Todo lo que sucede en la tierra para avanzar el reino debe ser, primeramente, revelado, declarado y decretado en el cielo. El reino de Dios extiende el dominio y autoridad del Rey al mundo. Es el ámbito donde su voluntad es obedecida, produciendo un cielo en la tierra.

Podemos decir que el reino de Dios es la atmósfera producida por nuestra relación de obediencia y sumisión al Él. La atmósfera espiritual y emocional de cualquier lugar es el resultado de relaciones. Por ejemplo, cuando existen buenas relaciones entre los miembros de una familia, se puede percibir una atmósfera positiva en el hogar. Algo similar experimentamos cuando la voluntad de Dios es obedecida y su reino toma dominio sobre un territorio, lugar o persona. Si tenemos una relación correcta con nuestro Padre celestial, experimentaremos la atmósfera espiritual del cielo en la tierra y podremos transmitir esa atmósfera a quienes están a nuestro alrededor.

En este libro, nuestro enfoque es el reino de Dios; cómo quiere Dios que los creyentes y la iglesia continúen expandiendo su reino en la tierra, a través de nuestra autoridad en el Rey Jesús y nuestro poder en el Espíritu Santo.

El reino de Dios es su voluntad y dominio ejercido en la tierra como es en los cielos.

Cualidades del reino de Dios

Exploremos varias cualidades distintivas del reino de Dios para poder actuar en ellas, mientras avanzamos su reino en la tierra.

1. Es un reino sobrenatural

Respondió Jesús: Mi reino no es de este mundo. (Juan 18:36)

El reino de Dios no es físico ni tiene una capital terrenal, como Roma, que fue la capital del imperio romano. Es un reino sobrenatural o espiritual. Su capital está en el cielo, desde donde Dios reina.

La capital del reino de Dios está en el cielo.

Debido a que el reino de Dios no es de este mundo, no llega por medios naturales. No veremos un edificio, un ejército o ninguna otra cosa descender de cielo. Como hemos señalado, el reino de Dios está dentro de nosotros —y está entre nuestros hermanos y hermanas en Cristo—, dondequiera que vamos. Es la vida de Dios ejerciendo su influencia en la tierra a medida que el poder del Espíritu Santo opera por medio de nuestra humanidad.

El reino se manifiesta visiblemente por medio de milagros y señales del amor incondicional de Dios. Por ejemplo, cuando una persona es liberada de influencias demoníacas, vemos evidencias físicas de la llegada del reino de Dios y su choque con el reino de Satanás. A menudo hay síntomas, tales como convulsiones, cuando éste es expulsado de la vida de una persona. Además, el día vendrá cuando el reino de Dios llegue a ser visible a todo ojo en la tierra, para ver cuando Jesús regrese físicamente a establecer su gobierno en la tierra (Vea, por ejemplo, Apocalipsis 1:7; 1 Tesalonicenses 4:16–17).

2. Es un reino de poder y no sólo de palabras

Porque el reino de Dios no consiste en palabras, sino en poder.

(1 Corintios 4:20)

El reino de Dios nunca estuvo destinado a ser proclamado sólo con palabras, de una forma abstracta. Tampoco debía ser comunicado como algo que sólo vendrá en el futuro. Siempre estuvo destinado a ser anunciado con poder, y en el presente —en el ahora—. El apóstol Pablo escribió, *"Pues nuestro evangelio no llegó a vosotros en palabras solamente, sino también en poder, en el Espíritu Santo y en plena certidumbre"* (1 Tesalonicenses 1:5). Muchos predicadores hablan del reino, pero no tienen demostraciones que acompañen lo que predican. Eso demuestra que les falta revelación de las verdaderas cualidades del reino de Dios. Es fácil predicar acerca de algo que no puede ser probado porque así no arriesgamos nuestra reputación. Sin embargo, cada vez que el reino es predicado debe haber una demostración visible del poder de Dios para sanar enfermos, liberar cautivos y oprimidos y salvar al perdido. Consideremos el ministerio de Jesús:

Y recorrió Jesús toda Galilea, enseñando en las sinagogas de ellos, y predicando el evangelio del reino, y sanando toda enfermedad y toda dolencia en el pueblo. (Mateo 4:23)

Cada vez que el reino es predicado, debe ser manifestado con un acto visible de poder.

Usted sabe que la palabra *evangelio* significa "buenas noticias". Entonces, ¿qué debería pasar cuando predicamos el *"evangelio del reino"*? Las mismas cosas buenas que pasaban cuando Jesús predicaba. Él demostraba el poder del reino con milagros, señales, sanidades y echando fuera demonios. Cada vez que anunciaba las buenas noticias del reino, estas cinco entidades, las cuales plagaban la humanidad desde la caída del hombre, no podían permanecer:

+ Enfermedad

+ Pecado

+ Demonios

+ Pobreza

+ Muerte

Enfermedad, pecado, demonios, pobreza y muerte vienen del reino de Satanás. Entonces, cada vez que Jesús los confrontaba con su superioridad del reino de Dios, ellos eran derrotados. Desafortunadamente, hay muchos teólogos y predicadores, hoy en día, que no han visto sanidades o expulsión de demonios, porque sólo tienen un conocimiento mental del reino y no un conocimiento práctico del mismo. No han visto el poder de Dios manifestarse de forma visible.

En un servicio de milagros en nuestra iglesia, prediqué acerca del poder de Dios y ministré ese poder a otros de un modo demostrable. Entre los que estaban en la reunión había una mujer llamada Madeline, quien estaba embarazada y había recibido un diagnóstico malo de su bebé. Cuando ella fue a su primer sonograma, el personal médico detectó que a su bebé le hacía falta el riñón derecho. Madeline se entristeció, pero comenzó a orar por un milagro. Al siguiente mes le hicieron otro sonograma y los doctores confirmaron que el riñón derecho de la niña no se había formado. Pero Madeline no se dio por vencida y continuó peleando la buena batalla de la fe.

En medio de esa situación angustiosa, fue a una cruzada de milagros, creyendo por un milagro creativo. Cuando llamé al altar a todos los que necesitaban un milagro creativo, Madeline fue la primera en responder. Declaré la palabra y la mujer se apropió de ella, llorando y creyendo que Dios había hecho el milagro. Durante el noveno mes de embarazo, fue a hacerse el último sonograma y el médico le dijo que no entendía lo que había pasado. Lo que antes no existía, ahora sí estaba ahí: ¡el riñón derecho de la bebé había aparecido! Para la gloria de Dios, después del parto, Madeline llena de gozo y gratitud testificó que su hija estaba saludable y tenía todos sus órganos. El poder sobrenatural del reino había hecho un milagro creativo que la ciencia médica no había sido capaz de producir.

La revelación del mensaje del reino que proclamamos puede ser probada por la manifestación visible del poder, dominio y autoridad de Dios.

3. Es un reino inconmovible

Recibiendo nosotros un reino inconmovible. (Hebreos 12:28)

Nuestro mundo está siendo sacudido de varias formas. Los cielos, los mares, la tierra, la economía global, los líderes y gobiernos del mundo, las iglesias locales, las denominaciones y ministerios, todos están siendo sacudidos. Sólo hay un lugar seguro para nosotros: el reino de Dios. Si estamos bajo su cobertura y autoridad, no podremos ser sacudidos. La enfermedad no podrá derrotarnos. La pobreza no podrá enseñorearse de nosotros. La crisis económica no podrá robarnos la paz ni el pan diario. La corrupción moral no atrapará a nuestros hijos y los desastres naturales no nos destruirán. Prevaleceremos, sobre todo, por causa de la cobertura o protección del reino inconmovible de Dios.

Cualquiera, pues, que me oye estas palabras, y las hace, le compararé a un hombre prudente, que edificó su casa sobre la roca. Descendió lluvia, y vinieron ríos, y soplaron vientos, y golpearon contra aquella casa; y no cayó, porque estaba fundada sobre la roca. (Mateo 7:24–25)

4. Es un reino cuya realidad es experimentada aquí y ahora

Arrepentíos, porque el reino de los cielos se ha acercado. (Mateo 4:17)

Cuando Jesús predicó acerca del reino, se refirió a él en el aquí y ahora, diciendo que éste *"ya está aquí"* (Mateo 12:28, TLA) o *"ha llegado a ustedes"*

(Mateo 12:28, NVI). Enseñó relativamente poco acerca del reino como un futuro eterno. Él expresó el concepto como una realidad presente, donde no hay pasado ni futuro —sólo un eterno ahora—. Jesús dijo que el reino *"ya está aquí"* porque el cielo estaba en la tierra. Él no le dijo a la gente que esperara la muerte para disfrutar el reino en el cielo; su mensaje era que el reino había llegado y podía ser recibido.

Algunas personas piensan que el reino de Dios sólo consiste de perdón de pecados y un futuro en el cielo. ¡Es mucho más que eso! Esas personas se han arrepentido lo suficiente para ser perdonadas y salvadas, pero no se han arrepentido hasta el punto de poder ver el reino manifestado abundantemente en sus vidas. El arrepentimiento completo, como pronto veremos, significa un cambio completo de mentalidad. El perdón sólo es una entrada a un reino que es infinito, eterno y con poder ilimitado.

Asimismo, a través de la historia, la iglesia en su totalidad se ha limitado a sí misma porque a menudo ha visto el reino como un evento pasado o una realidad futura, sin tener una revelación de su existencia presente. A menudo ha visto la eternidad como algo que experimentaremos después de morir o después de la venida de Jesús, cuando en realidad la eternidad siempre existe en el ahora. En el eterno ahora, la eternidad es pasado, presente y futuro, todo junto. Muchas veces la iglesia también se ha distanciado de las manifestaciones sobrenaturales debido a razones que veremos más adelante en este capítulo.

Por ahora, es importante conocer que el reino de Dios en la tierra fue establecido por Jesús y, cuando Él regresó al cielo, le delegó la autoridad a la iglesia para continuar la expansión del reino aquí y ahora, en el "presente" de cada generación subsiguiente de creyentes. El reino trae todo lo que cada ser humano necesita, como: salvación, sanidad, liberación, prosperidad y propósito. Esto es para ser experimentado hoy, y se ha de aplicar a cada circunstancia que están pasando en este momento.

El reino de Dios es una realidad eterna que puede afectar cualquier situación presente, aquí y ahora.

A través del Nuevo Testamento leemos que el reino ha sido traído a la tierra. Entonces, cuando ministro y conozco personas sufriendo de cáncer, recuerdo que el cáncer no existe en el cielo. Oro por esa persona y el cáncer se va. No tengo que esperar que Jesús regrese para recibir o ministrar sanidad, porque yo soy un portador del reino de Dios quien manifiesta su poder visiblemente aquí y ahora.

Lo mismo sucede con todos los líderes en mi ministerio. Mientras mi esposa, Ana, estaba ministrando a miles de personas durante una conferencia en Argentina, conoció a una mujer llamada Alejandra quien había llegado usando una bufanda para esconder su calvicie. Alejandra testificó que la habían operado tres veces en los últimos doce meses para curar el cáncer de mama que amenazaba su vida. Le habían quitado el seno izquierdo y estaba recibiendo quimioterapia, lo cual le ocasionó la pérdida del cabello. Ella había descubierto un bulto en su seno, del tamaño de un huevo, mientras le daba de mamar a su hija recién nacida, y los médicos le confirmaron que era cáncer. "Cuando escuché la noticia", dijo Alejandra, "lo único que pude hacer fue agarrarme fuertemente de Dios y decir, 'Señor, te doy mi vida'. Yo estaba esperando mi milagro, así que nunca me solté". Esa fue su afirmación de fe.

Durante la conferencia, la presencia de Dios era muy fuerte. Mientras la Pastora Ana caminaba por los pasillos, impuso sus manos sobre el hombro de Alejandra y la declaró sana. "No sentí nada en ese momento", dice Alejandra, "pero cuando regresé al doctor para otros exámenes, todos se sorprendieron al descubrir que, ¡el cáncer había desaparecido!". Sin embargo, el milagro no termina ahí. Después de tres operaciones, su seno izquierdo parecía como una pequeña masa, del tamaño de una uva pasa. Todo, hasta el hueso le habían removido, incluyendo tejido muscular. No podía levantar el brazo izquierdo ni hacer nada con él porque se le inflamaba debido a la falta de ligamentos. Aunque se sentía agradecida con el Señor por su sanidad de cáncer, todavía era infeliz. No quería ver su cuerpo tal como estaba. Su esposo, Juan, continuó la historia explicándonos, "Yo le dije a Dios, '¡Éste no es el Dios que conozco! ¡Quiero un nuevo seno para mi esposa!'". Entonces hice un pacto, creyendo que Él lo haría. Una mañana ella me dijo, "¡Mira! Y cuando miré, ¡sus dos senos eran iguales! La única marca visible era una cicatriz pequeña causada por la cirugía. ¡Dios le creó un seno nuevo! Este es un verdadero milagro de Dios y una total restauración. El Señor le reconstruyó su seno; ¡es algo que no se ve con frecuencia!".

La manifestación visible del poder de Dios es en el "ahora", y Alejandra está completa, como si el cáncer nunca hubiera invadido su cuerpo.

El reino de Dios ha venido, viene, y vendrá.

El carácter del reino de Dios

¿Cómo podemos reconocer que el reino de Dios ha llegado verdaderamente a nuestro entorno? Lo sabemos al experimentar y vivir de acuerdo con el carácter de su reino.

Porque el reino de Dios no es comida ni bebida, sino justicia, paz y gozo en el Espíritu Santo.   (Romanos 14:17)

El reino de Dios no consiste de cosas materiales ni simplemente de palabras, sino que tiene tres características principales: justicia, paz y gozo, las cuales se encuentran sólo en el Espíritu Santo.

1. Justicia

Vivir en justicia significa varias cosas: (1) Estar recto delante de Dios por el perdón y la redención que recibimos a través de la muerte y resurrección de Cristo. (2) Actuar de la misma forma que actúa Dios, como dice Miqueas 6:8: *"Qué pide Jehová de ti: solamente hacer justicia, y amar misericordia, y humillarte ante tu Dios?"*. (3) Someternos a rendirle cuentas a Dios por nuestros pensamientos, palabras y acciones y permitirle que nos corrija y guíe *"por sendas de justicia por amor de su nombre"* (Salmos 23:3).

Fuera del reino de Dios no hay justicia, sólo rebelión.

Para estar dentro del reino de Dios debemos ser justos, sin importar a qué denominación estemos afiliados o cómo podemos llamarnos a nosotros mismos. Podemos pertenecer a una iglesia Pentecostal, Bautista, Metodista o cualquier otra, pero si no nos sometemos al gobierno de Dios, entonces somos rebeldes e injustos. Sólo aquellos que están dentro del reino pueden conocer justicia. Fuera de él, Satanás es quien gobierna. La buena noticia es que todos los que se arrepienten pueden recibir la justicia que viene a través de Jesucristo, por la cual podemos entrar al reino de Dios y tener verdadera vida eterna.

2. Paz

> *El principado sobre su hombro; y se llamará su nombre Admirable... Príncipe de Paz. Lo dilatado de su imperio y la paz no tendrán límite.*
> (Isaías 9:6–7)

El profeta Isaías proclamó un signo esencial del Mesías (Jesucristo) y la esencia de las buenas noticias que Él traería a la tierra: el *gobierno* estaría sobre sus hombros. Él gobernaría a los seres humanos, a todos aquellos que se habían perdido bajo su propio gobierno desde que la humanidad se reveló contra Dios. En el próximo capítulo exploraremos este tema con mayor detalle. El gobierno del Rey Jesús trae paz verdadera y duradera a todos los que a él se someten.

La paz sólo es posible cuando uno vive bajo sumisión al reino, o gobierno, de Jesucristo.

La palabra hebrea para "paz" es *shalom*, la cual puede significar "plenitud", "solidez", (NASC, H7965), y "seguridad", con la connotación de estar "bien", "feliz", "saludable" y "próspero" (STRONG, H7965). La paz y otros beneficios vivificantes vienen como resultado de haber sido justificados por Jesucristo.

Una de las medidas de éxito de un gobierno es la paz que disfrutan sus ciudadanos. Y la verdadera paz en la tierra proviene del reino de Dios. Por tanto, es en vano que las naciones busquen paz fuera de su reino.

> *¿No es esto de Jehová de los ejércitos? Los pueblos, pues, trabajarán para el fuego, y las naciones se fatigarán en vano. Porque la tierra será llena del conocimiento de la gloria de Jehová, como las aguas cubren el mar.*
> (Habacuc 2:13–14)

La historia muestra que la paz no puede venir donde hay ausencia de un gobierno justo. Entonces, las palabras *justicia* y *paz* siempre van a estar relacionadas. Una no puede existir sin la otra. No podemos experimentar verdadera paz sin tener justicia. Jesús quiere reinar sobre la raza humana para traer justicia y paz.

> *Y el efecto de la justicia será paz; y la labor de la justicia, reposo y seguridad para siempre.*   (Isaías 32:17)

¡Los rebeldes no disfrutan la paz! Podemos ser "religiosos" y todavía tener una naturaleza rebelde. Tratar de observar todas las reglas o practicar rituales religiosos no trae justicia. En Lucas 15, en la parábola del hijo pródigo, el hermano mayor se quedó en casa y observó todas las reglas establecidas por su padre. Sin embargo, en su corazón, era tan rebelde como su hermano pródigo. La fiesta de bienvenida del padre, para el hermano más joven que se había arrepentido, expuso la condición del corazón del hermano mayor. (Vea los versículos 25–32). La paz es una necesidad primordial de todo ser humano, y podemos entender por qué la gente se siente inquieta, triste, y miserable cuando no tiene una relación con Dios, y lleva una vida contraria a su reino. Recibir la paz con Dios por medio de Jesucristo pone fin a nuestra rebelión y miseria.

> *Paz, paz al que está lejos y al cercano, dijo Jehová; y lo sanaré. Pero los impíos son como el mar en tempestad, que no puede estarse quieto, y sus aguas arrojan cieno y lodo. No hay paz, dijo mi Dios, para los impíos.*   (Isaías 57:19–21)

¿Por qué los océanos siempre están "inquietos", turbulentos y en constante movimiento? Los científicos han descubierto que los mares continuamente reaccionan a varias fuerzas. Las influencias gravitacionales de la luna y del sol producen mareas altas y bajas. Las corrientes marinas también contribuyen a mover las aguas. Las mareas hacen que el agua se mueva hacia arriba y hacia abajo, mientras las corrientes mueven el agua de un lado a otro.[2] El estado de un individuo que está separado de Dios, en una inquietud incómoda, es similar a las aguas inquietas del océano. No puede encontrar paz y nunca se siente satisfecho.

¿Ha estado el mundo alguna vez tan inquieto como está hoy? Mire a su alrededor y observe cómo la gente, determinada y obsesivamente

2. http://oceanservice.noaa.gov/navigation/tidesandcurrents/.

busca placer. ¿Qué produce esa búsqueda incesante sino la incomodidad, la insatisfacción y la falta de paz? A menudo, la gente dice cosas como, "¡Olvidémonos del problema y hagamos algo!", "No soporto estar solo en casa", o "Siento que me estoy enloqueciendo". Algunas personas tratan de encontrar alivio a sus inquietudes yendo a fiestas continuamente o envolviéndose en otras prácticas que producen placer. Tienen el constante deseo de ver o experimentar algo nuevo y fresco. El término moderno para este comportamiento es "escapismo". La gente quiere escaparse de la realidad. Por estar agitados, siempre buscan la forma de "sentir algo bueno", o situaciones en las que puedan soltar aquello que los atormenta. Tratan de estimularse por medio de la distracción, aventuras y emociones fuertes. Esas cosas expresan la inquietud fundamental, que es producida por fuerzas negativas espirituales, emocionales y físicas, que operan en sus vidas.

El apóstol Santiago escribió que la persona que duda de la realidad de Dios y de su verdad es *"semejante a la onda del mar, que es arrastrada por el viento… El hombre de doble ánimo es inconstante en todos sus caminos"* (Santiago 1:6, 8). Muchas personas sienten que andan entre el bien y el mal, entre saber lo que deben hacer, lo cual es correcto, pero gustándoles lo que es malo y destructivo. Sin embargo, todos tenemos necesidad de paz, y nunca nos sentiremos satisfechos sin la paz de Dios. Como dije anteriormente, la única forma de encontrar paz es sometiéndonos al gobierno de Dios y recibiendo su justicia por medio de Jesucristo. Cuando la justicia entra en nuestros corazones, produce paz, descanso y seguridad eterna.

3. Gozo

No os entristezcáis, porque el gozo de Jehová es vuestra fuerza.
(Nehemías 8:10)

¡El reino de Dios también trae gozo! Hay una diferencia entre la felicidad y el gozo: la felicidad pertenece al ámbito del alma, mientras que el gozo pertenece al ámbito del espíritu.

La felicidad está conectada a las circunstancias externas. Dependiendo de la naturaleza de las circunstancias, nos sentimos felices o tristes. Muchas personas creen que tener un carro lindo, una casa nueva, y un buen trabajo que pague lo suficiente para cubrir las deudas, trae felicidad. Si consiguen estas cosas tendrán felicidad temporal. Sin embargo, el estado de diversas circunstancias de la vida cambia con frecuencia —finanzas, relaciones, salud, y otras más—, lo que significa que su felicidad estará en constante peligro.

En contraste, el gozo siempre se relaciona a una fuente estable que nunca cambia, no varía ni se ve afectada por fuerzas externas. Esa fuente es Dios y su reino inconmovible. Sin importar las circunstancias que estemos experimentando, su gozo es nuestra fortaleza. Simplemente tenemos que estar seguros de permanecer en sumisión al Rey Jesús y su reino; entonces, tendremos paz y gozo en el espíritu de Dios.

4. El Espíritu Santo

El Espíritu Santo es el administrador y ejecutor del reino. Solo Él puede revelar las cosas del reino y de su rey. (Vea, por ejemplo, 1 Corintios 2:11–12). Cuando recibimos el Espíritu Santo, nos convertimos en portadores del reino de Dios, el cual es revelado en y a través de nosotros por el Espíritu.

Sin el Espíritu Santo no hay reino ni gobierno de Dios.

El Espíritu Santo siempre obra en la vida del pueblo de Dios que se rinde a Él. Él produce gran actividad espiritual, milagros manifiestos, sanidad, señales y maravillas. Él genera lo sobrenatural dentro de la iglesia y el reino. Si el Espíritu Santo fuera quitado de entre nosotros, nos quedaríamos solamente con un reino teórico, teológico e histórico, carente de poder, incapaz de producir cambios y transformaciones en la gente. La justicia, paz y gozo sólo son posibles donde opera el Espíritu Santo.

La iglesia se engaña a sí misma cuando habla del reino de Dios y la cristiandad, pero falla al no permitir que el poder sobrenatural de Dios se revele en las vidas de la gente. ¿Cómo es posible que prediquemos el reino de Dios, mientras ignoramos, rechazamos y criticamos las cosas del Espíritu? ¿Cómo podemos enseñar acerca del reino sin mencionar la llenura del Espíritu Santo? ¿Cómo podemos proclamar el reino de poder sin producir sanidades, milagros, señales y maravillas de forma visible? ¿Cómo podemos recibir el reino y no darle al Espíritu Santo libertad para moverse entre nosotros?

Debemos buscar manifestar el reino, en toda su plenitud, en nuestras vidas y en nuestro mundo. En una cruzada de milagros en Sudáfrica, conocí a Efraín Sigala, quien había vivido los últimos veinte años de su vida conectado a un tanque de oxígeno, y estaba cansado de vivir así. No podía trabajar (había sido pastor), apenas era capaz de caminar, así que fue declarado discapacitado. Todos los días se sentía desmayar y le oraba a Dios por fortaleza para continuar.

Aunque Efraín era cristiano, no sabía del poder sobrenatural de Dios ni conocía acerca de mi ministerio. Sin embargo, algunos de sus amigos, también pastores, le dijeron cómo el Espíritu de Dios se movía en mis servicios y le ayudaron para que pudiera asistir a nuestras reuniones. Lleno de expectativa, Efraín declaró que regresaría a su casa completamente sano. Durante la ministración, mientras oraba por un bebé y una mujer que tenían dificultad para respirar, Efraín le dijo a su esposa, "Ha llegado el momento". Llegó al altar y compartió su historia. Explicó que tenía fibrosis pulmonar, la cual le había causado inflamación y cicatrices en las paredes pulmonares, dañándole sus cuerdas vocales. Tenía dificultad para respirar y su cuerpo funcionaba a baja capacidad. Además, una válvula en su corazón estaba bloqueada y los médicos sospechaban que tenía cáncer.

Oré por él y en el nombre de Jesús maldije la enfermedad y decreté el espíritu de vida y la salud del cielo sobre su cuerpo. De repente, comenzó a temblar bajo el poder del Espíritu Santo. Cuando dejó de temblar, sus ojos brillaban. En un acto de fe, se quitó la máscara de oxígeno y respiró profundamente varias veces. De inmediato comenzó a moverse y a caminar sin problema. ¡Estaba sano! Caminó toda la plataforma y hasta corrió. Su piel, que tenía aspecto amarillento antes del milagro, ahora tenía un saludable color rosado. ¡Efraín era la imagen de la felicidad! Sus pulmones fueron sanados y desde entonces no ha necesitado el tanque de oxígeno. Además recuperó el pleno uso de sus extremidades. Éste es el verdadero cristianismo —el poder de Dios visiblemente manifestado a través de nosotros sus hijos—.

La demostración sobrenatural del reino sólo viene por el Espíritu Santo, no por teología o doctrina.

Orando para que el reino venga

Venga tu reino. Hágase tu voluntad, como en el cielo, así también en la tierra.   (Mateo 6:10)

La oración del Padre Nuestro que Jesús enseñó a sus discípulos, trata sobre la adoración a Dios Padre, la comunión con Él y el traer su reino a la tierra. Note que la primera petición, después de *"santificado sea tu nombre"* (versículo 9), es *"Venga tu reino"*. El reino de Dios debe ser nuestra primera prioridad.

Además, esta oración confirma dónde debemos manifestar el reino: *"en la tierra"*. Nuevamente, muchos cristianos creen que el propósito principal del reino es llevarlos al cielo, pero está claro que el propósito del reino es, ¡traer el cielo a la tierra! Debemos entender que la voluntad, dominio y señorío de nuestro Rey debe ser cumplida en la tierra, aquí y ahora, de la misma forma que se cumple en el cielo.

Todas las otras oraciones son secundarias a este propósito, al igual que todas nuestras necesidades, problemas, pruebas y dificultades personales. Después de haber orado para que la voluntad de Dios se haga en la tierra como es en el cielo, podemos orar por el *"pan nuestro de cada día"* (versículo 11). Sin embargo, muchos cristianos ponen sus problemas y necesidades personales antes que el reino de Dios. No se dan cuenta que éste es precisamente el motivo por el cual sus necesidades no son contestadas: sus prioridades no están en orden. (Vea versículos 31–33).

Cuando el reino es la prioridad en nuestras vidas —cuando adoramos a Dios, servimos a otros, sanamos a los enfermos, testificamos de Jesús, liberamos al oprimido, damos ofrendas y llevamos el evangelio dondequiera que vamos—, todas nuestras necesidades serán suplidas. Debemos prestar mucha atención a lo que dice esta porción del Padre Nuestro: *"Venga tu reino. Hágase tu voluntad, como en el cielo, así también en la tierra"*. Estas expresiones no vienen a mí como peticiones pasivas sino como declaraciones afirmativas. Más adelante, Jesús dice, *"Desde los días de Juan el Bautista hasta ahora, el reino de los cielos sufre violencia, y los violentos lo arrebatan"* (Mateo 11:12). Debemos "aprovechar" lo que está en los cielos y traerlo a la tierra. Cuando oramos, jalamos a la tierra lo que está en el cielo: salud, liberación, paz, gozo, perdón, milagros, sanidad, prosperidad y ¡mucho más! Cuando dependemos del reino de Dios, visiblemente podemos producir lo que necesitamos.

El cielo es el patrón o modelo que debemos traer a nuestro entorno. Cuando encontramos gente con artritis, diabetes, cáncer y otras enfermedades, debemos recordar que la enfermedad no existe en el cielo, y debemos "halar" el reino de los cielos a la tierra para que su poder se manifieste y la gente pueda ser sanada y liberada en el nombre de Jesús.

El Padre Nuestro habla de adorar a Dios Padre,
tener comunión con Él y traer su reino a la tierra.

Cómo entrar en el reino de Dios

Hasta aquí hemos aprendido lo que es el reino de Dios, dónde se encuentra y sus cualidades y características principales. Ahora descubriremos cómo entrar en él por completo. La salvación por medio de la obra de Jesús en la cruz forma parte de la provisión de Dios, pero todavía hay algo que debemos hacer personalmente.

1. Nacer de nuevo

Respondió Jesús: De cierto, de cierto te digo, que el que no naciere de agua y del Espíritu, no puede entrar en el reino de Dios. (Juan 3:5)

Al reino de Dios se entra por nacimiento espiritual, y ese *"nacer de nuevo"* (1 Pedro 1:3, NVI) nos da su ciudadanía. No podemos entrar en el reino siendo religiosos, perteneciendo a una denominación, ministerio o secta, afiliándonos a una filosofía en particular, conociendo la teología de la salvación por medio de la cruz o cualquier otro método. Tiene que haber una total separación de la maldición del pecado. El cordón umbilical de la iniquidad, que nos conecta con el pecado y la naturaleza rebelde, debe ser cortado. El reino no es simplemente un "remedio". Implica convertirse en una nueva creación. (Vea 2 Corintios 5:17).

No hay entrada al reino de Dios, sino por el nuevo nacimiento.

2. Arrepentirnos

Después que Juan fue encarcelado, Jesús vino a Galilea predicando el evangelio del reino de Dios, diciendo: El tiempo se ha cumplido, y el reino de Dios se ha acercado; arrepentíos, y creed en el evangelio.

(Marcos 1:14–15)

Juan el Bautista preparó el camino para la venida de Jesús llamando al pueblo al arrepentimiento. Jesús no podía presentarse a los israelitas como el Mesías hasta que sus corazones estuvieran listos para arrepentirse. Esta es la primera condición o requisito para recibirlo.

En el pasaje de arriba, la palabra *"predicando"* viene de un vocablo griego que se traduce como "proclamar" (como alguien que grita en público), especialmente la verdad divina"; por tanto, puede significar "predicar", "proclamar", o "publicar" (STRONG, G2784). El ministerio de Jesús continúa donde termina el de Juan el Bautista. No hubo variación en el mensaje que ambos proclamaron; los dos llamaron a la gente al arrepentimiento. ¿Por qué? Porque el reino de Dios había llegado y, nuevamente, los corazones de la gente tenían que estar listos para recibirlo. El nuevo nacimiento ocurre sólo por medio del arrepentimiento.

El arrepentimiento es la condición indispensable que nos prepara para recibir el reino y nacer en él.

En la economía del reino debemos humillarnos antes de ser exaltados, debemos dar para recibir, debemos servir para ser grandes, y debemos morir para vivir. (Vea, por ejemplo, Mateo 23:12; Lucas 6:38; Mateo 20:26; Juan 11:25). De acuerdo a esto, debemos morir a nuestro propio "gobierno" —a nuestros deseos y opiniones egoístas, y al "voto" personal—, rindiéndonos a Dios para que podamos verdaderamente vivir en Él y en su reino.

¿De qué debemos arrepentirnos y por qué?

Todos nosotros nos descarriamos como ovejas, cada cual se apartó por su camino; mas Jehová cargó en él [Jesús] el pecado de todos nosotros.

(Isaías 53:6)

Como veremos en el capítulo 2, todo problema y dificultad que enfrentamos comenzó cuando los primeros seres humanos se apartaron del gobierno de Dios y trataron de vivir según sus propias maneras. Dios llamó a ese alejamiento "iniquidad", "pecado" y "rebelión". Todos los seres humanos hemos heredado esa naturaleza de iniquidad, pecado y rebelión. La única solución para nuestros problemas es reincorporarse al reino. Sin embargo, hay tanta rebelión hoy en día que muchas personas ni siquiera desean escuchar la palabra *gobierno* en relación a Dios. Ellos no ven la llegada del reino de Dios como buenas noticias porque no quieren arrepentirse ni cambiar sus pensamientos ni sus caminos equivocados.

La iniquidad equivale a rebelión y todas sus consecuencias.

El verdadero arrepentimiento implica tener una mentalidad nueva que refleje un cambio de actitud. Ese cambio pone en evidencia la obra del Espíritu Santo en el corazón de una persona, el cual, eventualmente, se traduce en una nueva forma de vivir. El arrepentimiento no es una emoción, aunque puede ser expresado por medio de emociones. Por el contrario, cuando nos damos cuenta de nuestra verdadera condición de bancarrota espiritual ante Dios, y la naturaleza de rebelión que nos ha alejado de Él, el arrepentimiento nos lleva a tomar la decisión de hacer un giro de 180 grados y caminar en dirección opuesta —hacia Él—. El arrepentimiento también indica nuestra decisión de no seguir gobernándonos a nosotros mismos, sino pasar a ser regidos por Dios, conforme a su gobierno. Por tanto, el arrepentimiento hace que el pecado muera. Aunque el arrepentimiento es necesario para entrar en el reino, también debemos buscar constantemente renovar nuestros pensamientos y caminos, para que estén conforme a los pensamientos y caminos de Dios, y someter a Él nuestras vidas diariamente, para que podamos seguir caminando en la dirección correcta.

> *Todo ser humano es un rebelde por naturaleza, y expresa esa rebelión por medio de pensamientos, decisiones y hechos.*

Quizás usted no sea un ladrón, mentiroso, adúltero, asesino o un malhechor perpetuo, pero en el instante que entró a este mundo lo hizo con una naturaleza rebelde; usted nació en iniquidad. (Vea Salmos 51:5). La Biblia dice que *"todos pecaron, y están destituidos de la gloria de Dios"* (Romanos 3:23). En cierta forma, la iniquidad es inevitable para nosotros, porque viene a través de la línea sanguínea. Sin embargo, Dios también nos ha dado una conciencia y la habilidad de razonar, la cual nos ayuda a reconocer el bien del mal. Más que eso, Él nos ofrece su propio Espíritu Santo para que viva en nosotros, y nos habilita para que le obedezcamos. Podemos elegir vivir en iniquidad o podemos arrepentirnos y entrar en el reino de vida. Tenemos que volver a tomar conciencia y reconocer la verdad acerca de nosotros y nuestro estilo de vida pecaminoso. Entonces debemos hacer un giro e ir en dirección contraria.

> *Venid luego, dice Jehová, y estemos a cuenta: si vuestros pecados fueren como la grana, como la nieve serán emblanquecidos; si fueren rojos como el carmesí, vendrán a ser como blanca lana. Si quisiereis y oyereis, comeréis el bien de la tierra.* (Isaías 1:18–19)

¿Qué significa arrepentirse de todo corazón?

Arrepentirse de todo corazón significa reconocer que hemos vivido independientes de Dios. Básicamente, esto significa que nos hemos gobernado a nosotros mismos y hemos premiado nuestra naturaleza pecaminosa, viviendo como nos da la gana; haciendo, pensando y sintiendo lo que queremos, al igual que dándole prioridad a nuestros propios deseos y estándares de ganancia y satisfacción personal. Nos convertimos en nuestra propia autoridad, decidiendo qué profesión estudiar, qué negocio establecer, en dónde vivir, con quién casarnos y más, sin consultarle a Dios. Por este motivo, muchos de nosotros vamos de fracaso en fracaso, preguntándonos por qué nacimos, y si la vida tiene algún significado. Nos preguntamos por qué estamos deprimidos o por qué tantos jóvenes eligen el suicidio, creyendo que eso acabará con el terrible vacío que hay en sus vidas. La "libertad" de vivir como queremos, la cual luchamos tanto por defender, nos ha dejado sin propósito en la vida.

Para que nuestro arrepentimiento sea genuino, debemos ponernos, de hoy en adelante, bajo la autoridad y el gobierno de Dios, permitiéndole que tome el mando completo de nuestras vidas. Toda decisión que tomemos debe estar basada en los principios del reino y en sus mandamientos. Porque ahora vivimos para agradar al rey, no haremos nada sin su consentimiento, autoridad y guía. ¡Éste es el verdadero arrepentimiento!

La evidencia del arrepentimiento es el cambio, y el cambio no es cambio hasta que hay una genuina transformación.

Muchas personas en la iglesia todavía hoy en día no se han arrepentido verdaderamente. Su condición es evidente por su constante rebeldía y sus arrebatos de enojo, depresión, egoísmo y demás. Ellos carecen de paz y no pueden recibir por completo la justicia de Dios que les ha sido provista en Cristo. El poder del reino está disponible para aquellos que se han arrepentido por completo y renunciado a su rebelión contra Dios. Entonces, y sólo entonces, podrán reclamar sus promesas de salvación, sanidad, liberación, justicia, paz, gozo y prosperidad. Debemos entender que la libertad y la provisión sobrenatural en Cristo no son excusas para que vivamos a nuestra manera. Es más, esto nos permite disfrutar de los beneficios del reino, al mismo tiempo que se los ministramos a otros.

En más de veinte años de experiencia tratando con gente en el ministerio, he llegado a la conclusión que la mayoría de problemas que enfrenta la gente son causados por la falta de un verdadero arrepentimiento. Cuando llevamos a la gente a arrepentirse por completo, muchos de sus problemas terminan, porque un individuo arrepentido ya no resiste a Dios. Por el contrario, dice, "Señor, aquí estoy. Haré lo que me pidas". Cuando le enseñamos a la gente acerca del reino de Dios, pero no le hablamos de obediencia, sumisión y de estar bajo su gobierno, hemos fallado en comunicar lo esencial del reino.

Sin importar si usted es cristiano o no, o si va a la iglesia o no; si se identifica con ese estilo de vida rebelde, apartado de Dios, y se ve tan perdido y sin dirección, sin conocer el propósito para el cual nació; si siente que desea terminar con todo porque la vida le parece demasiado; si está enfermo y el tratamiento médico no le ha traído alivio ni sanidad, es hora que experimente el reino de Dios, aquí y ahora, con las manifestaciones de su poder. Arrepiéntase de su estilo de vida pasado, renuncie al pecado, a la iniquidad y a la rebelión contra Dios, y vuélvase a Él. Dios quiere que su reino se manifieste en usted. Él quiere que su reino se expanda a otros por medio de usted, trayendo justicia, paz y gozo en el Espíritu Santo. Si desea reconciliarse con Dios y está dispuesto a someterse a su gobierno, haga esta oración de arrepentimiento y reciba el perdón para que pueda entrar en toda su plenitud al reino de Dios:

Padre celestial, yo reconozco que soy un pecador y me arrepiento de mi estilo de vida que es contrario a ti y tu reino. Me aparto de todos mis pecados y rebeliones y deseo seguirte a ti de todo corazón. Confieso con mi boca que Jesús es el Hijo de Dios y creo con mi corazón que tú, Padre, lo levantaste de los muertos. Soy salvo en el nombre de Jesús. Que tu reino se manifieste en mi vida. Úsame para expandir tu reino dondequiera que vaya. ¡Amén!

La prioridad de buscar el reino

Buscad primeramente el reino de Dios y su justicia, y todas estas cosas os serán añadidas. (Mateo 6:33)

Hemos aprendido que fuera del reino de Dios no hay justicia ni paz, porque la rebelión sólo produce caos y destrucción. La única manera de ser justo es recibiendo por fe la justicia de Jesús y sometiéndonos al reino de Dios. Si nuestras prioridades están en orden, toda necesidad que se levante será suplida. Cuando enfoco y alineo mis prioridades con las del reino, el orden de Dios viene a mi vida y son activadas sus promesas de suplirme con comida, bebida y vestido, una cama para dormir, un techo sobre mi cabeza, dinero y más. Por muchos años he probado este principio en mi propia vida y ministerio.

Estamos para manifestar, o sacar a luz, la realidad de la voluntad de Dios, su señorío y dominio en la tierra, dondequiera que nos encontremos con aquellos que están experimentando tiempos difíciles. La enfermedad, opresión, pobreza, tristeza, divorcio, depresión, crímenes, maldad y asesinatos no existen en el cielo. Para acabar o prevenir tales cosas en la vida de una persona, familia, iglesia, ciudad o nación debemos establecer el reino de Dios en la tierra. Cuando algo no está alineado a la voluntad de Dios, dependiendo de lo que sea, debemos darle prioridad para realinearlo o removerlo.

Yo practico la vida del reino en mi diario vivir, ¡pero no soy el único! Constantemente entreno y equipo discípulos para que lleven el reino dondequiera que van. En nuestro ministerio, vemos miles de personas recibiendo salvación, liberación y restauración por medio de mi esposa, y a través de ministros, ancianos, diáconos, mentores y líderes de Casa de Paz (los grupos que se congregan en las casas), así como por medio de pastores bajo nuestra cobertura espiritual y nuestros discípulos alrededor del mundo. En el nombre de Jesús, ellos liberan a la gente de homosexualismo, lesbianismo, bestialismo, pornografía, masturbación, incesto, robo, abandono, brujería y adicciones, como por ejemplo, al alcohol, medicinas recetadas y drogas ilegales.

Hemos visto a Jesús sanar personas con cáncer, SIDA, hepatitis, artritis, diabetes, lupus, desórdenes bipolares, esquizofrenia y otras enfermedades más. Muchos han experimentado milagros creativos, tales como recibir órganos nuevos que antes faltaban, o la restauración de un paladar hendido. ¿Por qué sucede esto? Porque creemos que el cielo es una realidad que se puede vivir aquí y ahora.

Dos de mis hijos espirituales son los pastores de una iglesia en España, y ellos hacen las mismas obras sobrenaturales que yo. Un día visitó su congregación una joven llamada Gabriela Asencio, quien hoy es asesora bancaria y estudiante de humanidades. Ella les dijo que vivía como en el infierno por causa de la anorexia, bulimia, condición bipolar y depresión severa. En el pasado, a menudo se lastimaba, y había tratado en varias oportunidades de suicidarse; además, en varias ocasiones había estado en un hospital siquiátrico. Los doctores le habían dicho que nunca mejoraría y que tendría que tomar medicamentos recetados el resto de su vida. La medicina le producía mareos, y a veces incluso le causaba pérdida de conocimiento. Cuando se despertaba, nuevamente perdía el control.

Estos pastores en España le ministraron sanidad interior y liberación a Gabriela y ¡el poder de Dios la liberó! Hoy en día, está completamente sana y llena del Espíritu Santo. Ella testificó, "Mi vida giraba en torno a mi enfermedad. No podía disfrutar nada y no tenía sueños, planes ni proyectos. Me sentía sola y pasaba días planeando cómo herirme y quitarme la vida. Odiaba a mi familia y a menudo no comía porque me sentía culpable, y cuando comía no podía controlar mi deseo de vomitar. Durante los tiempos más terribles con bulimia y anorexia, no podía comprarme ropa ni mirarme al espejo ni siquiera para asearme. No podía estudiar, relacionarme con las personas ni perdonar o amar a nadie". Hoy, Gabriela estudia, trabaja, sirve y ama al Señor y a otras personas. Es una mentora que ministra liberación y afirma a otros.

Si usted decide recibir la revelación de este libro y se atreve a poner como su prioridad el establecimiento del reino de Dios, entonces, en el nombre de Jesús verá cómo comienzan a suceder milagros. El reino invisible se manifestará en el ámbito visible, trayendo transformación a la vida de las personas.

Le animo a que tome esta decisión y manifieste el reino dondequiera que vaya. Donde hay tinieblas espirituales, remuévalas; donde hay enfermedad, eche fuera el espíritu de enfermedad. El reino de poder está dentro de usted. Lo único que debe hacer es demostrarlo ¡aquí y ahora!

2

El mandato original de dominio

El plan de Dios de expandir su reino en la tierra por medio de los seres humanos no comenzó con nuestra redención en Jesús. No es simplemente una respuesta a la caída del hombre. Es un propósito eterno, y el plan de Dios ha estado en vigor desde el comienzo de la creación.

En este capítulo, aprenderemos acerca del dominio que Dios le dio a los primeros seres humanos, Adán y Eva, y acerca de sus intenciones para la tierra. Exploraremos cómo Satanás entró al Edén para tentar a Adán y Eva y cómo ellos cayeron de su dominio. Veremos cómo el sacrificio de Jesús en la cruz restauró la relación con nuestro Padre celestial y nos permite cumplir nuestro propósito de dominio. Asimismo, seremos desafiados a renovar nuestra mente para evitar la mentalidad de "marcha atrás" o de "retroceso", y poder recibir una mentalidad de expansión. Ya no tenemos que ser dominados ni controlados por las circunstancias ni por Satanás. Podemos vivir una vida en victoria y nuevamente ejercer el domino que Adán y Eva perdieron.

Hoy en día existe mucha evidencia del avance del reino de Dios. Veamos la historia de Pablo Da Silva, uno de mis hijos espirituales. Aunque fue criado en un hogar cristiano en Brasil, a los 16 años Pablo había perdido su camino. Pasó dos años envuelto en drogas, mentiras y violencia, hasta que tuvo una experiencia personal con Dios y regresó a la iglesia. Estudió teología, se hizo pastor y trabajó arduamente para ganar almas, y su congregación creció hasta tener 450 miembros, pero se estancaron, y su iglesia dejó de crecer. En lugar de sentir gozo y energía, se sentía triste y cansado.

Entonces descubrió el poder sobrenatural del reino de Dios, y a medida que lo demostraba, Dios desató crecimiento en su iglesia. Ahora tiene más de 1,300 miembros activos y cada mes bautiza cientos de nuevos creyentes. En menos de dos años su ministerio ha establecido seis iglesias nuevas en Brasil. Los milagros que se ven son impresionantes. Dios está sanando a la gente de cáncer, SIDA y otras enfermedades. Los matrimonios se están restaurando y la gente está siendo liberada de adicciones y experimentando prosperidad financiera. Los jóvenes de la iglesia están en fuego por Dios, ministrando lo sobrenatural dondequiera que van. Y el liderazgo de la iglesia está siendo transformado a medida que la gente aprende a caminar en el poder del reino. ¡Usted puede hacer lo mismo!

Vayamos ahora al origen de nuestra autoridad y el poder del reino.

Nuestro creador soberano

En el principio creó Dios los cielos y la tierra.   (Génesis 1:1)

El primer versículo en la Biblia es corto, pero transmite un significado profundo para nosotros. La Escritura comienza por explicar el origen de la humanidad. Dice de dónde venimos nosotros —no Dios—. La frase *"en el principio"* hace referencia a tiempo, y Dios no está sujeto al tiempo. Más bien, Él es quien lo creó. Por tanto, Génesis se refiere al principio de nuestro universo y de la humanidad.

La palabra hebrea que se traduce como *"Dios"* en Génesis 1:1 es *Elohim*. Ése es el nombre de Dios que lo asocia como el Creador.[3] Dios nos da más revelación de sí mismo cuando Moisés le pregunta su nombre, y Él contesta, *"Yo soy El que soy"* (Éxodo 3:14). Como dice un diccionario bíblico, esta respuesta es "más que una simple declaración de identidad... Es una declaración del control divino de todas las cosas".[4] Dios existe en sí mismo. No depende de nada ni de nadie para existir. El nombre *"Yo soy"* encierra cada aspecto de la naturaleza de Dios, al igual que todos los otros nombres por los cuales Él es llamado en su Palabra.

---

3. http://www.hebrew4christians.com/Names_of_G-d/Elohim/elohim.html; http://www.abarim-publications.com/Meaning/Elohim.html.
4. *Vine's Complete Expository Dictionary of Old and New Testament Words*, 13–14.

En Génesis, Dios no presenta a nadie ni nada antes que a Él mismo: *"En el principio creó Dios…"*. Y así es como debe ser, porque sólo Dios puede revelarse a sí mismo y revelarnos sus obras. Note que Él específicamente se presenta a sí mismo aquí como el Creador, revelando uno de sus aspectos más importantes, uno que nadie más posee ni puede duplicar.

Ningún otro ser ni ninguna otra realidad viene antes que Dios. Cuando nada existía en nuestro universo, Él comenzó a crear, y lo primero que creó fueron los cielos —nuestro universo y atmósfera— y la tierra. Recuerde que el asiento del trono de Dios en el cielo es la fuente donde se encuentran todos los recursos de la tierra (y del resto del universo), porque la voluntad de Dios es que el cielo venga a la tierra y aquí sea duplicado. Después de crear el mundo físico y los animales, Dios creó al hombre y la mujer como corona de su creación y les encargó manifestar su gloria en este planeta.

Creados a imagen y semejanza de Dios

Entonces dijo Dios: Hagamos al hombre a nuestra imagen, conforme a nuestra semejanza.… Y creó Dios al hombre a su imagen, a imagen de Dios lo creó; varón y hembra los creó.   (Génesis 1:26–27)

La palabra *"imagen"* se traduce del vocablo hebreo *tsélem*, la cual significa "parecido" o "figura representativa" (STRONG, H6754); también tiene "el sentido de la naturaleza esencial" (VINE, H6754). Los seres humanos tienen la naturaleza esencial de Dios.

La palabra *"semejanza"* viene del vocablo hebreo *demút*, que se traduce como "parecido", "similitud" (STRONG, H1823), "forma; figura; aspecto; patrón". Esta palabra "significa lo original después que algo es moldeado" (VINE, H1823). Considero que la Biblia en inglés *The Living Bible* es la que mejor captura la esencia de Génesis 1:27: "Como Dios hizo Dios al hombre" (traducido del inglés). Dios creó al hombre como Él mismo. El Yo Soy formó al hombre de su sustancia. También podemos decir que Él mismo se reprodujo en el hombre. Por eso, el hombre está destinado a vivir en la tierra como Dios en el cielo.

Para ayudarnos a entender esta extraordinaria verdad, veamos un ejemplo natural. Cuando los padres engendran un hijo, producen otro ser humano cuyos genes vienen de ellos. La composición genética de mis hijos, Bryan y Ronald, viene de su madre, Ana, y de mí. Ellos pertenecen a nuestro linaje y son la continuación de la familia Maldonado aquí en la tierra. De la misma forma, ya que fuimos creados de la esencia de Dios, tenemos sus "genes". No somos "dioses", tampoco divinos. Sin embargo, tenemos la naturaleza y características de Dios. Por eso leemos en la Escritura que los seres humanos fueron creados para ser *"un poco menor que Dios [Elohim]"* (Salmos 8:5, NTV).

Algunas versiones bíblicas traducen *Elohim* —en el párrafo anterior—, como *"ángeles"* o *"seres celestiales"*, pero considero apropiado traducir esa palabra como *"Dios"*, tal como lo hace la *Nueva Traducción Viviente*. Dios creó a la humanidad de su misma clase y categoría. Él nos creó de su linaje.

El hombre está destinado a ser en la tierra como Dios es en el cielo.

Hay una serie de aspectos significativos en los cuales nos parecemos a nuestro creador. Veamos algunos de ellos. Primeramente, *"Dios es Espíritu"* (Juan 4:24), y la esencia de los hombres y mujeres es espíritu. (Vea, por ejemplo, Eclesiastés 12:7). El hombre es un espíritu que tiene alma y vive en un cuerpo físico. Segundo, Dios piensa, imagina, genera ideas y hace planes; los seres humanos hacemos lo mismo, usando el cerebro que Él nos dio. Tercero, Dios expresa emociones, y los seres humanos expresamos emociones. Cuarto, Dios experimenta dolor cuando es rechazado y traicionado, y también ama, da y perdona; la humanidad hace lo mismo. Quinto, Dios tiene la capacidad de odiar —Él no odia a ninguna persona, pero si odia el pecado—. La gente también tiene la capacidad de odiar, aunque por causa de su naturaleza caída esta cualidad a menudo ha sido distorsionada y abusada; eso ha motivado terribles conflictos y destrucciones en el mundo.

Ningún ser creado, aparte del hombre, posee todas las cualidades mencionadas arriba, porque los seres humanos somos los únicos que fuimos creados a imagen y semejanza de Dios. Una vez más, por favor entienda que no estoy diciendo que los seres humanos somos Dios, pero sí somos de la misma "especie" que Él. Adán y Eva eran una extensión de Dios y su destino era hacer de la tierra lo mismo que es el cielo.

Creados para tener dominio

Y los bendijo Dios, y les dijo: Fructificad y multiplicaos; llenad la tierra, y sojuzgadla, y señoread en los peces del mar, en las aves de los cielos, y en todas las bestias que se mueven sobre la tierra.

(Génesis 1:28)

La gente fue creada para "tener dominio" o para gobernar. Eran los representantes legales de Dios, para aplicar y hacer cumplir sus leyes del reino en la tierra.

Hace algún tiempo, visité y prediqué en Rosario, Argentina, en un evento para líderes cristianos que duró tres días. Antes de ir, pasé varios días en la presencia de Dios, buscando fervientemente su rostro, su dirección y su guía para ese viaje. Cuando llegué a Argentina, pasé más tiempo buscando su rostro, orando en el espíritu, adorando e intercediendo hasta que claramente escuché su voz decir, "Voy a hacer algo inusual". El último día, habíamos programado un evento en la noche en una plaza de toros —con arena y asientos de piedra—, pero estaba lloviendo y los anfitriones pensaron que sería mejor cancelar. La lluvia caía con fuerza, y gran parte del equipo y muchas de las luces que habían sido instaladas previamente en preparación para la cruzada se dañaron.

Cuando la lluvia cesó, todo estaba mojado, pero la gente seguía llegando, y el lugar se llenó por completo. Cuando llegó mi turno de predicar, el pastor anfitrión del evento me dijo, "Apúrese porque va a comenzar a llover nuevamente. Sólo haga una oración corta por los enfermos". Cuando tomé el micrófono y comencé a darle la bienvenida al pueblo —más de doce mil personas de diferentes partes del país—, nuevamente comenzó a llover fuerte. Las nubes oscuras cubrían la plaza de toros y la lluvia no cesaba. En ese instante el Señor me guió a decir una oración muy sencilla: "Señor, gracias por la lluvia natural que nos das, pero no queremos lluvia natural; queremos que derrames lluvia espiritual".

Al instante dejó de llover, las oscuras nubes desaparecieron, el cielo se despejó y se llenó de estrellas. Fue un momento tan increíble, que todos los que estaban allí buscando un milagro fueron profundamente impactados. Dios nos dio una señal inusual, ¡parando la lluvia instantáneamente!

También demostró un principio de dominio, en el cual el mundo natural se sujeta a la voluntad de Dios, por medio de personas que Él usa como sus instrumentos. Pude predicar, ministrar sanidad y milagros, y hasta dar palabra profética sobre el país. Esa noche, vimos milagros increíbles.

Entre los muchos testimonios que escuchamos, recuerdo dos en particular, los cuales fueron dados por personas a quienes Dios les creó nuevos riñones. Uno de ellos vino de una mujer joven que había nacido sólo con un riñón. El otro vino de un hombre a quien le habían extirpado uno de sus riñones. El hombre estaba totalmente sorprendido por lo sucedido y lloraba y daba gracias a Dios por el milagro. Él testificó que aunque le habían removido el riñón, ahora podía sentirlo en su interior. Para corroborar lo que sintió, después de la cruzada regresó al médico, y él le confirmó que, ¡efectivamente, tenía un riñón nuevo!

Otro testimonio poderoso vino de un hombre que no tenía hueso en su talón, debido a un problema congénito. Dios hizo un milagro creativo y le puso hueso en su pie. Además, la hija del hombre recibió el mismo milagro en su casa, a cientos de millas de distancia de donde se realizaba la cruzada. Asimismo, una mujer testificó que había sido sanada de trastornos cardíacos. Muchos otros testimonios de milagros poderosos fueron compartidos esa noche; testimonios que demuestran el deseo de Dios de expandir su reino por toda la tierra.

Aprendamos ahora más acerca del dominio que Dios les dio a Adán y Eva.

"Fructificad y multiplicaos; llenad la tierra"

El mandato que Dios le dio a la humanidad comenzó con *"Fructificad y multiplicaos; llenad la tierra…".* Aquí una vez más vemos los dos conceptos: nuestro llamado a la expansión y nuestra representación de la imagen de Dios. Los seres humanos fuimos destinados a continuar llenando la tierra con el reino de Dios a través de sucesivas generaciones nacidas de Adán y Eva y sus hijos.

Considero que el dominio es el nivel más alto de poder espiritual dado al ser humano —es un "poder territorial"—. Por tanto, lo primero que Adán y Eva debían conocer era su territorio. No podemos gobernar un territorio que no conocemos o sobre el cual estamos mal informados.

Tomó, pues, Jehová Dios al hombre, y lo puso en el huerto de Edén, para que lo labrara y lo guardase. (Génesis 2:15)

Después de crear a Adán, Dios lo puso en el ambiente de su presencia. La palabra *"Edén"* significa "placer" o "deleite". La palabra *"huerto"* significa "recinto" o un lugar "cercado". La raíz de esta palabra significa "cercar"; es algo que "protege", "defiende", "cubre" o "rodea". Cuando estamos en la gloria de Dios, estamos rodeados y protegidos por la presencia de Dios.

El huerto del Edén era la base de operaciones, o el punto de partida, que Dios le dio a los seres humanos, porque ellos siempre estuvieron destinados a tener su gloria como morada. De ese momento en adelante, debían expandir el gobierno de Dios por toda la tierra, llevando esa gloria con ellos.

Debemos entender que, aunque el Edén fue el lugar donde todo comenzó, pocas veces es mencionado en la Escritura. Ni siquiera se menciona otra vez en Génesis, después de los primeros capítulos. De mis investigaciones he concluido que el Edén no era un lugar físico en la tierra, sino una puerta abierta o una entrada al cielo. Era un ambiente, una "puerta" o "portal" al cielo, porque allí Dios manifestó su gloria. Adán se movía dondequiera que la gloria o la presencia de Dios se movían. Más tarde, otras personas, incluyendo Jacob, tuvieron encuentros con la presencia de Dios, y esos encuentros no ocurrieron en un lugar fijo en la tierra. En el caso de Jacob, mientras dormía en una ciudad llamada Luz, tuvo un sueño en el cual vio una escalera que descendía del cielo hacia la tierra. Él llamó a ese lugar "Betel", que significa "casa de Dios". (Vea Génesis 28:17). Betel fue, en esencia, el "Edén" de Jacob.

El principio que prevalece en el reino de Dios es el de permanente expansión. Igual debe ser la mentalidad de la iglesia —nunca reducirse, contraerse ni estancarse—. Por ejemplo, nuestro ministerio ha experimentado continua expansión durante los años que llevamos sirviendo a Dios y su reino. Comenzamos con doce personas que nos reuníamos en la sala de mi casa y nuestros miembros aumentaron a cuarenta, en tres meses. Como resultado, nos mudamos a un lugar pequeño para reunirnos, pero la congregación rápidamente creció a 150; así que nos vimos en la necesidad de ampliar el edificio. Cuando la ampliación terminó, ya habíamos crecido a 250. Un año más tarde, teníamos 650 miembros. Dieciocho meses después, en cumplimiento a una palabra profética compramos una antigua sinagoga judía; ésta rápidamente se llenó por completo, lo cual nos llevó a tener cinco servicios cada domingo para poder acomodar las 5,000 personas que se congregaban. El dominio del reino fue un factor importante en nuestro crecimiento, porque Dios nos había dado un territorio específico en el cual debíamos expandirnos en su nombre.

Sólo cuatro años después de fundar nuestro ministerio, recibimos otra palabra profética dándonos instrucciones de comprar un nuevo terreno. Después de otros cuatro años, comenzamos a construir una enorme iglesia con capacidad para 6,000 personas. Hoy en dia, somos más de 20,000 miembros activos, incluyendo la iglesia fundadora y nuestras iglesias hijas. Junto a nuestra expansión del reino, más de una vez hemos viajado a más de 50 naciones para manifestar el poder sobrenatural de Dios. Además alcanzamos a millones de personas en muchas naciones, con el mensaje y el poder de Dios por medio de los medios de comunicación —televisión, radio, internet y revistas—. Adicional a todo esto, en la actualidad ofrecemos cobertura espiritual a más de 100 iglesias alrededor del mundo, incluyendo iglesias hijas e iglesias satélites que están asociadas a nosotros, además de todas las otras congregaciones que están asociadas a ellas.

El principio que prevalece en el reino
de Dios es la expansión permanente.

Todo esto ha ocurrido desde que fundamos nuestro ministerio, menos de 24 años atrás. El entrenamiento y equipamiento espiritual que hemos dado a miles de líderes ha multiplicado esa expansión, porque ellos llevan el poder sobrenatural de Dios a sus ciudades y naciones, donde se siguen multiplicando, al invertirse en las vidas de otros. De manera similar, nuestra Universidad del Ministerio Sobrenatural entrena a personas en el ministerio quíntuple, para que lleguen a ser apóstoles, profetas, maestros, pastores y evangelistas. (Vea Efesios 4:11). La expansión del reino es continua en nuestro ministerio y el fruto de nuestra labor es incalculable, porque hemos ejercido dominio dentro del territorio que Dios nos ha dado. Sin embargo, ¡todavía no nos sentimos satisfechos! Seguimos moviéndonos hacia adelante para cumplir nuestra próxima meta, la cual nos llevará a mayores niveles en la expansión del reino. Les comparto todo esto para enfatizar que el libro que usted está leyendo no habla de teoría sino de conocimiento adquirido de experiencia personal. Todo lo que predico en estas páginas, lo ha experimentado nuestro ministerio. Miles de personas han visto y oído las manifestaciones del reino de Dios en nuestros servicios y por medio de nuestros programas de televisión.

"Llenad la tierra, sojuzgadla, y señoread"

Hay dos palabras adicionales en Génesis 1:28 que definen el mandato que Dios nos dio a los seres humanos en la creación: *"sojuzgadla"* y *"señoread"*. La palabra *"sojuzgad"* es traducida del vocablo hebreo *kabásh*, la cual literalmente significa "pisotear" y conlleva ideas tales como: "conquistar", "subyugar", "atar", "forzar", "mantener debajo" y "traer bajo sujeción" (STRONG, H3533). *Sojuzdad* es una palabra que a menudo se relaciona con el poder militar, indicando la fuerza que se debe usar para superar o poner bajo control.

La palabra *"señoread"* es traducida del vocablo hebreo *radá*, y esa palabra también significa "pisotear", y tiene connotaciones tales como "subyugar", "venir a tener dominio", "prevalecer en contra de", "reinar", "aplicar la ley", "gobernar" (STRONG, H7287), o "dominar" (NASC, H7287a). Muchos de estos significados implican persuadir a alguien a hacer algo por la fuerza, pisotear o poner en esclavitud. No se puede hablar del significado del reino de Dios sin incluir la subyugación de Satanás y sus obras.

Dios nos dio poder y autoridad a los seres humanos, para que como sus representantes y embajadores, pudiéramos tener dominio en tres áreas primordiales, a medida que expandíamos su reino por toda la tierra: (1) poder para gobernar toda la creación; (2) poder para hacer las obras de Dios y (3) autoridad sobre Satanás, sus demonios y otros espíritus. Los seres humanos estábamos destinados a gobernar sobre la creación —sobre la naturaleza, espacio, tiempo y materia—. Íbamos a ser reyes sobre la creación —bajo Dios—. De acuerdo a esto, nos fue dado el poder para hacer todo lo que se nos envió a hacer. Esta habilidad es similar a lo que Pablo escribió miles de años después, acerca de aquellos que fueron redimidos por Cristo Jesús: *"Porque somos hechura suya, creados en Cristo Jesús para buenas obras, las cuales Dios preparó de antemano para que anduviésemos en ellas*" (Efesios 2:10). La humanidad también tenía autoridad sobre Satanás y sus demonios, teniendo poder para ejercer dominio sobre el enemigo y subyugarlo. Como veremos más adelante en este mismo capítulo, en una decisión trágica, la humanidad escogió no usar su autoridad y éste es el origen de los innumerables problemas del ser humano.

Dominio es el más alto nivel de poder espiritual dado al hombre, porque es un poder territorial.

Entendiendo los principios de dominio

¿Qué significó realmente para la humanidad gobernar sobre la tierra? He aquí algunos principios esenciales que nos ayudarán a entender lo que es dominio —lo que esto significó para Adán y Eva, antes de la caída, y lo que significa para nosotros, los que hemos sido restaurados a nuestro gobierno por medio de Jesucristo, y estamos expandiendo el reino de Dios en el mundo—. Entender qué es dominio nos permitirá evitar caídas que puedan desviarnos de nuestro propósito.

1. El hombre fue creado con un instinto de poder

En el principio, Dios le dio a Adán el deseo innato y la habilidad para gobernar. Es por eso que el deseo de muchas personas es tener poder. Todo ser humano tiene el instinto y la necesidad de ejercer poder. Si alguien dice lo contrario, se engaña a sí mismo. Dios nos diseñó con ese instinto, el cual va más allá de la razón o la elección. Considero que esto es similar a los instintos de los animales. Por ejemplo, Dios creó a las aves con el instinto de volar y por ende les dio alas y plumas para que lo hicieran. Él creó a los peces con el instinto de nadar, por eso los creó con escamas y branquias o agallas, las cuales les permiten respirar bajo el agua. Cuando Dios creó a la humanidad, les dio al hombre y la mujer un espíritu para guiar y gobernar; por tanto, los diseñó con la habilidad de pensar, enfrentar retos y ser creativos, y les dio el deseo de ejercer su poder.

Ese deseo inherente es la razón por la que algunas personas de cierta manera se desesperan cuando pierden el control de sus vidas. Muchos están dispuestos a sacrificar todo para retomar el poder —o para sentir que lo tienen—. En mi experiencia tratando con presidentes y congresistas, gobernadores y alcaldes, directores ejecutivos y empresarios, líderes deportivos y de la industria del entretenimiento, entre otros, he podido ver esto. La gente desea posiciones altas por el poder que pueden obtener. Por ejemplo, algunas posiciones gubernamentales no ofrecen grandes salarios, pero sí gran influencia y autoridad. Los líderes en estas posiciones a menudo se sienten importantes cuando otros los buscan y los llaman por su título.

Aquellos que buscan a esos líderes, usualmente no son tan atraídos por el individuo que ocupa una posición, como por el poder que éste posee. En nuestro diario vivir muchos hacemos lo mismo, aunque en una escala menor. ¿Por qué vamos al médico cuando nos sentimos enfermos? Porque el médico tiene conocimientos y destrezas que fueron adquiridas por un intenso estudio y entrenamiento; por tanto tiene el poder para sanarnos.

Desafortunadamente, por causa de la caída, muchos no entendemos lo que es el verdadero poder. Muchos buscan cumplir sus deseos de poder en las fuentes equivocadas, como la religión, la brujería, la búsqueda de fama o grandes logros, los títulos académicos, la riqueza y más. El poder que obtienen por medio de esas vías finalmente no les satisface, porque son temporales y no reflejan la vida ni el propósito del reino de Dios.

Cuando Dios diseña algo, lo equipa con la habilidad de cumplir su propósito. Por eso los seres humanos tienen un instinto de poder.

---

2. Dirigir no es lo mismo que gobernar

Ahora aprenderemos la diferencia entre dirigir y gobernar. La mayoría de personas, especialmente en nuestra sociedad occidental, no la entiende. Esta es la diferencia: dirigimos cuando la gente nos sigue por voluntad propia y nos da permiso para guiarlos. Gobernamos cuando la gente no desea seguirnos, aun cuando saben que estamos cumpliendo la voluntad de Dios. Cuando gobernamos, tenemos que tomar decisiones que van contra los sentimientos y deseos de la gente, a fin de que obedezcan a Dios.

Jesús nos dio el patrón de liderazgo. Por ejemplo, lavó los pies de sus discípulos como modelo que debemos servirnos los unos a los otros (vea

Juan 13:3–17); también dijo que el que desea ser grande, primero debe ser siervo, tal como Él, porque Él no vino a ser servido sino a servir (vea Mateo 20:25–28).

Dirigimos por medio de la paternidad espiritual, las relaciones, el servicio y el ejemplo, cuando la gente nos sigue voluntariamente.

Algunos creyentes piensan en el mandato de dominio dado por Dios, sólo en términos de liderazgo, cuando éste también incluye el necesario aspecto de gobernar. Como resultado, tienen un concepto incompleto de lo que es dominio. Es necesario gobernar en situaciones y esferas donde no se puede aplicar el liderazgo, porque la gente por la cual somos responsables no está dispuesta a seguir los propósitos de Dios. Usted dirige o guía a la gente sólo cuando está dispuesta a someterse. Cuando se gobierna, no se le da a la gente opción alguna ni se le pide permiso. Una ilustración de este concepto es la Roma antigua. Los romanos no dirigían sino gobernaban; por eso pudieron conquistar tantos territorios.

Primero debemos ofrecer liderazgo a aquellos que son nuestra responsabilidad, tal como Pablo animó a Timoteo: *"No reprendas al anciano, sino exhórtale como a padre; a los más jóvenes, como a hermanos; a las ancianas, como a madres; a las jovencitas, como a hermanas, con toda pureza"* (1 Timoteo 5:1–2). Sin embargo, cuando enfrentamos resistencia de los que están bajo nuestro cuidado, debemos ejercitar gobierno. En estas situaciones, no siempre podemos pedir la opinión de la gente, sino que conocer la voluntad de Dios es suficiente —si esto es lo que Dios quiere, entonces esto es lo que debemos hacer—.

Cuando no gobierna, usted renuncia a su autoridad y su unción disminuye.

Aquí hay varios ejemplos que nos ayudarán a entender mejor la diferencia entre dirigir y gobernar. Primero, cuando hay un choque entre el reino de los cielos y el reino de las tinieblas, gobernar y subyugar al enemigo es absolutamente necesario. Obviamente, nunca seremos capaces de "persuadir" al diablo de hacer el bien, y nunca vamos a tener la posibilidad de influir para bien estableciendo un ejemplo santo. El diablo es completamente rebelde contra Dios y nunca cambiará. Gobernar y subyugar son las únicas opciones que tenemos cuando lidiamos contra Satanás.

Segundo, en una familia compuesta por esposo, esposa e hijos, dice la Escritura que el esposo es la cabeza del hogar (vea Efesios 5:23) y él es quien debe buscar la dirección de Dios para su familia y ejercer el liderazgo por medio de su ejemplo. Los padres deben enseñar y entrenar a sus hijos, pero el padre es quien debe disciplinarlos cuando ellos rehúsan ser obedientes. Aquí es necesario gobernar, en vez de guiar, según la definición dada. Si un padre continúa supliendo las necesidades físicas y emocionales de sus hijos, pero nunca los corrige cuando es necesario, les estará fallando y no estará siguiendo el mandato de la Escritura. (Vea Efesios 6:4).

La intención original de Dios para su gobierno fue la prioridad y el orden. Incluso en igualdad de ministerio, hay prioridad.

Como cabeza de hogar, el esposo/padre, a veces tiene que tomar decisiones por el bien de la familia, que no son muy populares. Cuando Adán aceptó el fruto que Eva le dio, él se dejó dirigir en lugar de ejercer el gobierno que Dios le había asignado. El pecado no sucedió cuando Eva comió la fruta sino cuando Adán la comió, porque Dios lo había puesto como máxima autoridad en la tierra, bajo su gobierno soberano. Dios creó primero a Adán del polvo de la tierra, y luego a Eva del costado de Adán. Aunque juntos debían ejercer dominio en la tierra, Adán, como cabeza, tenía la autoridad final. Desafortunadamente no la ejerció. Él se entregó a los sentimientos y deseos de la mujer, en lugar de gobernar y decir "¡No!" a la sugerencia del diablo y al ofrecimiento de fruta por parte de Eva.

Adán fue echado del huerto de Edén por no gobernar cuando se suponía que debía hacerlo.

El tercer ámbito que nos ayuda a entender la diferencia entre dirigir y gobernar es la iglesia. Dirigir de acuerdo al ejemplo de Jesús —incluso su demostración de amor y sacrificio, sanando y haciendo milagros, movido por su profunda compasión por las necesidades de la gente—, es esencial para aquellos que están en una posición de autoridad en la iglesia local. Cuando la gente vea a los líderes ministrar de la misma manera que Jesús lo hizo, serán atraídos por el mensaje de la Palabra de Dios que les es presentado. Hay momentos, sin embargo, en que es necesario seguir el ejemplo de gobernar de Jesús. Él predicó, enseño, sanó y contestó muchas preguntas, mientras ejercía liderazgo. No obstante, cuando se enfrentó a líderes religiosos, codiciosos e hipócritas, Él ejerció gobierno. Por ejemplo, cuando vio a los cambistas usando el templo como si fuera un mercado, los sacó y restauró el orden en la casa de Dios. (Vea Mateo 21:12–13; Marcos 11:15–17).

Veamos otro ejemplo de gobierno de la iglesia primitiva. El apóstol Pablo lidió con una situación de inmoralidad sexual en la iglesia de Corinto, donde un hombre abiertamente cometía adulterio con la esposa de su padre y no se arrepentía. La iglesia no se daba por enterada, en vez de confrontar el tema. Las instrucciones de Pablo fue que sacaran a ese hombre de la iglesia con la esperanza que se viera obligado a reconocer su error y arrepentirse, para así evitar el juicio de Dios. (Vea 1 Corintios 5:1–5). Los corintios siguieron el consejo de Pablo y la disciplina funcionó.

Cuando Pablo escribió la segunda carta a los corintios, el hombre se había arrepentido. Esta ilustración nos enseña la verdadera intención de gobernar en relación con otras personas (como algo opuesto a Satanás). Gobernar no es para castigar —es para corregir y restaurar el orden de Dios—. Los corintios resultaron ser tan celosos en esto que continuaron rechazando al hombre, aun después de haberse arrepentido. Entonces, después de reconocer su obediencia, Pablo les tuvo que decir que perdonaran al hombre y lo aceptaran nuevamente en la hermandad y le demostraran el amor de Cristo, para que no se hundiera en la tristeza y Satanás no tomara ventaja de la situación. (Vea 2 Corintios 2:4–11). Igualmente, la Escritura dice que Dios nos disciplina por nuestro bien para que podamos compartir su santidad. (Vea Hebreos 12:5–10).

Gobernamos con autoridad sobre los que están bajo nuestro cuidado, pero se niegan a seguirnos voluntariamente.

3. Hay una diferencia entre dominio y autoridad

Para cumplir el mandato de dominio de Dios es necesario que también entendamos la diferencia entre dominio y autoridad. A veces la gente usa indistintamente estas palabras en relación al mandato de Dios de Génesis 1:28, pero estas palabras tienen significados diferentes. Para entender esa diferencia, consideremos las implicaciones de nuestro llamado.

Dios le dio a Adán y Eva y a sus descendientes, la tierra entera como su territorio, con el huerto del Edén —la presencia y gloria de Dios— como base de su autoridad. Sin embargo, ninguna persona por sí sola puede *"llenad la tierra, y sojuzgadla"* (Génesis 1:28). El mandato de dominio es un mandato colectivo. *Juntos*, los seres humanos debían llenar la tierra y sojuzgarla, cumpliendo cada uno el propósito único por el cual fueron creados, mientras todos trabajaban en unidad para cumplir los propósitos de Dios.

Asimismo, por medio de la redención de Cristo, Dios nos ha asignado una porción de "territorio" o "poder territorial" donde podemos ejercer la medida de nuestro dominio en la tierra. Ese dominio está basado en la fe, unción y dones que Él nos ha dado. Nuestras palabras y acciones son muy efectivas cuando estamos en el territorio que Dios nos ha asignado y cuando buscamos primeramente su reino.

Ese poder territorial no es simbólico. Es una realidad en la cual debemos vivir. El territorio en el cual debemos de ser fructíferos tampoco es al azar ni en términos generales; es específico. Para usar una ilustración del sistema legal, un policía de Miami, Florida, no tiene autoridad para arrestar a un criminal en California, porque el territorio de dominio de ese oficial es Miami. Más allá de esa ciudad, su poder es inaplicable porque está fuera de su jurisdicción. Sin embargo, supongamos que los agentes del orden de una ciudad de California llaman a un policía de Miami para pedirle consejo porque tienen dificultad resolviendo un crimen en ese estado, y necesitan su conocimiento y experiencia en cierta área. En ese caso, el policía de Miami estaría actuando fuera de su territorio primario. Sin embargo, pese a que no podría efectuar arrestos o ejercer el poder legal allí, estaría ayudando y apoyando a las autoridades de California dentro de su jurisdicción.

Con esto de trasfondo, podemos definir que *dominio* es el poder territorial total de una persona de Dios, mientras que *autoridad* está relacionada al poder delegado para operar "legalmente" en el territorio de otra persona. Autoridad es el derecho legal para hacer que la gente sea obediente y actúe como Dios actúa. Alguien que ejerce dominio ha recibido el territorio que Dios le asignó y ha llegado a conocer y a entender su propósito en relación al mismo. Entonces él puede delegar autoridad a otros para usar su poder, nombre, palabra, unción y recursos para ejercer un aspecto de dominio en ese territorio. Aunque cada uno de nosotros tiene un territorio asignado, también en ciertas ocasiones y temporadas de nuestra vida, estaremos operando bajo la autoridad delegada dentro del territorio de otro para que la obra de Dios sea cumplida en la tierra.

Dominio es un poder territorial absoluto,
pero autoridad es el derecho legal para ejercerlo.

Permítame darle un ejemplo práctico de la relación que existe entre dominio y autoridad. A medida que crecen los niños, sus padres les delegan autoridad para que ellos puedan hacer ciertas cosas dentro de la casa o cumplir alguna asignación fuera del hogar, de acuerdo con sus edades y habilidades. Los hijos cumplen con sus asignaciones, bajo la autorización y permiso de los padres. En este caso, los padres les delegan autoridad a sus hijos para prepararlos para el futuro, pero ellos continúan teniendo el dominio en el hogar.

Nadie con autoridad delegada es mayor en autoridad ni está "sobre" la persona que le delegó ese poder, porque quien lo delegó tiene el dominio. Dios ha asignado esa persona a ese territorio y la ha plantado allí; entonces, ella tiene poder territorial. La persona con dominio no lo recibió por elección; más bien, le fue dado por Dios.

Cuando tenemos la responsabilidad de dominio, debemos ser cautelosos escogiendo a quien le delegamos nuestra autoridad y decidiendo cuánta de esa autoridad le delegamos. A veces, la gente cree que por haber sido enviada a hacer algo, ya tiene dominio, cuando en realidad sólo tiene una autoridad delegada. Están en período de prueba con el propósito de medir su obediencia, fidelidad y lealtad. La gente que piensa que no debe rendir cuentas a nadie, simplemente porque se les ha dado un gobierno limitado, está fuera de orden y opera bajo un espíritu de rebelión.

Para que una persona delegue autoridad, debe estar en dominio.

Cuando la gente no se somete a Dios ni a la autoridad humana que Él ha puesto sobre sus vidas, se hace vulnerable al espíritu de venganza y a los ataques del enemigo. Sumisión a Dios es la regla número uno que debe ser observada para mantener al enemigo fuera de nuestras vidas.

Cuando actuamos con la autoridad de Dios, no estamos actuando sólo como hombres sino que vamos de parte de Dios. Una batalla espiritual se levanta cada vez que queremos mantenernos como seres naturales, cuando Dios nos ha dado su autoridad para ser sobrenaturales. Una vez más, ser sobrenatural significa actuar como Él actúa. Como Jesús es, así debemos ser nosotros en este mundo. (Vea 1 Juan 4:17). Cuando ejercemos la autoridad de Dios, la enfermedad y los demonios deben huir, porque somos representantes de Dios en la tierra, ya sea por dominio o por autoridad delegada.

La continuidad del poder de una persona se determina por su sumisión a la autoridad. Una persona que no está bajo autoridad no está bajo protección espiritual.

4. Motivos equivocados y medios ilegítimos son causas ilícitas para gobernar

Para ejercer verdadero dominio también debemos tener cuidado de no abusar de nuestra autoridad. Veamos lo que dijo Jesús acerca de guiar y servir:

> *Entonces Jesús, llamándolos [a sus discípulos], dijo: Sabéis que los gobernantes de las naciones se enseñorean de ellas, y los que son grandes ejercen sobre ellas potestad. Mas entre vosotros no será así, sino que el que quiera hacerse grande entre vosotros será vuestro servidor, y el que quiera ser el primero entre vosotros será vuestro siervo; como el Hijo del Hombre no vino para ser servido, sino para servir, y para dar su vida en rescate por muchos.* (Mateo 20:25–28)

Los motivos de Dios al gobernar siempre son, hacer su voluntad y buscar el bien del pueblo. Cuando la gente se rebela y no observa las leyes del reino, Él tiene que gobernarlos con la intención de traerlos nuevamente a su voluntad. Una vez más, ser dominado es muy diferente a ser gobernado. Seremos gobernados por Dios o dominados por el diablo. No hay un terreno neutral. Satanás es un gobernador ilegítimo, motivado a matar y destruir. (Vea Juan 10:10). Nunca gobernará para bien de la gente, pues sus métodos siempre son el engaño, el control y las mentiras. (Vea Juan 8:44).

La gente que es controlada por la naturaleza carnal, a menudo tiene motivos y razones equivocados para ejercer poder, por tanto, trata de usar medios ilegítimos como la manipulación, opresión y control. Cuando encontramos una de estas tres características, debemos reconocer que detrás está operando el espíritu de rebelión. Dios nunca manipula ni oprime a la gente.

Gobernar no es actuar como un dictador. A menudo requiere gran sabiduría y autocontrol. Un dictador somete a la gente para hacer cumplir su voluntad propia, no la de Dios. Él quiere ejercer poder, en lugar de servir al pueblo y guiarlo a las bendiciones que Dios derrama sobre los obedientes. Los dictadores en nuestro mundo dominan a la gente y la someten a la pobreza, control e injusticia.

Hombres y mujeres fuimos creados para *tener dominio sobre* nuestro ambiente. No fuimos diseñados para *ser dominados,* controlados ni reprimidos. Dios no nos diseñó para vivir así, y eso no forma parte de nuestro mandato de dominio. Jesús vino a la tierra para restaurar a los seres humanos al dominio, de manera que podamos gobernar sobre la enfermedad, las circunstancias y sobre Satanás y sus demonios; para que tengamos poder sobre la adicción al alcohol, el abuso a las drogas, los malos pensamientos y cualquier otra cosa que nos aleje de la voluntad de Dios. El dominio no nos fue dado para subyugar a otros seres humanos —sólo al enemigo—. Si Dios nos da autoridad sobre la vida de otros, es sólo para gobernarlos, guiarlos y dirigirlos. Nunca para subyugarlos. La entrada del pecado al mundo fue lo que llevó a la gente a controlar y avasallar a otros.

Aquellos que son rebeldes contra Dios y su autoridad delegada están siendo influenciados por la naturaleza caída. Ellos consideran ofensiva la idea de gobierno, porque desean hacer lo que les venga en gana. Hay un rebelde en cada ser humano. Entonces, un líder verdadero tiene que estar decidido a hacer lo que Dios manda y debe saber discernir cuándo dirigir y cuándo gobernar. Por ejemplo, cuando conocemos la verdad acerca de la voluntad de Dios en un tema espiritual específico, pero fallamos para actuar en él, la gente que está bajo nuestro cuidado casi siempre terminará llevándonos en la dirección que ellos quieren ir —la cual no necesariamente es la dirección de Dios—.

La verdadera madurez espiritual es el carácter sometido a la autoridad espiritual.

Hoy en día vemos en las naciones del mundo, una serie de funcionarios gubernamentales sometidos a la presión de grupo. Ellos comprometen sus principios y se convierten en políticos sin convicciones. Son guiados sólo por las demandas de la gente y no por la voluntad de Dios.

En la familia, los padres no gobiernan bien sus hogares cuando les permiten a sus hijos hacer lo que quieren, faltarles el respeto y romper las reglas del hogar. Cuando la rebelión de los hijos es tolerada, ellos tienen ventaja sobre sus padres. Trágicamente, no sólo se rebelarán contra la cabeza de la casa sino también contra Dios. Los padres deben tomar acción firme —la acción de gobernar—, para hacer que sus hijos caminen el camino recto. Si no lo hacen, tendrán que lidiar con las consecuencias, las cuales pueden incluir, adicciones a las drogas, tiempo en la cárcel y vidas llenas de promiscuidad y fracaso. Los hijos necesitan que sus padres gobiernen; es para su beneficio.

Cuando Dios me dijo que le edificara un templo libre de deudas, sin préstamos bancarios, les compartí esta visión a mi familia y a mis líderes más cercanos. El proyecto costaría millones, y en ese tiempo no teníamos el dinero para construirlo. Sin embargo, esas fueron las órdenes de Dios. Cinco de las parejas más cercanas a mí en el liderazgo, no estuvieron de acuerdo con ese proyecto. No me apoyaron porque, según ellos, yo estaba actuando por ambición personal y no conforme a Dios. Sin embargo, en mi corazón, yo sabía que la voluntad de Dios era edificar la iglesia. En ese momento tuve que ejercer gobierno. No le permití a esas cinco parejas que me guiaran. Les dije que eran bienvenidos si deseaban seguirme, pero si no, entonces yo edificaría la iglesia con el resto del pueblo. Esas parejas se fueron de la iglesia y yo seguí las órdenes de Dios. El edificio se construyó sin deuda y Dios proveyó todo el dinero que necesitábamos, minuto a minuto, día a día. Nos hemos convertido en modelo para otros pastores que están edificando sus iglesias sin deuda. Yo tomé la decisión de gobernar y el resultado fue que Dios fue glorificado.

5. El principio de multiplicación es eterno

Cuando entendemos los primeros cuatro aspectos del dominio, también debemos tener en mente que hay un principio eterno de multiplicación del reino que explica por qué Adán y Eva debían *"fructificad y multiplicaos"* (Génesis 1:28). Como hemos visto, el Edén sólo fue un punto de partida. No estaba destinado para ser el fin de todo. Dios les dijo a Adán y Eva que expandieran el Edén —su presencia y gloria—, por todo el mundo. Él no quería que ellos se conformaran con menos ni a otra forma de vivir. El reino de Dios es un reino sin límites. Es un ámbito que siempre se está extendiendo. Siempre ha existido, existe hoy y continuará expandiéndose por la eternidad, de modos que no podemos conocer ni imaginar.

El diablo sabe que entre más se expande el reino de Dios en la tierra, más cercano está su final, porque los dos reinos no pueden ocupar el mismo territorio. Por eso él implementó un plan de desobediencia contra Adán y Eva, para detener el propósito de Dios. Desde entonces la estrategia de Satanás no ha cambiado. Siempre pelea por evitar que el pueblo de Dios expanda su reino. Quiere evitar y prevenir que avancemos. Elabora planes no sólo para frenarnos como individuos, sino también para estancar nuestras familias, iglesias y negocios. Por ese motivo, debemos discernir sus planes, evitar caer en sus trampas y aprender a gobernarlo, para que los propósitos de Dios se puedan cumplir en la tierra. Veamos entonces, cómo y por qué la humanidad cayó del dominio, para aprender de esa revelación y mantenernos fuertes y efectivos en el dominio que hemos obtenido nuevamente por medio de Cristo.

Cómo la humanidad cayó del dominio

Para entender por qué Dios les dio a Adán y Eva poder de dominio sobre Satanás y por qué cayeron de ese dominio, debemos mirar el trasfondo de Satanás y sus motivaciones. Satanás había sido creado por Dios como un ángel llamado Lucifer o "luz". Sin embargo, se rebeló contra Dios y fue echado del cielo, junto con la tercera parte de los ángeles que se unieron a él. Algunos teólogos y eruditos bíblicos han concluido que la rebelión y expulsión de Satanás del cielo sucedió entre el primer y segundo versículo de Génesis 1 —entre *"En el principio creó Dios los cielos y la tierra"* (versículo 1) y *"la tierra estaba desordenada y vacía, y las tinieblas estaban sobre la faz del abismo"* (versículo 2)—. Yo comparto ese punto de vista y es desde esta perspectiva que discutiré el significado de esos eventos en relación al mandato de dominio de la humanidad.

Satanás ya había sido echado del cielo cuando Adán y Eva fueron creados, y su reino de oscuridad y destrucción estaba en operación. El diablo se había apropiado del territorio de la tierra y Dios se lo había permitido —para sus propios propósitos—. Es esencial reconocer que Satanás nunca es más fuerte que Dios. Es un ser creado y fue echado del cielo después que se reveló. Dios siempre ha tenido control total sobre todo lo que Él crea.

Génesis 1:2 dice que *"las tinieblas estaban sobre la faz del abismo"*, lo cual significa que la tierra estaba en caos y oscuridad porque Satanás se había apropiado de ella. La presencia de su reino siempre resulta en desorden y destrucción. Pero Génesis 1:2 también dice que *"el Espíritu de Dios se movía sobre la faz de las aguas"*. Aun en medio de la oscuridad, el poder de Dios estaba presente para crear, porque el territorio de la tierra no le pertenecía a Satanás. El diablo es un usurpador. Bajo la influencia del Espíritu de Dios, la tierra recibió luz, orden y vida. Las aguas se dividieron, apareció la tierra seca y las plantas, y los animales fueron creados. Finalmente, Dios creó al hombre y lo puso en el Edén —en medio de su gloria—. Como hemos visto, desde ahí, el hombre debía extender el reino de Dios por toda la tierra, gobernando como Dios gobierna en el cielo. Así, Dios le dio a los seres humanos dominio, no sólo sobre el mundo natural y todo lo que en él habita, sino sobre el enemigo, quien todavía estaba presente en la tierra. Ellos tenían que someter a Satanás y su reino, para ponerlo bajo control por medio de la fuerza espiritual.

La intención original de Dios era que los seres humanos fueran los agentes que hicieran cumplir las leyes del cielo en la tierra.

Sin embargo, el deseo del diablo era cubrir nuevamente la tierra con oscuridad. Para hacer eso, tenía que recobrar su gobierno, tomando el territorio del hombre, ya que Dios le había concedido al hombre autoridad sobre éste. El plan de Satanás era procurar que los seres humanos cayeran de la gloria de Dios por medio de la rebelión y desobediencia —la misma forma como él había caído—. Por tanto, él "merodeó alrededor" de la tierra, intentando devorar la suprema creación de Dios. (Vea 1 Pedro 5:8).

> *Pero la serpiente* [Satanás en forma de serpiente] *era astuta, más que todos los animales del campo que Jehová Dios había hecho; la cual dijo a la mujer: ¿Conque Dios os ha dicho: No comáis de todo árbol del huerto?* (Génesis 3:1)

La Biblia no dice cuándo ni cómo Satanás entró en el Edén. Lo único que se encuentra en la Escritura es que Adán se rindió a la tentación. Debemos entender que si Satanás entró en el Edén, la habitación de la gloria de Dios, fue entonces porque Dios se lo permitió. Dios no intervino porque les había dado ese territorio a Adán y Eva. Sin embargo, en su soberanía, Dios estaba cumpliendo sus propósitos, incluso en medio de la tentación de Satanás.

Ya que la serpiente dio un resumen distorsionado de las instrucciones de Dios, veamos qué fue exactamente lo que Dios le dijo a Adán: "*Y mandó Jehová Dios al hombre, diciendo: De todo árbol del huerto podrás comer; mas del árbol de la ciencia del bien y del mal no comerás; porque el día que de él comieres, ciertamente morirás*" (Génesis 2:16–17).

Mi percepción espiritual es que ésta no era la primera vez que Satanás, en forma de serpiente, se había acercado a Eva, y entablado conversación con ella tratando de tentarla. Digo esto porque cuando una persona peca, no es algo que sucede de la noche a la mañana. La Biblia enseña que el pecado es una semilla —un pensamiento o deseo— que es entretenido y meditado, hasta que queda plantado en el corazón y finalmente termina en acción. Creo que el diablo tomó el cuerpo de serpiente para tentar a la humanidad repetidamente, porque el enemigo no posee un arma creativa. No puede crear; sólo puede imitar. Por eso una de sus más grandes estrategias siempre ha sido la persistencia. Cuando leemos esto en Génesis, nos damos cuenta que la respuesta de Eva no fue la de una persona que está asombrada o sorprendida. Aparentemente ella estaba acostumbrada a esas visitas y conversaciones. Es fácil comprender cómo, por la persistencia continua, el engañador agotó su resistencia.

Es posible que Adán estuviese presente cada vez que la serpiente le hablaba a Eva, y que él también fuera tentado. Eva fue simplemente la primera en rendirse a la tentación. La Escritura dice que fue *"engañada"* (vea Génesis 3:13; 2 Corintios 11:3), pero Adán *"no fue engañado"* (1 Timoteo 2:14). Sin embargo Adán no intentó detener a Eva para que no comiera la fruta. En vez de eso, también se rindió a la tentación. Cuando Adán pecó con conocimiento, la tierra se hizo maldición. (Vea Génesis 3:14–24). Satanás se hizo el gobernador legítimo de la tierra; legítimo no porque Dios le diera autoridad, sino porque Adán se rindió al reino de las tinieblas por causa de su pecado.

Si Adán hubiese expulsado del huerto a Satanás, el diablo hubiera tenido que huir. (Vea Santiago 4:7). En el Nuevo Testamento, cuando Satanás incitó a Pedro para que tratara de disuadir a Jesús de morir en la cruz por nuestros pecados, Jesús le respondió, *"¡Aléjate de mí, Satanás!"* (Mateo 16:23, NVI). Esto es lo que Adán debió haber hecho. Creo que Adán conocía muy bien a su enemigo y también sabía que la sugerencia de su enemigo era mala. Dios le había dado a Adán autoridad y poder para resistir, pero él siguió adelante y desobedeció a Dios. De la misma forma, hay ciertas circunstancias en nuestra vida en las cuales Dios no va a intervenir porque ya nos ha dado dominio —el poder y la autoridad— sobre ellas por medio de Jesús.

Las cuatro etapas de la caída de Adán

¿Cuál fue el proceso por el cual Adán cayó del dominio, autoridad y poder que Dios le había dado, con el propósito de gobernar la tierra? Podemos identificar cuatro etapas que llevaron a la caída de Adán. De acuerdo a mi experiencia ministerial, éste es el mismo patrón que el enemigo usa, hoy en día, en las vidas de hombres y mujeres en el cuerpo de Cristo, con el fin de destruirlos por medio de la tentación, por lo que es esencial que estemos siempre alertas.

1. Adán estaba consciente de su coexistencia con el mal

Y Jehová Dios hizo nacer de la tierra todo árbol delicioso a la vista, y bueno para comer; también el árbol de vida en medio del huerto, y el árbol de la ciencia del bien y del mal.　　　　　　(Génesis 2:9)

Cuando Adán fue puesto en el huerto, estaba consciente de la existencia del enemigo. Él sabía que, al menos por un tiempo, el bien coexistiría junto al mal en la tierra. Al mismo tiempo, Dios le había otorgado dominio a Adán, con instrucciones acerca de qué hacer con el mal. Las instrucciones eran, subyugarlo y gobernarlo. Cuando fue confrontado con la tentación, Adán tenía la habilidad para resistir y conquistar a Satanás y su reino, porque todavía no había pecado. Como estaba alineado a Dios y a su Espíritu, el mal tenía que someterse a su gobierno.

Coexistir con el mal no significa tolerarlo.

Entonces Satanás entró y discutió los mandamientos de Dios con Adán y Eva; lo hizo de una forma que tenía por objeto confundir y debilitar su resistencia espiritual. Una vez más, en una situación así, el trabajo de Adán era colocar a Satanás bajo sus pies y forzarlo a someterse, dominarlo y traerlo bajo sujeción, porque el propósito de Adán era cumplir la voluntad de Dios, gobernando, protegiendo y expandiendo su reino en el planeta.

2. Adán comenzó a tolerar el mal

Entonces la serpiente dijo a la mujer: No moriréis; sino que sabe Dios que el día que comáis de él [del árbol del conocimiento del bien y del mal], *serán abiertos vuestros ojos, y seréis como Dios, sabiendo el bien y el mal.*　　　　　　(Génesis 3:4–5)

¿Cuándo pasó Adán de convivir con el mal a tolerarlo? Cuando empezó a entretener la tentación en lugar de tomar dominio y expulsar inmediatamente a la serpiente del Edén. Al pensar una y otra vez en las afirmaciones de Satanás, le dio al maligno el derecho de tocar su vida y de inmiscuirse en su relación con Dios.

Jesús envió mensajes de advertencia y ánimo a los creyentes de siete diferentes iglesias en el primer siglo, y esos mensajes quedaron escritos en el libro de Apocalipsis. En su mensaje a la iglesia de Tiatira, Jesús les dice que tiene algunas cosas contra de ellos. Una de esas cosas es que han tolerado a una mujer llamada "Jezabel". El nombre pudo haber sido de alguien real o pudo haberse usado para conectarla con la Jezabel del Antiguo Testamento, la esposa del rey Acab, quien guió a los israelitas a falsas enseñanzas, idolatría e inmoralidad. Jesús dijo, "[Tú] *toleras a Jezabel, esa mujer que dice ser profetisa. Con su enseñanza engaña a mis siervos, pues los induce a cometer inmoralidades sexuales y a comer alimentos sacrificados a los ídolos*" (Apocalipsis 2:20, NVI). De forma semejante a la iglesia de Tiatira, Adán y Eva toleraron a la serpiente, Satanás, y le permitieron que los influenciara espiritualmente. Esto es antinatural, porque en el mundo físico ninguna persona normal toleraría que una serpiente venenosa invadiera su casa. Su primer instinto sería eliminarla antes que mordiera, envenenara o matara a alguien.

El mal que usted tolera se convierte en el mal que lo destruirá.

Cada uno de nosotros tolera ciertos pecados y transgresiones en nuestra vida, aun cuando sabemos que estos desagradan a Dios —malos pensamientos, actitudes y hábitos, gente que es dañina para nuestra salud espiritual y emocional; y más—. Muchos no nos percatamos que al tolerarlos, estamos siguiendo los pasos de Adán, dándole al enemigo el derecho de invadir nuestro Edén y deteriorar nuestra comunión con Dios, haciendo que se bloquee nuestro acceso a su presencia.

Cuando nuestra relación con Dios se deteriora o nos encontramos bajo ataque espiritual en un área de nuestra vida, debemos hacernos algunas preguntas difíciles: ¿Cómo el enemigo logró posicionarse en nuestro hogar, finanzas o negocio? ¿Será porque dejamos de diezmar y dejamos de honrar a Dios con nuestro dinero? ¿Cómo afligió Satanás nuestros cuerpos con enfermedades y dolencias? ¿Será que le dimos cabida a la enfermedad o maltratamos nuestros cuerpos, de manera que se enfermaron? ¿Cómo invadió Satanás nuestra iglesia, ciudad y nación? ¿De qué forma le dimos derecho legal para que nos aflija? ¿Qué autorizó su ataque en contra nuestra? Creo que si buscamos a Dios con integridad y humildad, Él nos dará las respuestas. Si nos arrepentimos, la sangre de Jesús nos limpiará (vea 1 Juan 1:7–9), y podremos recobrar nuestro Edén y los derechos de dominio que el enemigo nos robó. Más adelante en este mismo capítulo y también en el próximo, veremos cómo Jesús recuperó esos derechos para nosotros, y cómo podemos entrar en su victoria.

> *La desobediencia de una persona autoriza legalmente al enemigo para atacarla.*

3. **Adán perdió el temor o reverencia a Dios**

> *El temor de Jehová es aborrecer el mal; la soberbia y la arrogancia, el mal camino, y la boca perversa, aborrezco.* (Proverbios 8:13)

El temor de Jehová es la reverencia, honra y respeto que le debemos a Él. Significa tener un temor reverente a Él. Adán pasó de coexistir con el mal a tolerarlo, y de tolerar el mal a perder el temor de Jehová, el cual nos guarda de consentir el mal. Cuando Adán se hizo indiferente ante los peligros del mal, pronto entabló una relación con él. El mal no se sujeta si perdemos nuestra reverencia al Señor. La Palabra de Dios nos dice que si tememos a Jehová, odiaremos el mal. ¡No permitiremos su influencia en nosotros!

> *Perder el temor de Jehová nos lleva a perder sensibilidad ante el mal; dejamos de ver sus peligros y consecuencias, y comprometemos la verdad.*

4. **Adán finalmente pecó**

> *Y vio la mujer que el árbol era bueno para comer, y que era agradable a los ojos, y árbol codiciable para alcanzar la sabiduría; y tomó de su fruto, y comió; y dio también a su marido, el cual comió así como ella.* (Génesis 3:6)

Aquí vemos la etapa final del descenso de Adán. Pasó de coexistir con el mal a tolerarlo, a perder el temor de Jehová, a caer de la gloria de Dios, y a entrar en la maldición del pecado. Así es como la humanidad perdió su dominio y su vida en la presencia de Dios. Es más, perdió el territorio que Dios le había dado y entró en la atadura de Satanás. En esencia, Adán le dio al enemigo las llaves de su vida, y así fue como Satanás tomó el señorío de la tierra. Jesús llamó al diablo *"el príncipe de este mundo"* (Juan 12:31; 14:30; 16:11), y Pablo hizo lo mismo, refiriéndose a él como *"el dios de este mundo"* (2 Corintios 4:4, RVR95, NVI).

Hoy en día, el mismo triste descenso y la consecuente entrega a la tentación suceden en las vidas de millones de personas. La estrategia del usurpador es desgastarnos mental, emocional y físicamente, hasta que finalmente nos damos por vencidos y caemos. Así como Adán y Eva debieron reprender y subyugar a la serpiente la primera vez que se les presentó, lo mismo debemos hacer con Satanás cuando nos tienta. Si usted está siendo tentado hoy, mi consejo es que no tolere esos pensamientos. Ejerza la autoridad que Jesús le dio, y échelo fuera y subyugue al malvado bajo sus pies. (Vea Romanos 16:20; 2 Corintios 10:5). Satanás y sus demonios nos observan y conocen nuestras debilidades. Ellos esperan el momento oportuno para tentarnos en el área más débil que tenemos, a menudo por medio del engaño, hasta que bajamos la guardia y nos sometemos.

El diablo no se va a detener hasta no vernos caer, así que no pelee con él ni entretenga sugerencias impías. Usted debe reprenderlo —echarlo fuera— ¡inmediatamente! No interesa cuán lógicos o buenos sean esos pensamientos o argumentos cuando los trata de racionalizar; la meta del diablo es destruirlo, matarlo.

El resultado catastrófico del pecado de Adán

La consecuencia más terrible de la obstinada desobediencia de Adán es que ahora los seres humanos tenemos una naturaleza pecaminosa, la cual fue heredada, por cada persona, en todas las generaciones de la raza humana. Cuando Adán y Eva pecaron, no pensaron en las consecuencias que arrastrarían sus acciones y el efecto que estas tendrían en sus descendientes. Según mi punto de vista, ellos no solían pensar en términos de futuro, porque todo en la presencia de Dios está en el eterno "ahora". Sin embargo, debido a que ellos pecaron, sus hijos y descendientes nacieron bajo la maldición del pecado, con un legado de rebelión e iniquidad.

A causa de la caída, las personas son dominadas por muchas cosas dañinas, tales como drogas, malos hábitos, codicia por el dinero, un insano deseo por la fama y el tormento de los demonios. El ser humano es principalmente dominado por sus propios deseos carnales. Dejó de ser el gobernador de Dios en la tierra para ser gobernado, manipulado y controlado por el enemigo de su alma. El plan de Dios para la humanidad se frustró por un tiempo, pero como nada sorprende a Dios y nada puede destruir sus planes, sus propósitos no pueden ser frustrados. Parecía que a la humanidad le había llegado su final, pero Dios ya tenía un plan de redención por medio de la sangre del Cordero perfecto, quien pagaría el precio por nuestro pecado y restauraría nuestro dominio sobre el enemigo y su reino de tinieblas.

Tenemos un Dios que todo lo sabe —Él conoce el pasado, presente y futuro, del tiempo y la eternidad—. Si usted está pasando por tiempos difíciles en los cuales el plan de Dios pareciera que se ha paralizado, o si usted está frustrado por algún problema emocional, físico o espiritual, lo que está viviendo, ya Dios lo había previsto. Entonces, Él ya tiene la solución a su problema, tal como la tuvo para la mujer del siguiente testimonio.

Hace poco viajé con mi equipo ministerial a llevar el poder sobrenatural de Dios a la ciudad de East London, Sur África. Cientos se reunieron en una de las iglesias de allí, y sentada entre la gente, en una de las reuniones, se encontraba Penélope Quluba, una mujer a quien hacía tres años le habían diagnosticado cáncer en el colon. Los médicos habían dicho que el cáncer era agresivo y no se lo podían extirpar. También le dijeron que posiblemente quedaría paralizada y sus riñones dejarían de funcionar. La única opción era someterla a radiación y quimioterapia y dejar que el cáncer siguiera su rumbo. Además, Penélope necesitaba una colostomía. Como resultado, se sentía cohibida, no sólo por estar enferma sino por el olor desagradable que emitía.

Después del diagnóstico, Penélope comenzó a hablarle con regularidad sanidad a su cuerpo, declarando la Palabra de Dios y diciéndole a su cuerpo que era el templo del Espíritu Santo, y que no había sido creada con cáncer agresivo ni con una bolsa de colostomía. Para el tiempo en que se llevaría a cabo la reunión en East London, ella necesitaba más cirugías porque había terminado con la quimioterapia y los doctores necesitaban ver qué era lo que estaba sucediendo en su colon. Cuando hice el llamado a todas las personas que tenían cáncer o SIDA, Penélope llegó al altar; le impuse manos y la declaré sana en el nombre de Jesús. Dos semanas más tarde, cuando visitó el hospital por primera vez después del evento, los doctores se desconcertaron, pues no encontraron rasgo alguno de cáncer. Le quitaron la bolsa de colostomía y pusieron todo en su lugar. Hoy, Penélope está libre de cáncer y llena de vitalidad, por la gracia de Dios.

Jesús restauró el dominio a la humanidad

Cuando Dios vino a este mundo en la persona de su Hijo Jesucristo, Satanás era el "dueño" de la tierra —la humanidad tenía que pagarle "renta", sufriendo el gobierno de su reino de tinieblas—. Pero el Hijo de Dios voluntariamente se separó a sí mismo de su gloria y majestad en el cielo para ser concebido por el Espíritu Santo en el vientre de una virgen, para salvarnos de nuestras ataduras. Jesús fue engendrado por Dios, por el poder del Espíritu Santo, pero aún necesitó nacer de una mujer para ser completamente humano y completamente Dios. (Vea Isaías 7:14; Lucas 1:35).

Las experiencias de Adán con el diablo, en el huerto del Edén, fueron muy diferentes a las de Jesús con el diablo miles de años después, en Palestina; sin embargo existen algunas similitudes importantes. Adán trató con un ser que había sido expulsado del cielo y que no tenía estatus legal en la tierra. Satanás no había recibido dominio sobre nada. (Vea Apocalipsis 12:9). Era y continúa siendo un mentiroso, ladrón y destructor. No obstante, por medio del pecado de Adán, él pudo tomar posesión legal del territorio de la tierra.

Jesús, por tanto, vino al mundo a lidiar con un ser que había usurpado la autoridad de la humanidad, y que se había establecido a sí mismo como el que estaba a cargo. Jesús lo confrontó en guerra espiritual, como hombre y no como Dios, porque si lo hubiera hecho como Dios, el diablo nunca hubiera sido capaz de oponérsele. Hubiera sido inmediatamente derrotado sin problema alguno. El punto es que, por decreto de Dios, el dominio sobre la tierra le pertenecía a los seres humanos. Por eso Satanás tuvo que derrotar a Adán, un hombre, para gobernar el mundo. Ese mismo es el motivo por el cual Jesús tuvo que venir a la tierra como hombre y destruir las obras del diablo, y reconquistar la tierra para siempre.

Hay otra diferencia significativa entre las experiencias de Adán y las de Jesús. Adán fue creado y puesto en el Edén como un hombre adulto. Él recibió conocimiento directo y revelado de Dios acerca de la tierra y su rol en ella, y estuvo rodeado por la gloria del Padre. Jesús vino a la tierra como un bebé. Él tuvo que crecer física, mental y espiritualmente, y tuvo que llegar a entender, por medio de sus sentidos físicos, cómo funcionaba el mundo natural. Él recibió revelación espiritual buscando continuamente al Padre por medio de la oración y la comunión con Él, pasando horas y horas en la presencia de Dios. Mientras Adán fue tentado por Satanás en medio de un jardín lleno de frutas deliciosas y listas para ser comidas, Jesús fue tentado por Satanás después de pasar cuarenta días ayunando en el desierto.

Cómo lidió Jesús con el diablo

Entonces Jesús fue llevado por el Espíritu al desierto, para ser tentado por el diablo. Y después de haber ayunado cuarenta días y cuarenta noches, tuvo hambre.   (Mateo 4:1–2)

En estos versículos vemos que Satanás intentó aplicar con Jesús la misma táctica que había usado con Adán: tentarlo, hacerlo pecar y después derrotarlo. El diablo tentó a Jesús tres veces, y cada tentación estaba dirigida directamente a probar su identidad como Hijo de Dios. Es interesante saber que Jesús tenía poder para hacer todo lo que el diablo le pedía que hiciera, pero no lo hizo porque la tentación no es un fundamento válido para manifestar el poder de Dios.

El Padre no le había dado a Jesús autoridad y poder sólo para establecer su identidad, sino para derrotar el reino del diablo. Jesús no necesitaba probarle nada al diablo. Él simplemente refutó las tres tentaciones con la Palabra de Dios, y así lo derrotó. Jesús regresó del desierto *"en el poder del Espíritu"* (Lucas 4:14) para comenzar su misión. Jesús sometió a Satanás como hombre para demostrar que sí es posible para un ser humano vencer la tentación por medio del poder del Espíritu Santo. El Espíritu había descendido sobre Jesús cuando fue bautizado, antes de su experiencia de la tentación en el desierto. (Vea, por ejemplo, Mateo 3:16). Y Jesús fue empoderado por el Espíritu, después de ser tentado por el diablo. Por medio del Espíritu, Jesús hizo lo que Adán falló en hacer.

Más adelante, Jesús murió en la cruz en sacrificio por nosotros; Él fue enterrado, descendió al infierno, derrotó a Satanás, le arrebató las llaves de la muerte y del Hades y fue resucitado victoriosamente para restablecer el dominio, el poder y la autoridad que la humanidad había perdido en el Edén. Los creyentes siguen lidiando con las tentaciones de Satanás y sus ataques, pero desde la resurrección de Jesús, Satanás ha estado operando como un gobernador ilegal en la tierra, como lo fue en el tiempo de Adán, antes de la caída. Más que eso, el poder del enemigo ha sido derrotado. Ya no tiene autoridad sobre nosotros, a menos que, como Adán, nuevamente se la demos. Ante cada tentación y circunstancia que enfrentemos ahora, podemos elegir entre derrotar al enemigo o someternos a él. Cuando nos entregamos a él, le permitimos que tome posiciones en nuestras vidas.

Retome su dominio

Y Jesús se acercó y les habló [a sus discípulos] *diciendo: Toda potestad me es dada en el cielo y en la tierra.*   (Mateo 28:18)

Satanás continuará tentando a la gente mientras pueda —hasta la culminación de todas las cosas, cuando Jesús regrese—, para tratar de recobrar dominio sobre la tierra. Sin embargo, si conocemos nuestra identidad en Cristo y estamos dispuestos a echar fuera a la serpiente de nuestro Edén, Satanás no nos puede derrotar. Pablo dijo, en esencia, que no iba a permitir nada que lo dominara o que no lo edificara en Cristo. (Vea 1 Corintios 6:12). La única autoridad que el diablo puede ejercer es la que le permitimos tener. *"Ni deis oportunidad al diablo"* (Efesios 4:27, LBLA). Jesús hizo posible que todo creyente tuviera el poder de atar lo que tiene que ser atado y desatar lo que tiene que ser desatado en la tierra. (Vea Mateo 16:19; 18:18). Sin embargo, tenemos que mantenernos bajo la autoridad de nuestro Padre celestial, viviendo en obediencia a Él como lo hizo Jesús, así como a nuestras autoridades humanas delegadas.

> *El plan del enemigo era contener el Edén de Adán y evitar su expansión. Él trata de hacer lo mismo con nosotros hoy.*

No debemos de tolerar la enfermedad, la tristeza, la depresión, la pobreza, el temor u otra estrategia mala, diseñada para destruirnos. Algunas personas no pueden atar la enfermedad porque ésta se ha convertido en normal para ellos. Por tanto, le han dado las llaves de su salud al enemigo. Debemos estar preparados para subyugar y dominar toda obra del diablo. *"Para esto apareció el Hijo de Dios, para deshacer las obras del diablo"* (1 Juan 3:8).

Lo que Jesús hizo por nosotros es poderoso. Nos permite derrotar a Satanás en medio de nuestras circunstancias difíciles, en un mundo caído. Jesús no sólo restauró el dominio original que habíamos perdido, sino que también nos prometió una vida de resurrección que es *"más que todo lo que podamos imaginarnos o pedir"* (Efesios 3:20, NVI).

Recientemente fui invitado a una conferencia en Dallas, Texas. Una noche cuando no estaba programado para predicar fui a recibir de Dios. Al final del servicio, una mujer se me acercó y me explicó que el médico le había dicho que necesitaba cirugía en sus dos rodillas porque ya no tenía ligamentos en ellas, y sus huesos estaban desgastados. Sentía intenso dolor y la única solución era un milagro. Discerní tanta fe en ella que, al salir de la reunión la declaré sana, y ella al instante ¡recibió su sanidad! Comenzó a mover sus piernas y a correr; algo que no podía hacer anteriormente. Me reveló que el médico le había advertido que si quería doblar sus rodillas y correr, iba a necesitar rodillas nuevas. Entre gritos y llantos me dijo, "No puedo creerlo; tengo rodillas nuevas".

Si usted le ha permitido al diablo entrar en su Edén, si la tentación ha destruido su voluntad, si ha perdido su dominio y lo ha entregado al enemigo, hoy Jesús le da una nueva oportunidad. Arrepiéntase y pídale a Dios que le perdone sus pecados por medio del sacrificio de Cristo en la cruz. Tome la decisión de recuperar su dominio a través del poder de la resurrección de Jesús, ya sea que se trate de dominio sobre su carácter, sus actitudes, o incluso un comportamiento criminal. Recupere el gobierno en cuanto a la adicción al alcohol, las drogas ilegales o las pastillas recetadas. Tome autoridad sobre la enfermedad, el sexo ilícito, el temor, la depresión, el enojo, la amargura, la falta de perdón, el espíritu de suicidio, la pelea o el chisme. Ahora mismo, renuncie y gobierne sobre estas cosas. Dios le ha dado dominio sobre todas las obras de Satanás ¡y sobre la naturaleza pecaminosa!

Gobernar en el ámbito espiritual comienza con gobernar nuestro propio espíritu.

Jesús dijo, *"Desde los días de Juan el Bautista hasta ahora, el reino de los cielos sufre violencia, y los violentos lo arrebatan"* (Mateo 11:12). Creo que esto significa que cuando comenzamos a remover el reino de Satanás, él pelea por su vida. Jesús dijo que cuando la palabra del reino es predicada, el diablo viene inmediatamente a robarla de aquellos que no la entienden. (Vea Mateo 13:19). El enemigo no quiere ser expulsado de su territorio, que es la vida de las personas. Todas las batallas espirituales y físicas que las personas han peleado en la tierra —desde el huerto del Edén hasta hoy—, han sido batallas territoriales. Aun en el plano personal, las batallas más grandes que peleamos tienen que ver con el territorio de nuestras vidas y ministerios. Cuando ministramos, nos convertimos en una amenaza para Satanás porque estamos removiendo su reino de oscuridad, de las personas y lugares en los cuales él ha levantado una fortaleza. La proclamación verdadera del reino de Dios causará un choque con el reino de Satanás. Cuando vemos que los demonios son echados fuera por el Espíritu de Dios, el reino ha llegado entre nosotros. (Vea Mateo 12:28; Lucas 11:20).

Jesús también dijo, *"Viene el príncipe de este mundo, y él nada tiene en mí"* (Juan 14:30). Nada de la naturaleza de Satanás había en Jesús; debemos eliminar de raíz toda la naturaleza del enemigo en nosotros. Vivamos una vida nueva de acuerdo a la justicia, paz y gozo del reino de Dios. Cuando nos arrepentimos y le pedimos a Dios de todo corazón que su reino gobierne nuestras vidas, Él desatará el espíritu de dominio sobre nosotros. Sobre todo, debemos gobernar el territorio que nos ha dado, comenzando por nuestro propio espíritu, alma y cuerpo.

Desde antes de la creación del mundo, Dios ha tenido planes maravillosos para la raza humana. Quizá su corazón se entristeció más que en cualquier otro momento de la historia, cuando Adán perdió su dominio de la tierra, en el Edén, y le entregó el gobierno a Satanás. Desde entonces, la humanidad ha seguido tambaleándose bajo el reino de oscuridad de Satanás. Sin embargo, a través de la historia, el amor de Dios siempre ha suplido y provisto para su pueblo, y Él ha cumplido su plan de redimir a la humanidad por medio de Cristo. Jesús vino a la tierra y cambió todo, haciendo todas las cosas nuevas otra vez. (Vea Apocalipsis 21:5). Desde entonces, se nos dio acceso a la gracia y poder para la transformación personal por medio del Espíritu Santo, así como la habilidad de traer el reino de Dios a nuestro mundo circundante. Vivamos en la realidad que nuestro dominio ha sido retomado, y que el reino de Dios seguirá creciendo por toda la eternidad.

3

La resurrección de Jesús estableció su reino y dominio sobre el reino de las tinieblas

Este capítulo contiene una verdad bíblica esencial que ha producido cambios extraordinarios en la vida de muchas personas. Las ha transformado y capacitado para transformar a otros. Es la verdad que, Jesús reina en el poder de la resurrección, y que a través de Él, ¡podemos reinar en el mismo poder que lo levantó de entre los muertos a medida que expandamos su reino!

La resurrección hace único al cristianismo frente todas las demás religiones del mundo, porque los seguidores de esas religiones saben que sus líderes están muertos y enterrados. Sin embargo, Jesús está vivo, y el poder de su resurrección sigue vigente, ya que Él salva, sana y libera a las personas por todo el mundo.

En la Biblia, hay varios pasajes que mencionan personas que murieron y fueron resucitadas, incluyendo al hijo de la viuda de Naín (vea Lucas 7:11–16) y a Lázaro (vea Juan 11:38–44), pero sus resurrecciones fueron diferentes a la de Jesús. Ellos murieron como pecadores y fueron levantados de los muertos con la misma naturaleza pecaminosa. Además, volvieron a morir y seguirán muertos hasta el regreso de Jesús. Por el contrario, Cristo vivió una vida completamente libre de pecado y, después de morir llevando todo el pecado de la humanidad sobre sí mismo, fue gloriosamente levantado de entre los muertos, sin pecado. Él continúa viviendo hoy —y para siempre—, para darle vida a todos los que en Él creen.

A menudo, cuando uno escucha el mensaje de la resurrección de Jesús que se predica en las iglesias, éste es presentado sólo desde el punto de vista histórico, sin revelación. Como consecuencia, no siempre vemos el poder de Dios manifestarse entre su pueblo. Para beneficiarnos de ese poder, debemos tener la revelación de su resurrección en el "ahora".

Por medio de su resurrección, Jesús valida su deidad, su reino y su dominio sobre el reino de Satanás. La resurrección no es un mito o una leyenda. Fue un evento histórico que estableció un "antes" y un "después" en la historia de la humanidad. Trazó una línea divisoria entre el dominio de Satanás en la tierra, y Cristo triunfando sobre Satanás, trayendo su reino eterno y devolviéndole el dominio de la tierra a la humanidad. Esto inauguró una nueva era en la cual los seres humanos fueron liberados de la esclavitud de Satanás para que pudieran llegar a ser hijos y amigos de Dios. Hay tantos resultados y beneficios producidos por la resurrección que sería imposible enumerarlos todos.

El siguiente es el testimonio de una mujer que experimentó transformación por medio del poder de la resurrección.

"Fui abandonada cuando sólo era una bebé y fue criada por una madrastra que me maltrataba. No entendía por qué esto me había sucedido. Con el pasar del tiempo, aprendí que mis hermanas también habían sido abandonadas. Crecí sin identidad personal y sin amor. Un día, mi madrastra me tomó por el pelo y me gritó, '¡No eres mi hija!'. En ese momento, entendí porque no era amada y el dolor en mi corazón aumento aún más. Me fui de la casa cuando tenía quince años y eventualmente me convertí en una madre soltera. En los años siguientes, tuve varios hombres en mi vida, pero ellos también me abandonaron. Tuve dos hijos con el último hombre con quien viví, pero él rechazó a nuestro primer hijo, negándose a reconocerlo como su hijo. Lo maltrataba, haciéndole sentir inferior. Esto fue una repetición de mi propia niñez.

"Un día, decidí dejarlo todo y nunca regresar, así que me fui a vivir sola a Miami. Abandoné a mis hijos de la misma manera que yo había sido abandonada. Después de vivir en los Estados Unidos por algún tiempo, alguien me invitó al Ministerio El Rey Jesús. Allí encontré a Dios y le abrí mi corazón a Jesús. Fue entonces que entendí que estaba atada por el rechazo, el abandono y la culpabilidad.

"Durante un retiro espiritual organizado por la iglesia, me llevaron a renunciar a estas ataduras por medio de la oración. Cuando terminé sentí que toda opresión me había dejado. Hoy me siento libre de esa maldición generacional de abandono. ¡El dolor en mi corazón desapareció! Ahora, tengo planes de regresar a mi país. Deseo ver a mis hijos y ser la madre que ellos necesitan y que no pude ser por mucho tiempo. Tengo paz y gozo. El amor de Dios me ha capacitado para dar lo que antes no podía dar. Fui liberada del espíritu de lujuria que me hacía ir detrás de cualquier hombre que se cruzaba en mi camino. Ahora vivo una vida plena y feliz. Mis hijos no sufrirán más porque ¡la maldición generacional de abandono ha sido rota!".

El fruto de la liberación de esa mujer es una vida transformada, valores cambiados y el deseo de ser restaurada a su familia. El poder que operó en ella es el poder de la resurrección. Ese mismo poder también puede operar en usted, ¡ahora mismo!

Pidámosle al Espíritu Santo que revele el poder de la resurrección de Cristo en nuestras vidas a medida que leemos este capítulo. Por favor, ore en voz alta lo siguiente:

Espíritu Santo, eres el administrador y ejecutor del poder de la resurrección de Cristo. Te pido que abras mi entendimiento con el espíritu de sabiduría y revelación para poder conocer el poder de la resurrección, aplicarlo a mi vida y desatarlo sobre otros que están en necesidad. ¡En el nombre de Jesús, amén!

Ahora veamos tres formas en las que Jesús sufrió la muerte por nosotros para que experimentemos su vida de resurrección.

Jesús sufrió tres muertes por nosotros

Jesús es llamado el *"postrer* [último] *Adán"* (1 Corintios 15:45). Como Hijo de Dios, se identificó con el primer Adán y cada uno de sus descendientes que haya vivido o vivirá, al convertirse en un ser humano y soportar todo lo que los seres humanos experimentamos. Su vida fue un acto de sustitución que alcanzó el clímax en la cruz, cuando murió en nuestro lugar por nuestros pecados. (Vea Isaías 53:6). Sin importar el modo como podamos clasificar los pecados —grandes o pequeños—, todo pecado conduce a la muerte. (Vea Santiago 1:15, PDT). Pero Jesús "saboreó" la muerte para que nosotros recibiéramos vida eterna. (Vea Hebreos 2:9).

Por ser nuestro sustituto, Jesús tuvo que padecer los tres tipos de muerte que todo ser humano está destinado a padecer (sin la obra redentora de Jesús en la cruz), a causa de la rebelión de Adán y su arraigada naturaleza pecaminosa, la cual fue heredada por toda la raza humana: (1) muerte física, (2) muerte espiritual y (3) la "muerte segunda".

1. Muerte física

La primera muerte que Jesús padeció fue la de su cuerpo físico.

Entonces Jesús, clamando a gran voz, dijo: Padre, en tus manos encomiendo mi espíritu. Y habiendo dicho esto, expiró.   (Lucas 23:46)

Jesús había sido arrestado, interrogado durante la noche, burlado, torturado con latigazos, perforado por una corona de espinas y crucificado hasta que murió. Cuando Jesús tomó nuestro lugar en la cruz, no fue un acto simbólico ni teorético. Él se identificó totalmente con nuestra humanidad y llevó nuestros pecados y naturaleza pecaminosa sobre sí mismo. En el momento que murió físicamente, su espíritu humano y su alma se separaron de su cuerpo. Su cuerpo fue enterrado en una tumba, donde permaneció por tres días, pero su espíritu continuó, y llevó a cabo la tarea hasta completar su misión como Salvador del mundo.

En el intercambio que ocurrió en la cruz, Jesús cargó con las consecuencias de nuestra desobediencia, para que pudiéramos recibir los beneficios de su obediencia.

2. Muerte espiritual

Jesús no gozaba de favor especial ni de encuentros con el Padre sólo porque Él era el Hijo de Dios. Aunque era divino, también era humano, tanto como lo somos usted y yo, excepto que no tenía pecado. Como ser humano en la tierra, la vida de Jesús dependía de su relación con el Padre. De la misma forma, los creyentes tampoco tenemos vida en nosotros mismos, sino sólo en nuestra relación con el Padre por medio de Cristo. (Vea Juan 6:57).

El pecado separa a los seres humanos de la vida de Dios. (Vea Isaías 59:2). Por tanto, la primera consecuencia que Jesús experimentó cuando tomó los pecados de la humanidad y los llevó sobre sí en la cruz, fue que su relación con Dios fue cortada. Él fue cortado de la vida, unión y comunión con el Padre. Esta separación de Dios es la naturaleza de muerte espiritual. Dado que toda la humanidad estaba espiritualmente muerta en delitos y pecados, Jesús sufrió la muerte espiritual por nosotros. *"Al que no conoció pecado, por nosotros [Dios] hizo [a Jesús] pecado, para que nosotros fuésemos hechos justicia de Dios en él"* (2 Corintios 5:21).

Jesús permitió ser total y genuinamente abandonado por el Padre por amor a nosotros. Cuando gritó en la cruz, *"Dios mío, Dios mío, ¿por qué me has desamparado?"* (Mateo 27:46), era la primera vez que Él oraba sin recibir respuesta. ¿Por qué su oración no fue contestada? Porque nuestro pecado en Él había roto su relación con el Padre.

La misma verdad se aplica a nosotros, aun como creyentes. Dios nunca pierde el poder o la habilidad de escuchar las oraciones de su pueblo; pero quizá no recibamos respuesta a nuestras oraciones cuando hay pecado en nuestras vidas, porque nuestro pecado nos separa de Él.

Sólo el pecado, o la iniquidad, pueden separar a una persona de Dios.

3. La "muerte segunda"

Los Evangelios no describen específicamente lo que Jesús experimentó en el más allá, entre su muerte en la cruz y su resurrección, pero en el libro de los Salmos y en algunos pasajes del Nuevo Testamento se nos ha dado revelación acerca de lo que veremos a este respecto.

Jesús enseñó, *"Porque como estuvo Jonás en el vientre del gran pez tres días y tres noches, así estará el Hijo del Hombre en el corazón de la tierra tres días y tres noches"* (Mateo 12:40). Después que Jesús murió, su espíritu descendió al infierno. En la Biblia, el más allá es a veces llamado "Seol" o "Hades". En la parábola de Jesús acerca del hombre rico y Lázaro, el Hades es descrito como un lugar dividido en dos regiones: un lugar de tormento (donde los espíritus de los incrédulos esperan su juicio final) y el *"Seno de Abraham"* (donde los espíritus de los justos esperan la finalización de la misión del Mesías de la salvación, para poder habitar en la presencia de Dios). (Vea Lucas 16:19–31). Jesús padeció en el Hades o Seol el tormento que nosotros hubiésemos recibido.

La *"muerte segunda"* es la separación eterna de la presencia de Dios. Es la muerte espiritual permanente en el infierno —el reino donde la gente va a sufrir la ira de Dios por todos los pecados e iniquidades cometidos—. (Vea, por ejemplo, Apocalipsis 20:11–15).

Era necesario que Jesús probara esta forma de muerte porque Él tenía que recibir el castigo que hubiéramos experimentado sin su redención. Él padeció la ira de Dios en el ámbito del espíritu por los pecados e iniquidades de toda la raza humana, para entonces poder salvarnos de ese lugar de tormento. Aunque lo que Cristo padeció en la cruz fue horroroso, su sufrimiento espiritual en el infierno —acerca de lo cual pocos creyentes conocen—, fue aún más terrible. A veces creemos que su resurrección fue fácil, pero tenemos que entender de dónde fue levantado. He aquí un verso de los Salmos que describe la experiencia de Cristo en el lugar de tormento:

> *Se alegró por tanto mi corazón, y se gozó mi alma; mi carne también reposará confiadamente; porque no dejarás mi alma en el Seol, ni permitirás que tu santo vea corrupción.* (Salmos 16:9–10)

Donde el versículo dice *"mi carne,"* se refiere al cuerpo físico de Cristo. Mientras su espíritu estaba en el Seol, su cuerpo descansaba en la tumba sin descomponerse. (Vea Hechos 2:31; Efesios 4:8–10). Salmos 71 también nos da un vistazo del tiempo que Jesús pasó en el infierno:

> *Tú que me has hecho ver muchas angustias y aflicciones, me volverás a dar vida, y me levantarás de nuevo de las profundidades de la tierra.* (Salmos 71:20–21, LBLA)

En el Seol, el principal sufrimiento de Jesús, una vez más, fue su separación del Padre. La comunicación estrecha que ellos habían mantenido durante la vida de Jesús en la tierra fue cortada. Él estaba solo y en la oscuridad. Pero Jesús no perdió la fe. Creo que las siguientes palabras pueden aplicarse a Él, pese a que fueron escritas por David:

> Oh Jehová, Dios de mi salvación, día y noche clamo delante de ti. Llegue mi oración a tu presencia; inclina tu oído a mi clamor. Porque mi alma está hastiada de males, y mi vida cercana al Seol. Soy contado entre los que descienden al sepulcro; soy como hombre sin fuerza, abandonado entre los muertos, como los pasados a espada que yacen en el sepulcro, de quienes no te acuerdas ya, y que fueron arrebatados de tu mano. Me has puesto en el hoyo profundo, en tinieblas, en lugares profundos. Sobre mí reposa tu ira, y me has afligido con todas tus ondas.
>
> (Salmos 88:1–7)

Este salmo describe a Jesús como el cordero perfecto, llevando todo el pecado y la iniquidad de la humanidad, y recibiendo la ira de Dios, no en su cuerpo sino en su espíritu. Él recibió cada juicio en su espíritu. No podemos ni siquiera imaginar el tormento que sufrió. Si resumiéramos estos versículos, Jesús básicamente estaría diciendo, "Mi espíritu está rodeado de maldad. Ha llegado al Seol —el reino de los muertos—. Me he convertido en un hombre sin Dios, cortado de su presencia. He sido puesto en el abismo —en el lugar más bajo, el lugar de más densa oscuridad—; estoy padeciendo el impacto de la ira de Dios, encerrado en una prisión. He sido cortado de mis amigos y de mi familia". (Vea versículo 18). Sus "amigos" eran ahora la tumba y la oscuridad.

En esta condición, Jesús le hizo ciertas preguntas a Dios:

> ¿Manifestarás tus maravillas a los muertos? ¿Se levantarán los muertos para alabarte? ¿Será contada en el sepulcro tu misericordia, o tu verdad en el Abadón? ¿Serán reconocidas en las tinieblas tus maravillas, y tu justicia en la tierra del olvido? (versículos 10–12)

Estas preguntas fueron contestadas magistralmente por la resurrección de Jesús de entre los muertos, por medio de la cual el Padre honró al Hijo. La respuesta a todas ellas fue "¡Sí!". Conocer que Jesús triunfó sobre la muerte y el infierno, que eran enemigos invencibles de la humanidad, es clave para entender su obra completa en la cruz y su resurrección. Dios ha hecho maravillas por aquellos que estuvieron espiritualmente muertos y han vivido bajo lo ineludible de la muerte física. ¡Sus maravillas y su justicia son conocidas por todos los que han sido espiritualmente resucitados en Jesús y experimentarán la resurrección física cuando Él venga otra vez!

Al mismo tiempo, la resurrección de Jesús provocó la resurrección notable e inmediata de ciertas personas que habían muerto en la fe. La Escritura nos dice que *"muchos cuerpos de santos que habían dormido, se levantaron; y saliendo de los sepulcros, después de la resurrección de él, vinieron a la santa ciudad, y aparecieron a muchos"* (Mateo 27:52–53). No está claro qué les pasó a esos santos después de este evento, pero ellos habían estado en el seno de Abraham, en el Seol, y cuando recibieron las noticias de la victoria de Jesús sobre el pecado y la muerte, se levantaron de sus tumbas por el mismo poder de resurrección.

La resurrección es la manifestación de Dios Padre honrando a su Hijo.

Jesús experimentó dos resurrecciones por nosotros

El verbo *resucitar* indica "levantarse", "despertar de la muerte" o "regresar a la vida". Jesús experimentó la resurrección de dos maneras diferentes, para que podamos vivir una nueva vida en Él.

1. Jesús fue vivificado en su espíritu

Porque también Cristo padeció una sola vez por los pecados, el justo por los injustos, para llevarnos a Dios, siendo a la verdad muerto en la carne, pero vivificado en espíritu. (1 Pedro 3:18)

La palabra griega que se traduce como *"vivificado"* es *zoopoiéo*, la cual también podría ser traducida como "vitalizar", "dar vida", o "avivar" (STRONG, G2227). Considero que el versículo de arriba nos está diciendo que Jesús fue vivificado, o le fue dada vida a su espíritu por obra del Espíritu

Santo, antes que su cuerpo físico fuera levantado de entre los muertos. Visualizo esta vivificación de la siguiente forma: Mientras Jesús estaba en el Seol, recibiendo el castigo por nuestros pecados, una reunión se llevaba a cabo en el cielo. Dios Padre y el Espíritu Santo, con los seres angelicales observando, discutían su muerte y el juicio que debía recibir por convertirse en pecado por nosotros. De repente, el Padre, el Juez del universo, dijo, "Jesús de Nazaret, mi Hijo, no es culpable. Él nunca cometió un pecado; es más, Él llevó el pecado del mundo. Por tanto, debemos levantarlo de entre los muertos". Mientras Satanás y sus demonios celebraban lo que creyeron que era la derrota del Hijo de Dios, una gran explosión se escuchó por todo el infierno. El Espíritu Santo descendió a resucitar a Jesús. El poder de Dios vino sobre su espíritu, el cual fue instantáneamente vivificado. Esa fue la resurrección inicial que Él experimentó. Por el mismo poder, ¡todos seremos resucitados un día! (Vea Romanos 6:5). Por ahora, hemos recibido la garantía de nuestra completa resurrección espiritual, con el regalo del Espíritu Santo que vive en nosotros. (Vea, por ejemplo, Romanos 6:4; 2 Corintios 5:4–5).

Sin embargo, aunque su espíritu fue resucitado, Jesús todavía no había terminado su obra en las profundidades de la tierra.

En espíritu… [Él] también fue y predicó a los espíritus encarcelados.
(1 Pedro 3:18–19)

El verbo "predicar" en el versículo de arriba es *kerússo*, que significa "pregonar (como un pregonero público) especialmente una verdad divina"; indica "proclamar" y "publicar" (STRONG, G2784). Yo interpreto que la palabra *"espíritus"* aquí significa entidades espirituales malas o demonios. Como mensajero de Dios, Jesús fue al lugar donde están los demonios encarcelados en el infierno. ¿Qué les proclamó en ese lugar? Él no les proclamó el evangelio con el propósito de salvación, sino que más bien hizo un anuncio. Creo que su declaración fue algo así: "¡Escuchen todos! Ahora Yo soy el Rey de reyes y Señor de señores. Toda autoridad me ha sido dada. Por tanto, tengo las llaves del infierno y de la muerte. ¡He derrotado a Satanás y ahora vivo para siempre!"

Jesús también predicó a los que estaban en el seno de Abraham, para salvación.

Porque por esto también ha sido predicado el evangelio a los muertos, para que sean juzgados en carne según los hombres, pero vivan en espíritu según Dios.
(1 Pedro 4:6)

Estas personas habían muerto con fe, esperando la redención del Mesías, tal como está escrito en Hebreos 11:13–16. Ellos fueron los primeros en recibir la buena noticia de la resurrección. Como hemos visto, esto fue confirmado por el hecho que varios de ellos salieron de sus tumbas cuando Jesús resucitó físicamente.

Entonces, cuando la corte celestial erradicó la sentencia de muerte de Jesús y el Espíritu Santo lo levantó espiritualmente, Jesús declaró la fidelidad de Dios a aquellos que habían muerto esperando al Mesías, y Él también proclamó su victoria ante sus enemigos.

2. Jesús fue vivificado en su cuerpo

Después que el espíritu de Jesús fue resucitado, regresó a su cuerpo en la tumba, donde fue físicamente levantado de la muerte para vivir por siempre como un hombre nuevo. Cristo derrotó a la muerte en sus tres formas —muerte física, muerte espiritual y la segunda muerte—. ¡Nada lo pudo detener! Él venció al pecado, al diablo y sus demonios, a la muerte y al infierno. Dios "[soltó o liberó] *los dolores de la muerte*" (Hechos 2:24) cuando resucitó a Jesús. ¡Él hará lo mismo por nosotros!

La ley mosaica establecía que eran suficientes dos testigos fieles para dar fe de una verdad. (Vea, por ejemplo, Deuteronomio 19:15). Sin embargo, Dios nos dio más de dos testigos para confirmar la verdad acerca de su Hijo Jesús y su misión. Primero, tenemos los testimonios de los profetas del Antiguo Testamento, los cuales hablan de la venida del Mesías (vea, por ejemplo, Isaías 53; Oseas 6:2), y la Escritura es la más alta autoridad y la verdad absoluta inspirada por Dios. Asimismo, once de sus discípulos (Judas había muerto) que habían vivido con Él por más de tres años y que habían sido enseñados por Él, testificaron que lo vieron levantarse de entre los muertos. Además, hubo más de 500 personas que testificaron sobre la resurrección física de Jesús. También está el testimonio de Pablo, quien encontró a Cristo en el camino a Damasco. (Vea, por ejemplo, Juan 20:19–29; 1 Corintios 15:3–8). A esa lista, podemos añadir a cada uno de los que han tenido una experiencia con el

Cristo resucitado, quienes confirman su testimonio con la transformación de sus corazones y de sus propias vidas.

En resumen, considero que éste es el orden en el cual ocurrió la resurrección y glorificación de Jesús. Primero, fue levantado del Seol en una resurrección espiritual. Segundo, fue físicamente levantado de entre los muertos. Tercero, el Padre lo exaltó y lo sentó a su derecha en el cielo, dándole autoridad sobre todo y sobre todos.

Jesucristo [es] el testigo fiel, el primogénito de los muertos, y el soberano de los reyes de la tierra.   (Apocalipsis 1:5)

Jesús fue el primero en ser resucitado en gloria. Fue el *"primogénito de los muertos"*. Cuando nos identificamos con la muerte, sepultura y resurrección de Jesús, nacemos de nuevo y nos hacemos una nueva creación. Sólo cuando esto ocurre podemos recibir, por la ley de la herencia y la identificación, todos los beneficios otorgados por la resurrección. (Vea, por ejemplo, Juan 1:12–13; 1 Pedro 1:3). Somos espiritualmente vivificados y resucitados con Cristo para poder estar sentados en lugares celestiales y gobernar juntos con Él. ¡Alabado sea Dios!

Cuando nos identificamos con la muerte, sepultura y resurrección de Jesús, nos hacemos una nueva creación para gobernar y reinar juntamente con Él.

Logros fundamentales de la resurrección de Cristo

La resurrección de Cristo de entre los muertos es fundamental para el plan de Dios de rescatar la raza humana y traer su reino a la tierra, porque logró lo siguiente:

+ Nos restauró a la comunión con la vida espiritual de Dios. La muerte de Jesús y su resurrección nuevamente nos hizo uno con el Padre. Hemos sido reconciliados con Él. (Vea 2 Corintios 5:18; 1 Juan 1:3).

♦ Implantó en nuestros cuerpos mortales la vida de resurrección, la cual se manifestará por completo cuando Cristo regrese por su iglesia; en ese instante nuestros cuerpos serán glorificados como el suyo. (Vea Romanos 8:11).

♦ Nos regresó a la eternidad en la presencia de Dios. Esta es la consumación de la obra perfecta de Cristo en la cruz, y de su resurrección. (Vea 1 Tesalonicenses 4:17; Apocalipsis 21:1–3).

♦ Nos sentó en lugares celestiales para gobernar con Cristo. Después de pagar por nuestros pecados y ser resucitado de entre los muertos, Jesús se sentó en su trono, a la derecha del Padre, como nuestro sumo sacerdote. El sentarse representa que ya ha cumplido con su misión. Bajo el sacerdocio levítico (instituido bajo la ley de Moisés) los sacerdotes nunca se sentaban, porque la presentación de los sacrificios ofrecidos por la expiación de los pecados era perpetua. Sin embargo, Jesús se sentó para siempre, simbolizando su autoridad, gobierno y reinado, porque su obra había terminado. Cuando su obra redentora fue cumplida, nos devolvió el dominio que Adán había perdido y —aun más notable—, nos sentó juntamente con Él en su gobierno celestial. El Hijo de Dios es el único Rey que le permite a sus súbditos reinar juntamente con Él. ¡Esa es nuestra herencia! (Vea, por ejemplo, Efesios 2:5–6; Hebreos 4:14; 6:20; 7:26–28; 10:11–13).

Es un hecho que Jesús murió en la cruz, pero es una cuestión de fe que Él se levantó de entre los muertos.

Una mujer llamada Amalia, quien es miembro de una iglesia en Argentina que está bajo la cobertura espiritual del Ministerio El Rey Jesús, fue testigo del poder de la resurrección que levantó a su bebé de los muertos. Había tenido un embarazo de alto riesgo que la había llevado a dar a luz en su sexto mes. El parto fue complicado y la bebé nació muerta. Los médicos tuvieron a la niña bajo observación por varias horas, pero finalmente la declararon oficialmente muerta y su cuerpo fue llevado a la morgue. Cuando la iglesia oyó la noticia, comenzó a interceder por la familia.

Tan pronto como le fue posible, Amalia pidió ver el cuerpo de su hija, pero debido a las muchas regulaciones, tuvo que esperar doce horas antes de obtener el permiso. Finalmente, les permitieron a ella y a su esposo ir a la morgue. El médico forense los guió hacia una pequeña caja donde yacía el cuerpo muerto de la bebé. Cuando abrieron la caja, Amalia y su esposo vieron que la bebé estaba envuelta en una tela. Amalia removió la tela y tomó la mano fría de su hija entre sus manos para despedirse. De repente, escucharon un sonido débil y la bebé se movió. ¡Estaba viva! El impacto de esa experiencia fue tan grande que Amalia estuvo a punto de desmayarse. Cuando el médico forense vio lo que sucedía comenzó a llorar. No salía de su asombro. La bebé había estado en la morgue doce horas, bajo temperaturas extremadamente bajas. Inmediatamente la llevaron a la unidad neonatal donde recibió la atención necesaria. Allí, los médicos confirmaron que sus señas vitales eran normales.

Cuando el director del hospital escuchó lo sucedido, suspendió al médico y a la enfermera que habían asistido en el parto, pensando que los padres de la bebé los demandarían por mala praxis, porque no entendía cómo algo así podía ocurrir. Finalmente, todos tuvieron que admitir que lo sucedido había sido un milagro de Dios. ¡La bebé había sido levantada de entre los muertos por el poder de la resurrección de Cristo Jesús, mientras estaba en la morgue tendida en una caja! La noticia llegó a los medios de comunicación y se esparció por todo el país y el mundo. Hoy, la bebé, Luz Milagros, vive con su familia, y crece fuerte y saludable. Milagros similares pueden ocurrir en su vida, en su familia y en su iglesia, a medida que aplica a sus circunstancias el poder de la resurrección.

Revelaciones esenciales de la resurrección

Muchos en la iglesia no han entendido la esencia de la resurrección de Cristo por falta de revelación acerca de sus verdades indispensables. El propósito principal de este capítulo es abrir los ojos del pueblo de Dios a lo que espiritualmente significa, que ¡Jesús fue gloriosamente resucitado de entre los muertos y nos impregna con su poder!

1. La resurrección es siempre revelada por el Espíritu Santo en el ahora

"Finalmente se apareció a los once [apóstoles]*"* (Marcos 16:14). La palabra *"apareció"* viene del vocablo griego *fanerós*, que significa

"hacerse evidente". Indica "aparecerse", "manifestarse", "mostrarse uno mismo" (STRONG, G5318). Esta palabra, esencialmente significa "ser revelado en nuestro propio carácter".[5] En otras palabras, Jesús se reveló a sí mismo ante sus seguidores como el Cristo vivo. ¿Por qué esto fue necesario si los discípulos ya le conocían? Porque lo conocían como humano o *"según la carne"* (2 Corintios 5:16), pero ellos necesitaban conocerlo en el Espíritu, en toda su deidad y majestad. Necesitaban conocerlo, no como el Cristo terrenal, sino como el Cristo eterno que, en y por sí mismo, tiene todo poder y autoridad. Es la falta de esta revelación la que hace que la gente piense en la resurrección como una simple información histórica. Por tanto, la revelación del Cristo vivo hace una distinción entre aquellos que creen en la resurrección para el aquí y ahora —el eterno presente—, y aquellos que creen en él como un acontecimiento histórico. Los primeros son activados y reciben el poder sobrenatural de Jesús en sus vidas.

No podemos creer genuinamente en algo, o valorarlo,
si nos falta revelación al respecto.

La revelación es esencial porque sin ella nuestra fe no puede operar. Todo lo que hacemos sin fe es obra muerta. (Vea Santiago 2:20). Sin importar en qué etapa de nuestra vida o ministerio podamos estar, y sin importar el tamaño de nuestro ministerio o el alcance de nuestro servicio en la iglesia, toda obra genuina para Dios debe comenzar con la revelación del Cristo resucitado para el reino, aquí y ahora.

Todo ministro y ministerio debe ser establecido en
la revelación del Cristo resucitado en el ahora.

---

2. La resurrección de Jesús es la demostración de su amor y su poder

Por medio del sacrificio de Jesús en la cruz fuimos perdonados, pero por medio de su resurrección, comenzamos a operar en su poder. Dios *es* amor, pero Él *tiene* poder. Su amor es la fuente de su poder. Él no tiene ningún poder que no provenga del amor. Cuando Satanás vio a Jesucristo,

---

5. *Vine's Complete Expository Dictionary of Old and New Testament Words*, 32.

supo que Él era Dios por el amor puro y sacrificial que demostró, el cual lo llevó a sanar, salvar, liberar y hacer libre al oprimido. Cuando Satanás se encuentra con el amor genuino, sabe que el poder está conectado a éste. Y la más grande demostración del amor de Dios fue la muerte de Jesús en la cruz por la humanidad.

Sin embargo, la iglesia a menudo comete el error de detenerse en la cruz. Debemos llegar a la resurrección. Sí, la muerte de Jesús nos redimió, rescató y salvó, y por medio de la cruz crucificamos nuestros pecados y nuestra carne. Sin embargo, la resurrección nos da una vida nueva y eterna en Dios; una que reemplaza la vieja vida, la cual fue crucificada juntamente con Cristo.

¡Jesús fue resucitado! El mensaje de la cruz y el de la resurrección deben ser siempre predicados juntos. Cuando entremos en una nueva dimensión de su amor tendremos una nueva dimensión del poder de Dios. Y cuando el amor genuino de Dios fluye de nosotros, produce una demostración del poder de la resurrección.

La cruz es la demostración del amor de Cristo.
La resurrección es la demostración de su poder.

Al recibir la revelación de la resurrección de Cristo y vivir verdaderamente en ella, seremos testigos de milagros, señales, maravillas y resurrección de muertos, todo lo cual hará que el reino de Dios avance en la tierra. ¡Reciba esta revelación por el Espíritu Santo, ahora! Declaro que sus ojos y oídos son abiertos para entender que Cristo vive y que el poder de su resurrección está activo y disponible —aquí y ahora— como lo vemos en el siguiente testimonio.

Stephanie González, de Georgia, nació con paladar hendido y sorda de su oído izquierdo. Cuando sólo tenía cuatro meses, tuvo su primera cirugía de paladar hendido, la cual fue exitosa. Años más tarde, tuvo que soportar otra cirugía muy dolorosa en la que se le cortó parte de la lengua para reparar aún más el paladar hendido. Esto la dejó incapaz de hablar por más de dos meses. Recibía los alimentos por medio de un tubo y sólo se podía comunicar por escrito. Su madre, Argelia, oró, "Señor, necesito ver tu obra. Necesito ver un rayo de esperanza porque la estoy perdiendo". Esos fueron momentos de angustia y desesperación, pero aun en su estado delicado, Stephanie trataba de consolar a su madre escribiendo, "Mami, estoy bien. Hablaré nuevamente. Te lo prometo. Pasaremos esta prueba juntas".

Stephanie también fue intervenida quirúrgicamente para restaurarle el oído izquierdo, pero no funcionó. Más adelante, cuando le practicaban una cirugía dental, el doctor le dijo que tenía una infección en el oído derecho, tan mala, que su tímpano se había cerrado y ya no había nada que hacer. La infección le había perforado el cráneo y había perdido también el oído derecho. Ahora Stephanie estaba totalmente sorda. Sólo un implante en el cráneo o un milagro le podía restaurar la habilidad de escuchar.

Argelia fue invitada por su hermano a una conferencia en Atlanta, patrocinada por el Ministerio El Rey Jesús y llevó a Stephanie con ella. Sin embargo, la madre no entendía que Jesús todavía sanaba, pues seguía repitiendo "nadie me puede ayudar". Se sentía culpable y se preguntaba qué había hecho mal para merecer tantos años de sacrificio y dolor con su hija. Se preguntaba qué pasaría en el futuro, y le preocupaba que eventualmente pudiera perderla.

¡Pero Dios hizo un milagro creativo en la conferencia! Hoy, Stephanie puede escuchar perfectamente por sus dos oídos, sin implantes, y también habla normalmente. Argelia está muy agradecida con todas las personas que oraron por ellas. Se siente feliz de conocer a Jesús y afirma que, "el milagro que Jesús hizo en mi hija no tiene precio". Stephanie es muy inteligente y desde entonces ha ganado varios premios escolares, y académicamente le va mejor que a otros estudiantes de su clase. Hasta ganó un premio por escribir un ensayo titulado "La historia de mi vida". Su testimonio es una demostración maravillosa del poder de resurrección de Jesús para sanar y restaurar.

La cruz es un hecho histórico conocido,
pero la resurrección debe ser revelada en el ahora.

---

3. La resurrección de Jesús es el fundamento y sustento del cristianismo

Y con gran poder los apóstoles daban testimonio de la resurrección del Señor Jesús.   (Hechos 4:33)

No hay cristianismo sin la resurrección de Jesús. Este es el fundamento de la iglesia de Cristo. Sin la resurrección para culminar la obra de la cruz, no habría perdón de pecados, y no habría salvación, porque es el poder de resurrección el que activa esa obra. (Vea 1 Corintios 15:17; Romanos 10:9–10). Ninguna cantidad de palabras, principios, leyes o doctrinas pueden reemplazar la obra y el poder de Cristo. Las personas que tienen un encuentro con el poder de la resurrección dicen: "Yo solía ser [y mencionan alguna manifestación de la naturaleza pecaminosa o de la opresión satánica], pero ahora soy una persona totalmente diferente. Las cosas malas que antes hacía, ya no las hago".

La resurrección es la única fuente de poder para transformar el corazón.

4. Si Cristo no hubiera resucitado, nuestra fe y mensaje sería en vano

Y si Cristo no resucitó, vana es entonces nuestra predicación, vana es también vuestra fe. (1 Corintios 15:14)

Si no creemos que Jesús fue levantado de entre los muertos y que su resurrección tiene poder vivo para hoy, entonces ¿qué —y por qué— le predicamos a otros? La iglesia primitiva testificó y proclamó la resurrección dando demostraciones de su poder. Si usted es pastor o evangelista, permítame preguntarle: ¿Cuándo fue la última vez que predicó acerca de la resurrección? ¿Ha estado predicando acerca de principios cristianos sin explicarle a la gente cómo pueden obtener el poder para obedecerlos? Los principios son importantes, pero la única manera de desatar el poder de Dios es que la gente reciba la revelación de la resurrección, aquí y ahora. ¿Seguirá la gente perdida y enferma si usted predica el poder de la resurrección? ¡No! La gente recibirá salvación, sanidad y liberación. Serán transformados y vivirán en prosperidad. Esas cosas vienen por la fe en el Cristo resucitado, quien vive aquí y ahora —el eterno presente—. En el libro de los Hechos, leemos sobre grandes manifestaciones del poder de Dios —milagros extraordinarios que ocurrieron como resultado de la predicación de los discípulos acerca de la resurrección de Cristo—. Lo mismo he visto que sucede en mi propio ministerio. En mi opinión, éste es el ingrediente principal que le falta a la iglesia hoy.

5. La resurrección valida y reivindica a Cristo como el Hijo de Dios

Jesús fue juzgado y encontrado "culpable" por dos cortes terrenales — la religiosa y la secular—, aunque era inocente. La raza humana lo rechazó por completo. (Vea Salmos 2:1–3). Sin embargo, como hemos visto, Dios Todopoderoso, desde su Corte Suprema revocó la decisión y, al tercer día, reivindicó a Cristo levantándolo de entre los muertos. (Vea Hechos 13:29–31). Para usar una analogía humana, esto es similar a que la Corte Suprema de los Estados Unidos revocara la decisión de un tribunal inferior y emitiera una nueva sentencia.

> *El que mora en los cielos se reirá; el Señor se burlará de ellos. Luego hablará a ellos en su furor, y los turbará con su ira. Pero yo he puesto mi rey sobre Sion, mi santo monte.* (Salmos 2:4–6)

En la Biblia, la risa de Dios siempre es una expresión de victoria, nunca de algo chistoso. La afirmación *"yo he puesto mi rey"* se refiere a Cristo recibiendo todo el poder y autoridad del Padre. Antes de la fundación del mundo, Cristo fue el *"Cordero que fue inmolado"* (Apocalipsis 13:8) por nuestros pecados y también fue ungido como Rey sobre todas las cosas, aunque tuvo que venir a la tierra para cumplir con esas realidades celestiales.

Si Jesús no hubiera resucitado, su identidad como Señor y Rey no hubiese sido verificada. Su resurrección completamente cumplió el decreto del Padre en Salmos 2:7, *"Mi hijo eres tú; yo te engendré hoy"*. El verbo "engendrar" viene del vocablo hebreo *yalád*, que significa "parir", "procrear", "dar a luz" (STRONG, NASC, H3205). Con el nuevo veredicto de la Corte Suprema celestial, el Padre eternamente "concibió" a Jesús de sí mismo como el Hijo de Dios.

La resurrección de Jesús confirma que Él es quien decía ser porque la tumba no pudo retenerlo. La resurrección prueba su deidad, señorío y su reino. A la luz de estos hechos, no basta solamente con predicar acerca de la cruz. El apóstol Pablo nunca vio la resurrección de Cristo con sus propios ojos, aunque sí tuvo un encuentro con Él, en luz brillante, en el camino hacia Damasco. Sin embargo, Pablo habló mucho más acerca de la resurrección que de la cruz. Para Pablo, la cruz y la resurrección no fueron simples eventos históricos, sino realidades en las cuales se fundamenta la vida y fe de una persona.

La resurrección es la validación y vindicación de Cristo como el Hijo de Dios y la confirmación de todo lo que Él decía ser.

---

6. Cristo es el único con un testimonio de haber sido levantado de los muertos

El testimonio de Jesús es el espíritu de la profecía. (Apocalipsis 19:10)

Jesús fue el primero que espiritual y físicamente fue levantado de entre los muertos. Él es y vendrá nuevamente a la tierra como vencedor. (Vea Apocalipsis 4:8). Las profecías del Antiguo Testamento del Ungido o el Mesías, apuntan a Él. Confirman que Él es Dios y soberano del reino. Si Cristo no hubiera resucitado, habría sido una declaración de que la muerte lo había derrotado, y Él no sería diferente de cualquier otro profeta, maestro o filósofo que ha vivido.

Ningún líder religioso, profeta ni filósofo puede testificar, honestamente, que ha vivido una vida sin pecado, que ha sido levantado de los muertos y que ha sido glorificado por el Padre. Todos continúan muertos: Buda, Confucio, Mahoma, Carlos Marx, Mahatma Gandhi, y otros. Sus seguidores admiten esta realidad y aún visitan sus tumbas cada año. ¡Pero la tumba donde Jesús fue enterrado está vacía! ¡Él vive! Este hecho pone a Jesús en una categoría única. También lo identifica y lo separa como Dios. La muerte, la tumba y el infierno no lo pudieron retener. (Vea Hechos 2:24).

Pero la autenticidad del testimonio de Jesús está bajo ataque y persecución por el enemigo en este tiempo, tal como lo fue en el primer siglo. Debido al testimonio de Jesús, Esteban fue apedreado hasta la muerte. Pedro fue crucificado. El apóstol Pablo fue puesto en prisión y posiblemente ejecutado, y Juan fue desterrado a la isla de Patmos. Satanás está aterrorizado por el testimonio de la resurrección, porque sabe que éste tiene poder para destruir el reino de las tinieblas.

Necesitamos proporcionar pruebas de la resurrección de Jesús a través del poder sobrenatural del reino de Dios. Suponga que un abogado defensor está armando su caso para ser presentado ante la corte, y le está considerando a usted como testigo. Para ser un testigo útil usted debe tener alguna experiencia personal o evidencia relacionada al caso, y presentarla ante el juez y el jurado. Si no tiene una experiencia o evidencia, de nada vale que el abogado le llame a testificar. Asimismo, un verdadero testigo de Cristo es alguien que tiene evidencia sobrenatural de su resurrección. En la iglesia de hoy, los testimonios de muchas personas no tienen fruto porque proclaman a Cristo sin evidencias. Esto sucede porque en el ministerio hoy en día, la gente a menudo es evaluada de acuerdo a calificaciones que no se alinean con el estándar de la Biblia. Es fácil predicar algo que no hemos experimentado.

¿Somos verdaderos testigos? ¿Dónde está nuestra evidencia de la tumba vacía? ¿Dónde está la prueba, por medio de milagros, señales, prodigios y la resurrección de muertos, que Jesús resucitó y está vivo en nuestras vidas personales y ministerios? ¿Estamos dispuestos a arriesgar ser perseguidos por predicar el mensaje completo del reino, de la cruz y de la resurrección de Cristo, desatando el poder sobrenatural en la tierra?

Si Jesús no hubiera resucitado, no sería diferente de cualquier otro profeta, maestro o filósofo.

---

7. La resurrección estableció el reino de Cristo y destruyó el reino de Satanás

Y despojando a los principados y a las potestades, los exhibió públicamente, triunfando sobre ellos en la cruz. (Colosenses 2:15)

Cuando Jesús fue públicamente ejecutado, su muerte en la cruz tuvo que haber parecido terriblemente humillante. Para añadir a su sufrimiento espiritual y físico, los soldados romanos que lo azotaron se burlaron de Él, al igual que muchos espectadores de su crucifixión. Sin embargo, fue Satanás quien terminó humillado por la victoria de Cristo sobre el pecado y la muerte, y su derrota fue públicamente expuesta por la resurrección de

Jesús. Cuando Cristo fue levantado de los muertos, confirmó su señorío, estableció su reino como el gobierno legitimo y estableció dominio sobre Satanás. Si no hubiera resucitado, no tendría reino para gobernar, y el reino de Satanás todavía tendría dominio sobre la tierra. Gloria a Dios que Jesús se levantó de entre los muertos y derrotó a Satanás, ¡quitándole todo su poder y autoridad!

Cada vez que predicamos la resurrección,
le recordamos a Satanás su derrota.

---

8. **La resurrección de Cristo ganó nuestra salvación, redención, justificación y resurrección**

Jesucristo compró nuestra libertad al reino de las tinieblas, donde éramos esclavos. Aunque éramos culpables, Cristo nos redimió y nos declaró justos en Él, como si nunca hubiésemos pecado. Si Jesús no hubiera resucitado, no solamente continuaríamos en pecado sino que tampoco tendríamos una base para la redención. (Vea Lucas 1:68–69; 1 Corintios 15:17; Romanos 6:11). Por ser el primero en ser levantado de entre los muertos, Jesús es la cabeza de una nueva raza. (Vea Efesios 2:15). Del mismo modo que fuimos incluidos con Adán en su caída del dominio y en su muerte, así también fuimos incluidos en la resurrección de Jesús y en su vida eterna. Otra vez, ¡su resurrección también garantiza nuestra resurrección! (Vea 2 Corintios 4:14). Nuestros cuerpos serán transformados en cuerpos gloriosos, como el de Cristo, cuando Él regrese por su iglesia. (Vea Filipenses 3:20–21).

9. **La resurrección nos da derecho a gobernar sobre todo lo que Jesús conquistó**

Pues si por la transgresión de uno solo reinó la muerte, mucho más reinarán en vida por uno solo, Jesucristo, los que reciben la abundancia de la gracia y del don de la justicia. (Romanos 5:17)

Por medio de su muerte y resurrección, Jesús conquistó la muerte, el infierno, al diablo y sus demonios, la enfermedad, la vieja naturaleza y la carne, el mundo, el temor, la pobreza, el rechazo, las maldiciones y mucho más. Todo lo que Cristo Jesús derrotó ahora está sujeto a su dominio —es un enemigo conquistado—. Lo animo hoy a tomar autoridad y dominio por medio de Cristo sobre todo enemigo que fue conquistado por su resurrección.

10. El mensaje del poder de la resurrección desata milagros, señales y maravillas aquí y ahora

¿Qué creyeron y predicaron los discípulos? ¡La realidad y el mensaje de la resurrección de Cristo! *"Y ellos, saliendo, predicaron en todas partes, ayudándoles el Señor y confirmando la palabra con las señales que la seguían"* (Marcos 16:20). Señales sobrenaturales les siguieron para respaldar su mensaje.

Los pastores Maiken y Raquel Suniaja de Venezuela son dos de mis hijos espirituales. Por años, fueron miembros de una iglesia donde el pastor era muy amable, pero no creía en el poder sobrenatural de Dios. Como resultado, no había fruto de la presencia del Señor en ese lugar. Un día, Maiken encontró el sitio Web de nuestro ministerio, donde escuchó mi mensaje "Acelerando en lo Sobrenatural". Lo que escuchó le abrió sus sentidos espirituales, fue activado y guiado a tomar una decisión radical. Escuchó la voz de Dios decirle que debería buscar un local para establecer una iglesia. Lo hizo, y desde el principio, Dios ha hecho milagros para confirmar el mensaje del evangelio del reino que él proclama. Cada vez que terminaba de predicar ministraba el poder de Dios, y la gente comenzaba a ser sanada de cáncer y otras enfermedades y a recibir liberación de varias adicciones.

Tres meses más tarde, conocí a los pastores Maiken y Raquel en un evento en Caracas. Allí, ellos recibieron mayor revelación. Desde entonces, los milagros y las resurrecciones en su ministerio se han multiplicado, especialmente en los bebés. La Pastora Raquel es una enfermera registrada que trabaja en dos clínicas. Un día, una madre embarazada llegó a la sala de emergencias con el diagnóstico médico que su bebé había muerto en su vientre. Le hicieron varios exámenes y el bebé fue declarado muerto. La Pastora Raquel dijo, "Me acordé de la enseñanza sobre el poder de la resurrección y tomé la autoridad de Dios. Puse mis manos sobre el vientre de la madre y dije, 'Tu bebé vivirá'. Reprendí el espíritu de muerte en el bebé, en el nombre de Jesús. Cuando la mujer fue llevada a la sala de operaciones para remover al bebé, ¡el equipo quirúrgico descubrió que vivía!". Los médicos y la madre estaban asombrados y la noticia revolucionó la clínica.

En otra ocasión, una mujer embarazada fue llevada a una de las clínicas donde trabaja la Pastora Raquel y los médicos no podían detectar los signos vitales en ella. Ni a ella ni al bebé le podían detectar los latidos del corazón. En términos médicos, los dos estaban muertos. Sin pensarlo dos veces, la Pastora Raquel impuso sus manos sobre la frente de la madre y le decretó vida diciendo, "Resucita, ¡ahora!". Y en cuestión de segundos, los signos vitales de la mujer se normalizaron, y los latidos del corazón del bebé fueron detectados.

En otro caso, un bebé nació muerto. La Pastora Raquel estaba asistiendo a un pediatra, quien le practicó reanimación cardiopulmonar (RCP) pero no pudo volver al niño a la vida. La piel del bebé empezó a ponerse morada y su cuerpo rígido. La Pastora Raquel dijo, "En ese momento, el único pensamiento que tuve fue que era el turno para que Jesús interviniera. Le impuse manos al cuerpo del bebé, reprendí el espíritu de muerte y declaré resurrección y vida sobre el niño". Gloria a Dios, después que ella oró, un color rosado normal regresó a la piel del niño, y fue completamente sano. ¡Dios lo levantó de los muertos! Los pastores Maiken y Raquel Suniaja continúan demostrando que la presencia de Dios está en ellos y que han sido ungidos para manifestar su gloria.

Cuando el Espíritu Santo revela la resurrección,
ésta es confirmada con milagros, señales y maravillas.

Cómo caminar en el poder de la resurrección

Veamos algunos principios claves para vivir en el poder de la resurrección de Cristo.

1. Morir al "viejo hombre", la carne o el yo carnal

"Con Cristo estoy juntamente crucificado" (Gálatas 2:20) es una declaración de muerte al "viejo hombre" —la carne o el yo carnal— y es la condición

más importante para que el poder de la resurrección se manifieste en nosotros. Nos han enseñado que debemos vivir para Cristo, pero la Biblia también enseña que debemos morir al yo para poder vivir para Él. Debemos ser "crucificados" juntamente con Cristo para poder entrar en su vida.

No me estoy refiriendo a una muerte física o espiritual —Jesús pagó el precio del pecado y de la muerte por nosotros—. Reitero, ésta es una muerte a los deseos carnales. La experiencia de muerte de Jesús fue única, pero todos debemos morir a nosotros mismos para poder recibir y operar en el poder de su resurrección. Cada vez que nuestro yo carnal, o la naturaleza pecaminosa, se interpone en el camino, puede bloquear el poder de Dios en nuestras vidas.

Muchos creyentes son incapaces de manifestar la vida de resurrección porque todavía no han muerto al yo ni eligen vivir de acuerdo al Espíritu. La vida del reino está disponible para todos los creyentes, por fe. Cuando la vida de resurrección de Jesús es activada en nosotros, también podemos ministrarla a otros en sanidad y liberación.

> [Jesús dijo,] *De cierto, de cierto os digo, que si el grano de trigo no cae en la tierra y muere, queda solo; pero si muere, lleva mucho fruto. El que ama su vida, la perderá; y el que aborrece su vida en este mundo, para vida eterna la guardará.* (Juan 12:24–25)

En griego, hay varias palabras que expresan "vida", dependiendo del sentido particular en que está siendo transmitida. En el versículo de arriba, la palabra para "vida" es *psujé*, la cual significa "el alma" (NASC, G5590), o indica "el asiento de la personalidad".[6] El alma está compuesta por la mente, voluntad y emociones; es el centro de nuestros sentimientos, deseos, afectos y preferencias.

Considero que en el versículo 25, Cristo básicamente está diciendo que si amamos nuestra *psujé* —lo que pensamos, sentimos y queremos—, sin perseguir lo que Dios quiere, moriremos espiritualmente. Pero si odiamos nuestras vidas, en el sentido de darle la espalda al *"espíritu del mundo"* (1 Corintios 2:12), recibiremos vida eterna. No podemos llevar al mismo tiempo una vida egoísta y la vida de resurrección; es imposible

---

6. *Vine's Complete Expository Dictionary of Old and New Testament Words*, 588.

que manifestemos ambas a la vez. Una debe morir para que la otra viva. Debemos morir a la vida vieja para dar lugar a la vida nueva.

> ## No podemos manifestar el poder de la resurrección hasta que muramos al yo.

Cuando morimos al yo, otra Persona —Cristo— comienza a vivir en y a través de nosotros. *"Ya no vivo yo, mas vive Cristo en mí"* (Gálatas 2:20). Nos convertimos en personas completamente diferentes porque estamos muertos a la naturaleza pecaminosa. El pecado no nos controla porque ya no nos controlamos a nosotros mismos. Ya no hacemos exactamente lo que queremos o sentimos, sino lo que Jesús quiere. Cuando llegamos a ese punto, entonces estamos listos para vivir por la fe de Cristo. La señal suprema que Jesús había muerto a su *psujé* o el yo, fue manifestada en el huerto de Getsemaní, donde murió a su propia voluntad antes de la crucifixión, orando, *"Padre mío, si es posible, pase de mí esta copa; pero no sea como yo quiero, sino como tú"* (Mateo 26:39). Jesús se humilló y por eso Dios lo exaltó.

Vivir la vida de resurrección es cuestión de estar constantemente negándonos a nosotros mismos: *"Si alguno quiere venir en pos de mí, niéguese a sí mismo, tome su cruz cada día, y sígame"* (Lucas 9:23). Para que Jesús manifieste su vida por medio de nosotros, debemos hacer su voluntad y no la nuestra. Debemos preferir pensar continuamente los pensamientos de Jesús y no los nuestros. Esto se puede lograr sólo por medio del poder de la resurrección y caminando en el espíritu. (Vea, por ejemplo, Gálatas 5:16–25). La carne instintivamente quiere retomar el control, pero si a diario decidimos permitirle a Jesús que viva a través de nosotros, produciremos fruto abundante.

> ## Viviremos hasta el grado que estemos dispuestos a morir.

El apóstol Pablo le dice a todos los cristianos,

Si, pues, habéis resucitado con Cristo, buscad las cosas de arriba, donde está Cristo sentado a la diestra de Dios. Poned la mira en las cosas de arriba, no en las de la tierra. Porque habéis muerto, y vuestra vida está escondida con Cristo en Dios. (Colosenses 3:1–3)

El énfasis aquí no está en la fe, sino en alcanzar el fin de nosotros mismos. Cada uno de nosotros debe llegar al punto en el cual, después de haber tratado todo de acuerdo a nuestras propias habilidades, nos demos por vencidos, porque no hay más alternativas sino Cristo. Es entonces cuando renunciamos a nuestro antiguo estilo de vida y le decimos a nuestro Padre celestial: "Señor, permite que tu vida fluya a través de mí". Debemos morir al yo, cada día. Este es un proceso de por vida. Moriremos diez mil veces al yo antes de alcanzar nuestro destino final.

Humildad y rendición son las señales supremas de que hemos muerto al yo.

Cuando morimos a nosotros mismos, toda resistencia al cambio y a ser transformados por Dios desaparece. Dejamos de pelear y nos entregamos a Él. Si seguimos peleando, significa que la naturaleza pecaminosa todavía está dominando en nosotros. Cuando nos entregamos por completo, dejamos de resistir la voluntad de Dios. Nos convertimos en su "propiedad". Ya no nos interesa lo que la gente nos pueda hacer ni lo que el reporte médico diga, porque confiamos firmemente en el poder de Dios. Ya no tenemos miedo de dar saltos de fe o de asumir grandes riesgos, porque sabemos que no tenemos nada que perder. Siempre recuerde esto: entre más muera al yo, más poder de la resurrección se manifestará en y a través de usted.

2. Viva por la fe de Cristo en usted, aquí y ahora

La vida de fe del creyente comienza en la resurrección, después de la muerte al yo. *"Lo que ahora vivo en la carne, lo vivo en la fe del Hijo de Dios"* (Gálatas 2:20). No podemos operar en fe si estamos viviendo en un estado natural y carnal, en el cual somos dominados por la razón, el tiempo y el espacio. La carne no puede producir fe porque ésta es una "sustancia" celestial (vea Hebreos 11:1), no natural. De ahí nuestra necesidad de la fe de Jesús, no la nuestra.

La fe de Cristo que habita en nosotros es la vida de resurrección.

"Ahora bien, la fe es..." (Hebreos 11:1, NVI). Cuando morimos al yo, recibimos la fe de Cristo, la cual es para el ahora, y comenzamos a fluir en el poder de la resurrección que habita en nosotros por medio del Espíritu Santo. Cuando la carne está viva, lo imposible es muy real, pero cuando la carne está muerta, nuestra realidad es que *"todas las cosas son posibles para Dios"* (Marcos 10:27).

Muchos creyentes fallan en la fe para el "ahora" porque tratan de creer antes de crucificar sus egos. Lo que sus ojos ven es más real que la realidad invisible. Pero la dimensión sobrenatural y eterna puede ser vista y creída sólo con la fe de Dios, no con la carne. La fe, por tanto, es la evidencia del poder de la resurrección.

Cuando Jesús murió, clavó la palabra "imposible" en la cruz. Sólo a través de la cruz y la resurrección podemos entrar al ámbito sobrenatural. En el instante que Cristo fue levantado de entre los muertos, todo se convirtió en una posibilidad para aquellos que creen. ¡Ahora tenemos la misma vida que opera en Cristo!

La fe es la vida de Cristo en el creyente que proviene de su resurrección.

Tener la fe de Dios nos da una perspectiva celestial desde donde todo es posible. Cuando declaramos la verdad de Dios, lo hacemos desde una posición de gobierno en el cielo, juntamente con el Rey. Los cielos no reconocen la palabra *imposible* porque allí, todo está completo, sano, transformado, salvo y libre. Cristo vive en nosotros por la resurrección. Somos su habitación o morada. La habitación es diferente de una visitación; esta última ocurría en el Antiguo Testamento, cuando Dios venía a su pueblo sólo por un tiempo limitado. Ahora, Él permanece en nosotros, y cuando ministramos a otras personas, Él viene a ellas a través de nosotros.

La fe es para el aquí y ahora. Por tanto, no deberíamos posponer hacer algo en el presente, esperando hacerlo en el futuro. En este instante podemos recibir lo que hemos estado orando. No debemos seguir luchando por creer, sino simplemente rendirnos y humillarnos a nosotros mismos, y permitir que Jesús viva su vida, su fe y el poder de su resurrección en nosotros.

Llegará un momento en nuestras vidas cuando estemos finalmente muertos a la enfermedad, la crítica, el rechazo, la falta de perdón, las inseguridades, el temor y más. ¡Declaro cielos abiertos sobre su vida, ahora! De hoy en adelante, Jesús vive su vida a través de usted. Permítale que lo sane, lo libere y lo transforme.

La fe es ahora, cuando morimos al yo.

3. **Reciba su herencia de la resurrección por fe**

> *Para que sepáis... cuáles las riquezas de la gloria de su herencia en los santos, y cuál la supereminente grandeza de su poder para con nosotros los que creemos, según la operación del poder de su fuerza, la cual operó en Cristo, resucitándole de los muertos y sentándole a su diestra en los lugares celestiales.*   (Efesios 1:18–20)

La iglesia nació de la resurrección de Cristo y hoy nosotros somos la continuación de su resurrección en la tierra. Es nuestra herencia en Él, pero sólo recibiremos las riquezas y poder de esa herencia por fe. El poder de la resurrección de Jesús incluye la manifestación de las glorias venidera y postrera. (Vea Hageo 2:9). La gloria postrera incluye los actos sobrenaturales que sucedieron desde la ley y los profetas, en el Antiguo Testamento, hasta Juan el Bautista, en el Nuevo Testamento. Jesús fue el puente entre la gloria venidera y la gloria postrera. Él trajo la gloria venidera después de su resurrección. Este mover glorioso fue desatado en el Aposento Alto, el día de Pentecostés, con el derramamiento del Espíritu Santo.

Tenemos el testimonio de Cristo —¡Él resucitó y está vivo!—. Por tanto, debemos demostrar la resurrección con el poder combinado de las glorias postrera y venidera; ese poder se manifestará con una aceleración de salvaciones, milagros, señales, maravillas, expulsión de demonios y resurrección de muertos, dondequiera que vayamos.

Si la revelación de la resurrección está ausente,
no habrá poder sobrenatural en la iglesia.

4. Conozca a Cristo en el poder de su resurrección

A fin de conocerle [a Cristo], y el poder de su resurrección, y la participación de sus padecimientos, llegando a ser semejante a él en su muerte. (Filipenses 3:10)

La palabra griega traducida como *"conocerle"* en el versículo anterior es *ginosko*, que significa "llegar a conocer, reconocer, percibir" (NASC, G1097). Estas definiciones indican "experimentar". El versículo de arriba se refiere a tener una experiencia con la persona de Cristo y con el poder de su resurrección. Esto es lo que el apóstol Pablo deseaba, y también debería ser nuestro deseo, porque lo que conocemos de Cristo determina la fe que podemos poner a funcionar hoy. Si no lo conocemos, nunca podremos demostrar el poder de la resurrección, porque sólo los que lo han experimentado lo pueden demostrar.

La frase *"a fin de conocerle [a Cristo]"* incluye tener una experiencia con el poder de su resurrección, en todo aspecto. Por ejemplo, debemos conocer el poder de Cristo como dominio (poder territorial), unción (el poder para servir), fe (el poder para hacer milagros), gobernar (el poder de Dios en el ámbito de la autoridad), perseverancia (el poder para una transformación de carácter), fuerza (el poder para la guerra espiritual), prosperidad (el poder para obtener riqueza) y más.

El derramar del Espíritu Santo es la continuación de la resurrección de Cristo.

Podemos reconocer a una persona que ha tenido una experiencia con el poder de la resurrección de Jesús, porque ella mostrará una nueva perspectiva —la perspectiva de Dios—. Cuando usted tiene la revelación de, y una experiencia con, el poder de la resurrección, nadie le puede decir que existe algo que Dios no puede hacer. Muchos teólogos hablan de Dios, pero nunca han tenido una experiencia con su poder, y eso se evidencia por las cosas limitadas que hablan de Dios y de sí mismos. Cada vez que la gente tiene una verdadera experiencia con Jesús y con el poder de su resurrección, será transformada, y su forma de pensar cambiará. Conocerán que todo es posible porque ellos tendrán la perspectiva de Dios.

Cada aspecto del poder sobrenatural está concentrado en el poder de la resurrección de Cristo. No podemos sentirnos satisfechos con simplemente conocer de Jesús. Sólo podremos cumplir la gran comisión y expandir el reino de Dios por todo el mundo cuando hayamos experimentado a Jesús y el poder de su resurrección.

La vida de resurrección que fluye a través de nosotros es sobrenatural por naturaleza y origen. Los milagros, señales, maravillas y la resurrección de muertos debería ser la norma para nosotros.

A la luz de esto, necesito plantear una pregunta: Cuando entendemos el poder que desató la resurrección de Cristo y entendemos que nada es imposible si tenemos fe, ¿pueden los creyentes levantar muertos hoy? ¡Claro que sí! Este fue uno de los mandatos de Cristo para sus discípulos.

> *Y yendo, predicad, diciendo: El reino de los cielos se ha acercado. Sanad enfermos, limpiad leprosos, resucitad muertos....*
> (Mateo 10:7–8)

Mani Efran es un pastor y profeta turco. Él y varios de sus líderes a quienes está entrenando, asistieron a una conferencia en Turquía donde yo enseñaba acerca de lo sobrenatural. Todos los presentes salieron llenos de fe sobrenatural para orar por los enfermos. Uno de los pastores bajo la cobertura de la iglesia del Pastor Efran regresó a Irán; allí un miembro de la iglesia le pidió que orara por su padre que estaba muy enfermo. Ese pastor y su esposa fueron al hospital, pero cuando llegaron al cuarto, las enfermeras estaban desenchufando las máquinas que habían tenido conectadas al paciente que acababa de morir. Tan pronto como quedaron a solas con el hombre, impusieron sus manos sobre el cuerpo muerto, declarando que Dios lo resucitaría. En vista que nada sucedió, se fueron tristes a buscar a la familia del hombre que aguardaba en la sala de espera.

Ellos les ofrecieron condolencias y se disculparon por llegar demasiado tarde, pero el hijo del hombre les dijo, "¿De qué hablan? ¡Mi padre no está muerto!". Y corrió a buscar a su padre, quien, efectivamente, estaba vivo —pero en otro cuarto—. Mientras tanto, otra familia gritaba de gozo diciendo que su padre había resucitado de los muertos, y preguntaba, "¿Donde está la pareja que oró por mí? ¡Traigan a la pareja! ¡Yo los vi!".

Resulta que la recepcionista había dirigido al pastor y a su esposa al cuarto equivocado. ¡Después de sus oraciones, Dios levantó de los muertos al otro hombre! Este hombre dijo que había tenido una visión en su cuarto de hospital, y había visto su cuerpo muerto mientras observaba a la pareja entrar en el cuarto y orar por él. Los reconoció cuando los vio nuevamente. Estaba totalmente sano y comenzó a decirles a todos que ¡Jesús lo había resucitado! Como consecuencia, él y toda su familia recibieron a Jesús como salvador. Aunque el hombre por quien oró la pareja no fue la persona a quien fueron a visitar, Dios todavía hizo el milagro a causa de su osadía sobrenatural. Ellos oraron por su resurrección y ¡el poder de Dios lo levantó de la muerte!

Hay ciertos aspectos concernientes a la resurrección de los muertos que son esenciales que entendamos. Mientras hacía un ayuno de veintiún días, Dios me dijo que resucitar muertos se volvería un evento común en mi ministerio y en los ministerios de la gente a quien enseño y entreno. Esta palabra se ha cumplido. Cuando alguien lee uno de mis libros o escucha uno de mis mensajes, esa persona es activada a hacer lo que enseño y describo, por medio del poder de Dios. De esta manera, las resurrecciones de muertos se han multiplicado. A través de los años, el Señor me ha entrenado y equipado con respecto a cómo conducirme en relación a este mandato. A medida que seguimos discutiendo los principios de cómo caminar en el poder de la resurrección, le voy a dar algunas revelaciones importantes que debemos observar para resucitar muertos.

5. Reconocer y entender la soberanía de Dios

Dios es el autor y consumador de la vida, y nosotros tenemos que reconocer su soberanía en todos los aspectos de la manifestación sobrenatural. La soberanía de Dios significa que Él hace lo que quiere, cómo quiere y cuando quiere. Entonces, levantar a una persona de los muertos depende totalmente de su voluntad. La vida y la muerte están en sus manos; están fuera del control del hombre. Debemos orar para discernir su voluntad y recibir guía del Espíritu Santo.

Una vez en nuestra iglesia una mujer me pidió que levantara a su hijo, de diecinueve años, de entre los muertos. Fui a la casa funeral lleno de fe, creyendo que Dios lo levantaría. Cuando llegué, el cuerpo del joven estaba en el ataúd. Él había muerto el día anterior. No sabía qué hacer porque todavía no había visto en mi ministerio a alguien que resucitara. Le tomé la fría mano al joven muerto y reprendí el espíritu de muerte, pero nada sucedió. Oré tres veces más y todavía nada. Entonces escuché a Dios decir, "Él está conmigo". Pero yo no quería escuchar eso. Yo quería ver al joven resucitar de los muertos. Sin embargo, le obedecí a Dios y les dije a los padres lo que había escuchado de Dios. Su respuesta fue, "Pare de orar. Eso es suficiente para nosotros". No era la voluntad de Dios resucitar a ese joven; los padres sólo querían tener la seguridad que su hijo estaba con Cristo. Dios es soberano.

6. Reciba una *jréma*, o una palabra revelada del "ahora", del Espíritu Santo

Para actuar con poder sobrenatural en el ámbito de la sanidad o los milagros, debemos tener una "jréma" o una palabra revelada del Espíritu Santo para el ahora. (*Jréma* es el término griego para "palabra"). Por eso, cuando llegue el tiempo de levantar a una persona de entre los muertos, debemos tener una jréma para esa circunstancia específica, en ese momento en particular. No podemos resucitar a los muertos simplemente por una confesión general de las promesas de la Biblia.

Cristo derrotó la muerte. Es un enemigo vencido. Sin embargo, la muerte todavía tiene autoridad sobre los que viven en desobediencia; por eso hago énfasis en la importancia de morir al yo y vivir de acuerdo a la fe de Cristo. Los creyentes que están llenos del poder de la resurrección de Jesús tienen dominio sobre la muerte. Esto quiere decir que si recibimos una jréma del Espíritu Santo, que tenga que ver con levantar a alguien de los muertos, podemos reprender al espíritu de muerte en el nombre de Jesús, y echarlo fuera con autoridad. Entonces podemos ordenarle a la persona que regrese a la vida. Jesús dijo, *"Yo soy la resurrección y la vida; el que cree en mí, aunque esté muerto, vivirá"* (Juan 11:25).

De acuerdo con la tradición judía, toma tres días —desde el momento de la muerte— para que el alma salga del cuerpo.[7] En la resurrección de Lázaro, es posible que Jesús reconociera esta tradición al esperar hasta

---

7. http://www.biblegateway.com/resources/commentaries/IVP-NT/John/Jesus-Raises-Lazarus.

el cuarto día —después que el doctor y el sacerdote declararan a Lázaro muerto, y después que su cuerpo comenzara a descomponerse—, para probar la veracidad del milagro de resurrección. Cuando Jesús ordenó que quitaran la piedra de la tumba, Marta contestó, *"Señor, hiede ya, porque es de cuatro días"* (Juan 11:39). No había duda que Lázaro estaba muerto. De pie frente a la tumba, Jesús llamó, *"¡Lázaro, ven fuera!"* (versículo 43). ¡Y Lázaro apareció!

Leticia Palmer es pastora de jóvenes en una iglesia en México que está bajo nuestra cobertura espiritual. Cuando ella y su esposo, el Pastor Rodrigo, visitaron el Ministerio Internacional El Rey Jesús por primera vez, le ministraban a 83 jóvenes. Desde entonces, ha habido una explosión de jóvenes en su iglesia, y ahora tienen más de 4,000. Los Palmer son un ejemplo de sumisión y obediencia a Dios, lo cual ha motivado que ellos experimenten el poder sobrenatural en formas sorprendentes. Han visto un sinnúmero de milagros y sanidades como resultado de la impartición del poder que recibieron por medio de nuestro ministerio.

Uno de esos milagros ocurrió cuando la Pastora Leticia estaba en el cine con su familia. Ella recibió una llamada telefónica de uno de sus discípulos quien le dijo que la madre de un niño de doce años, perteneciente a la iglesia, estaba muy enferma. Sus signos vitales se habían debilitado de forma alarmante. Como la familia del niño vivía en un lugar rural, lejos de la ciudad, tomó mucho tiempo que llegara la ambulancia. La Pastora Leticia llamó al joven y lo escuchó llorando. Él decía que los paramédicos habían llegado y declarado muerta a su madre. Inmediatamente, dos recuerdos vinieron a su mente. El primero fue el de una mujer por quien ella había orado hacía dos años y no resucitó. Como resultado de esa experiencia, la Pastora Leticia tenía temor de orar por resurrección. El segundo recuerdo fue la liberación de ese temor que había recibido durante una sesión de la Escuela Sobrenatural del Ministerio Quíntuple, patrocinada por el Ministerio El Rey Jesús.

La Pastora Leticia dio un paso de fe y le pidió al niño que pusiera el teléfono en el oído de su madre muerta, para así poder orar por ella. Cuando él lo hizo, la pastora comenzó a reprender el espíritu de muerte con una autoridad renovada. En minutos, escuchó a la madre del niño vomitando, así que continuó orando. Los paramédicos llevaron rápidamente a la mujer al hospital para estabilizarla. ¡El Espíritu de Dios la liberó del espíritu de muerte y le devolvió la vida! Y eso no es todo. El testimonio puso en fuego a los jóvenes de la iglesia y, el mismo día, algunos de los jóvenes fueron al hospital a visitar al niño. En el camino, predicaron el evangelio a los taxistas. Testificaron a los miembros de la familia de la mujer en el hospital, y ellos también comenzaron a orar por los enfermos. Todos los familiares de la mujer que había presenciado su muerte y resurrección, entregaron sus vidas a Cristo. ¡Muchas almas se salvaron ese día!

Unos días más tarde, el Pastor Rodrigo predicó en la iglesia acerca de tomar un paso de fe y orar por sanidades, milagros y resurrecciones. Dos jovencitas, de catorce y quince años, se apropiaron de esa palabra. Una semana después, su abuela sufrió un ataque al corazón y murió, sangrando por la nariz y oídos. Las dos niñas corrieron hacia ella, llenas de miedo, pero con osadía en el Espíritu Santo. Se pusieron sobre ella y oraron, y ¡las señas vitales de la abuela regresaron! Fue llevada al hospital y el doctor no podía entender cómo una mujer de noventa años pudo sobrevivir a un ataque tan severo. ¡El Señor la levantó de los muertos por su poder! Estos testimonios están transformando vidas, y los pastores Rodrigo y Leticia están sembrando la semilla de lo sobrenatural en los jóvenes de su iglesia. ¡La gloria de Dios se está moviendo en su ciudad como nunca antes!

Levantar a los muertos es un milagro y una señal asombrosa. Jesús lo hizo. Los apóstoles lo hicieron. Yo lo he hecho. Otros a quienes les he enseñado y entrenado lo han hecho. ¡Usted también puede hacerlo! Desate el poder de la resurrección, ¡ahora mismo!

En los días postreros, la resurrección de los muertos será una manifestación común porque los creyentes entenderán el poder de la resurrección de Cristo.

Además de resucitar gente de muerte física, Dios nos resucita en otras formas. Él puede resucitar nuestras visiones, sueños, ministerios, familias, finanzas y negocios. Él puede resucitar nuestra salud haciendo milagros creativos tales como crear órganos nuevos. Reciba esta revelación ahora mismo, ¡en el nombre de Jesús! Él está levantando una nueva generación de creyentes que levantarán a los muertos física, espiritual, sicológica, emocional y financieramente. ¿Es usted un miembro de esta nueva generación? ¿Está disponible para que Dios lo use? ¿Cree en el poder de la resurrección? Si su respuesta es afirmativa, quiero guiarlo en una oración de entrega a Dios, para que Él pueda vivir su vida en usted y manifestar su poder por medio suyo. Por favor ore lo siguiente en voz alta:

Señor Jesús, gracias por morir por mí, descendiendo al infierno y pagando el precio por mis pecados. Recibiste la ira de Dios en mi lugar. Te doy todo el honor y la gloria. Perdóname por vivir mi vida en mis propios términos y por no permitir que tú me gobiernes. Desde hoy en adelante, me entrego a ti y te pido que gobiernes sobre mí y que vivas tu vida a través de mí.

Resucita mi vida, visión, sueños, salud y finanzas. Soy sano y libre. Recibo un milagro creativo, ¡ahora mismo! Jesús, te adoro porque lo imposible se ha hecho posible por medio de tu resurrección. Ahora soy capaz de ejercer dominio y gobernar sobre el enemigo en el territorio que me has dado. Gracias por hacerme heredero, juntamente contigo de las bendiciones de Dios.

Reconozco que el poder de la resurrección está disponible y activo a través de mí, dondequiera que voy. ¡Todo lo puedo en Cristo que me fortalece! Nada es imposible para mí, como nada es imposible para Dios. En la tierra, soy una extensión del Cristo resucitado, decidido a avanzar su reino. Él vive y yo vivo de acuerdo a su vida y a su fe. ¡Amén!

4

El conflicto espiritual
entre dos reinos

Estamos viviendo en tiempos de gran conflicto! Muchas personas son conscientes de las guerras y disturbios políticos que se producen en todo el mundo, pero la mayoría pasa por alto el conflicto espiritual invisible que a diario ocurre entre el reino de la luz y el reino de las tinieblas. Ya sea que se dé cuenta o no, cada persona en el mundo, sin excepción, está alineada con uno u otro reino. No hay neutralidad.

Uno de mis hijos espirituales, Peter, está completamente envuelto en esa batalla. Aquí está su testimonio.

"Cuando tenía catorce años, mi padre murió de SIDA y yo comencé a usar drogas todo el día. Fumaba y tomaba y me hice echar del colegio. A los diecisiete años, me diagnosticaron con desorden esquizofrénico y compulsivo-obsesivo. Los doctores decían que no había cura para mí y que tendría que tomar medicamentos por el resto de mi vida. Me sentía vacío y deseaba morir. Me sentía atrapado. Para ese entonces, creía en Dios, pero no en Jesús.

"Un amigo mío siempre me predicaba y me invitaba a la iglesia, y un día acepté. ¡Era el ambiente más loco que jamás había visto en una iglesia! Sabía que algo especial sucedía, pero no entendía qué podía ser. Hicieron el llamado para aceptar a Jesús, y aunque tenía mis dudas, sentí que algo me empujaba hacia el altar. Acepté a Jesús y me bauticé. Me sentía como un hombre nuevo y cambiado. Esa noche, sentí que una electricidad recorría todo mi cuerpo. Desde ese mismo momento, Dios comenzó a hablarme y mostrarme que Jesús es el único camino. Él me liberó de la enfermedad mental y dejé de tomar medicamentos. Los siquiatras me dijeron que quizá aguantaría dos semanas sin medicamentos; en todo caso, no más de dos años. Ya han pasado nueve años desde la última vez que tomé medicamentos y sigo libre de la depresión.

"Después de comprometerme verdaderamente con el Señor, pasaba horas enteras adorándole y evangelizando. En el 2002, comencé a visitar la iglesia que hoy es mi iglesia local, El Rey Jesús, y me uní al Ministerio de Evangelismo Explosivo. Todos estamos en fuego y locos por las almas. Me convertí en un líder de evangelismo, y hoy nos movemos en milagros, señales y maravillas, trayendo el poder sobrenatural de Dios a la gente en la calle, los colegios y universidades, los centros comerciales, restaurantes, hospitales y más".

Peter, sus líderes y sus discípulos desafían las fuerzas de la oscuridad con el poder sobrenatural de Dios, trayendo sanidades, señales y maravillas, y abriendo los ojos espirituales de la gente que está atrapada en el reino de Satanás. ¡Ellos están en guerra y el reino de Dios se establece por fuerza espiritual!

Para entender verdaderamente este conflicto entre el reino de Dios y el reino de Satanás, debemos tener un profunda comprensión de cómo estos dos reinos son simétricamente opuestos el uno al otro. En este capítulo, primeramente exploraremos la raíz del conflicto espiritual. Después, aprenderemos la naturaleza del reino de Dios y cómo gobierna, para luego contrastarlo con el reino de las tinieblas y cómo éste funciona. Examinaremos más profundamente, el motivo por el cual estos dos reinos están en guerra y cómo Satanás fue completamente derrotado por medio de la cruz. Concluiremos hablando de dos batallas relacionadas: la guerra entre la carne y el espíritu y el conflicto mayor de los últimos tiempos.

La raíz del conflicto espiritual

En el capítulo 2, vimos que la rebelión comenzó con el deseo de Satanás de tomar el lugar de Dios; esta acción sediciosa lo llevó a reclutar una tercera parte de los ángeles para que, junto a él, entraran en guerra contra su Creador. Esto constituyó el primer acto de sedición en el reino de Dios. En algún momento, después que Satanás fue expulsado del cielo, tentó a Adán y Eva, quienes le creyeron su mentira y negaron el mandamiento de Dios. Con su acción dieron a luz la naturaleza pecaminosa, en ellos y en sus descendientes. Esa naturaleza —también conocida como la naturaleza carnal—, produce deseos pervertidos, rebeldes y engañosos que van en contra de la voluntad de Dios. De esa manera, la mentira y el engaño pueden ser llamados hijos de Satanás. Cuando el hombre permitió que el pecado se manifestara dentro de él, también consintió que la muerte espiritual entrara en él.

> *La raíz de todo conflicto espiritual se pude resumir en una palabra: rebelión.*

Debido a su naturaleza carnal, muchos seres humanos continúan en rebeldía contra el gobierno justo de Dios. Operan bajo el "sistema del mundo", que incluye una mentalidad y sus consecuentes actitudes y acciones que niegan a Dios y sus caminos. A veces esa mentalidad es institucionalizada por naciones y organizaciones. La rebelión contra Dios —ya sea que se le reconozca o no como tal—, es la razón por la cual muchos no tienen paz. Cuando ministro al pueblo en mi iglesia o predico en otras naciones, me doy cuenta que sus problemas y dificultades tienen tres partes, las cuales son similares a un árbol, con raíces, tronco y ramas. La mayoría de personas lidian con los síntomas o las "ramas" de sus situaciones, pero aun después de cortar las ramas, la situación permanece sin cambiar, o se resuelve de manera incompleta o insatisfactoria. Lo que deben hacer es lidiar con la raíz del problema.

Por ejemplo, la adicción es un síntoma o "rama". Casi siempre, la razón por la cual la gente se emborracha o usa drogas, es para buscar alivio al dolor o a la culpabilidad que sienten por algún evento que les ha producido baja auto estima, falta de perdón, ira, entre otros. Este es el "tronco" de sus problemas. Pero si vamos más allá del tronco, a la "raíz", descubriremos que sus pecados (y/o los pecados de sus padres o antepasados, los cuales resultan en una maldición generacional), han bloqueado su relación con Dios, lo que les condena a ser esclavos de la culpa y el dolor. Cuando la iglesia usa la sicología o siquiatría para ministrarle a la gente en esta condición, está lidiando con las ramas o el tronco de sus problemas, en lugar de ir a la raíz, la cual siempre es el pecado o la rebelión contra de Dios.

La rebelión contra Dios, sus leyes y su reino de justicia, es la raíz de todo pecado y de todo lo malo que les sucede a las personas.

Nosotros podemos encontrar rebeldes, no sólo en el mundo sino también en la iglesia —yo los llamo rebeldes "religiosos"—. Muchos de ellos eligen no someterse a sus pastores o al liderazgo —aquellos que tienen autoridad delegada por Dios—. Algunos de esos rebeldes se van de las iglesias a comenzar sus propios ministerios, y se llevan miembros de sus congregaciones. Más tarde, ellos descubren que sus propios ministerios no crecen sino que se siguen dividiendo, a medida que la gente se marcha a otra iglesia o a comenzar una nueva. Los rebeldes religiosos no se dan cuenta que sembraron división cuando fundaron sus propios ministerios sobre una raíz de rebelión. La tierra de sus vidas está seca y nunca verá fruto genuino. *"Más los rebeldes habitan en tierra seca"* (Salmos 68:6).

Muchas iglesias hoy en día son el resultado de la división; es por eso que el poder de Dios y su presencia no habitan en ellas. Ellos operan bajo el espíritu de Satanás o rebelión. Sólo cuando se arrepientan podrán ver el fruto de Dios manifestarse.

El reino de las tinieblas está en total oposición al reino de Dios y en conflicto por las almas de hombres y mujeres. Estos dos reinos siempre chocarán y estarán en conflicto, y nosotros debemos decidir a cuál de ellos alinearnos.

Alex Pineda, un líder de oración de nuestro ministerio, fue confrontado con esa decisión. Él dio el siguiente testimonio de su liberación del reino de las tinieblas por medio de la revelación y el poder de Dios.

"Años atrás, yo usaba y vendía drogas. Podía pasar siete días sin dormir mientras estaba bajo la influencia de las drogas. También me prostituía con hombres y mujeres. Había ido a juicio por robo de identidad, fraude contra la oficina del seguro social y producción de videos pornográficos. También tuve que tomar clases de salud mental por un desbalance sicológico.

"De niño lo tuve todo, incluyendo el amor constante de mi madre y de mi familia, y vivía bien, hasta que comencé a pasar tiempo con la gente equivocada y me vi envuelto en cosas malas. Una cosa me llevó a la otra, hasta que me corrompí y perdí todo sentido del tiempo. Un día, después de pasar un tiempo en la calle con lo más bajo de los bajos, me encontré en mi cuarto, a solas, desesperado, deprimido y tratando de encontrar la solución a mi soledad. Fue allí que de repente, Jesús vino y me llamó por nombre: '¡Alex!'. Salí de mi cuarto y le pregunté a mi padre si me había llamado, pero me dijo que no había sido él. Regresé nuevamente al cuarto y otra vez escuché la voz que decía, 'Alex, te he dado muchas oportunidades, pero me has dado la espalda. Esta es tu última oportunidad para escoger correctamente. Si escoges bien, recibirás la promesa'. Yo contesté, 'La única forma cómo puedo servirte es que tú quites de mí todo deseo de hacer lo que he hecho'.

"Esa noche, el poder de Dios me liberó. Hoy soy una persona diferente. Yo solía tener miles de dólares escondidos, que había obtenido ilegalmente; todos los quemé. También tenía drogas y ropa muy fina que había comprado por medios ilegales y los voté. Destruí todo lo que representaba mi pasado. Hoy en día sirvo a Dios en mi iglesia y soy parte del equipo de oración e intercesión, orando para que la gente termine con sus estilos de vida pecaminosos. Hago guerra contra el enemigo de nuestras almas y lo desarraigo del territorio que le pertenece a Jesús".

En términos sencillos, la obediencia a Dios y a las autoridades por Él delegadas nos alinea al reino de Dios, mientras que la desobediencia nos alinea con el reino de las tinieblas. Ahora veamos cómo cada uno de estos reinos ejerce su gobierno.

Cómo gobierna el reino de Dios

El objetivo del reino de Dios es dar vida eterna, justicia, paz y gozo. El reino de Dios gobierna de las siguientes maneras.

1. Por medio de la paternidad

El reino de Dios no es sólo un sistema de leyes y estatutos, ni es simplemente la asociación entre un ser soberano y sus súbditos. Es una relación de un Padre con sus hijos y viceversa. Dios gobierna por medio de la paternidad. Él da identidad a sus hijos; afirma, alimenta, disciplina y revela a cada uno el motivo por el cual él o ella fueron creados. A diferencia de Satanás, el Padre no desea subyugar, torturar ni destruir gente. Él ama a sus hijos y desea darles vida eterna para que puedan gobernar juntamente con Él.

2. Por medio de la revelación o conocimiento revelado

Cuando la Biblia hace referencia a la "luz", casi siempre representa revelación o conocimiento revelado de Dios. (Vea, por ejemplo, Juan 1:4–5). El enemigo no puede dominarnos en un área en el que tenemos conocimiento y ese conocimiento lo ponemos en práctica, tanto ofensiva como defensivamente, para avanzar el reino de Dios. Satanás nos ataca en áreas donde nos falta conocimiento revelado, porque esas son las áreas en las cuales somos vulnerables. También trata de invalidar el conocimiento que hemos obtenido, creando confusión y haciendo que dudemos de la verdad de lo que Dios ha dicho, tal como sucedió con Adán y Eva.

No es sólo "conocimiento", sino conocimiento revelado de Dios por medio del cual ejercemos dominio en el reino de Dios. Una persona puede ser educada en varias áreas académicas, pero si no conoce a Jesús y no tiene acceso a la revelación y sabiduría de Dios, está viviendo en oscuridad espiritual. Por tanto, el enemigo puede ejercer control sobre su vida. Suponga que un cirujano opera a un paciente que ha enfermado de cáncer pulmonar por fumar, y al terminar la operación, el médico inmediatamente sale a fumarse un cigarrillo porque es adicto a la nicotina. El doctor entiende completamente que fumar es peligroso para su salud, pero necesita el espíritu de revelación que le ayude a terminar con esa adicción. Él debe reconocer que tiene un enemigo espiritual que desea destruirlo y debe recibir el poder de la resurrección por medio de Cristo para poder ser libre de su adicción.

Podemos reinar por encima de las leyes naturales y la lógica, y podemos gobernar sobre toda fuerza del enemigo, a medida que manifestamos la revelación de lo sobrenatural y el poder de la resurrección.

3. Por medio de la obediencia y sumisión voluntaria

Después de ser libres del reino de las tinieblas, nuestra mentalidad debe cambiar para aprender a vivir en total obediencia a Dios y de acuerdo con la justicia, paz y gozo de su reino. Jesús es el mejor modelo de cómo vivir en total obediencia al Padre, como hijo y sin reservas. La sumisión y la obediencia son actos voluntarios, pero si fallamos en practicarlos, viviremos de acuerdo a los principios que van en contra del reino de Dios, y la rebelión continuará operando en nuestros corazones. El espíritu de sumisión a la autoridad responde al orden del reino de Dios, de manera que la unidad pueda ser mantenida y los propósitos del reino sean cumplidos.

Estar bajo autoridad es la clave para ejercer autoridad.

Cómo gobierna el reino de las tinieblas

Ahora examinaremos la estructura y gobierno del reino de las tinieblas.

Y él os dio vida a vosotros, cuando estabais muertos en vuestros delitos y pecados, en los cuales anduvisteis en otro tiempo, siguiendo la corriente de este mundo, conforme al príncipe de la potestad del aire, el espíritu que ahora opera en los hijos de desobediencia. (Efesios 2:1–2)

La palabra griega que se traduce como *"príncipe"* es *árjon*, la cual significa "uno que es primero en rango o poder", "jefe", "magistrado", "príncipe" o "gobernante" (STRONG, NASC G758). La palabra traducida como *"potestad"* es *exousia*, y entre sus varios significados está "autoridad", "jurisdicción" (STRONG, G1849) y "poder para actuar" (NASC, G1849). De esas dos palabras griegas podemos concluir que, Satanás es un ángel gobernante caído; es el jefe del ámbito o la jurisdicción del *"aire"*.

Creo que la palabra *"aire"* se refiere a la atmósfera adjunta a la superficie de la tierra. Cuando Satanás fue derrotado por Jesús, tuvo que soltar su dominio sobre la tierra. Sin embargo, la iniquidad de *"los hijos de desobediencia"* —esa gente que todavía está desconectada de Dios y bajo el control del diablo—, le permite retener alguna medida de gobierno. El reino de Satanás tiene acceso a las vidas de las personas directamente por medio de su propio pecado y rebelión. También tiene la habilidad de manipular y tentar a la gente a través de la atmósfera de la tierra. Aunque la atmósfera no es un territorio tangible, podemos reconocer la influencia del dominio de Satanás allí a través de las transmisiones de programación poco saludable, la música y el contenido Web que la gente distribuye a través de las ondas, mediante televisión, radio e Internet. El "aire" es el dominio del diablo y es la forma que él usa para llenar los hogares del mundo con pornografía, perversión y mensajes anti-Dios y anti-cristianos. Esos tipos de programas producen una atmósfera negativa y contaminan la familia entera. La iglesia debe asumir su posición y ejercer dominio sobre las ondas, transmitiendo programas que contengan la Palabra de Dios y sus principios, para entonces poder disipar esa atmósfera negativa.

El reino de las tinieblas genera caos y violencia. No tiene nada que ofrecer, y como hemos visto está fundado en el engaño y gobierna de la siguiente forma:

1. Por medio de la ignorancia espiritual de la gente

La ignorancia espiritual es la ausencia de conocimiento espiritual o la falta de revelación de Dios y de su Palabra. El reino de las tinieblas domina a sus súbditos manteniéndolos inconscientes o ciegos a las realidades eternas —tales como su verdadera condición espiritual, su propósito en la tierra y el poder de Cristo por medio de la cruz y la resurrección—. La falta de revelación deja a la gente vulnerable a fortalezas demoníacas en su mente, y así es como el enemigo gana terreno para esclavizarlos.

Por ejemplo, la gente que está atada a la depresión no se da cuenta que su condición es frecuentemente producida por un espíritu malo, y que puede ser libre. La gente que está esclavizada al dolor, frecuentemente ignora la obra de Jesús en la cruz para sanarlos —*"por su llaga fuimos nosotros curados"* (Isaías 53:5) —, y el poder del perdón en la sanidad (vea, por ejemplo, Santiago 5:15–16). La gente que tiene enfermedades congénitas, con frecuencia no se da cuenta de la existencia de maldiciones generacionales que vienen por medio de la línea sanguínea, ni sabe cómo romper con ellas. Algunas maldiciones generacionales también pueden producir una historia de alcoholismo, divorcio o abuso en las familias. En todos estos ejemplos, Satanás esclaviza, subyuga y gobierna a la gente por medio de su ignorancia.

El reino de las tinieblas y de la "religión" prospera por nuestra tendencia a continuar en ignorancia espiritual.

2. Por medio de la desobediencia de la gente

[El] *príncipe de la potestad del aire* [es] *el espíritu que ahora opera en los hijos de desobediencia.* (Efesios 2:2)

Como hemos visto, la gente que vive en rebeldía y desobediencia al reino de Dios automáticamente forma parte del reino de las tinieblas, se den cuenta o no. Satanás y su reino operan en, o dominan a, todo el que es desobediente a Dios, sin importar la raza, intelecto, estatus social o nacionalidad. La desobediencia de la gente es voluntaria, y es el resultado de la ignorancia, tal como lo mencionamos arriba. En el mundo natural, la gente a veces rompe las leyes porque no se da cuenta de su existencia. En muchos casos, todavía tienen consecuencias, aunque sean menores. Y si alguien es perdonado por romper la ley, esto es por gracia, porque todavía es culpable de la violación.

Dios permite que Satanás gobierne a la gente rebelde que fue cegada por causa de su naturaleza pecaminosa, la cual abrió puertas a la influencia del enemigo. Sin embargo, Dios quiere que nosotros, como sus embajadores en la tierra, intercedamos por esas personas y rompamos las ataduras de Satanás, para así liberarlos y que vengan bajo la autoridad y la libertad de su reino. Esas personas no saben quién las controla y no pueden ver la luz del evangelio. Pidámosle a Dios que les quite el velo de los ojos para que puedan arrepentirse y el enemigo ya no pueda tenerlas esclavizadas.

Cualquier religión que no pueda lidiar con la rebelión de una persona es inefectiva.

3. Por medio del dominio y control

"Dominar" significa gobernar a la gente para obligarla a hacer lo que queremos, con la ayuda del espíritu de brujería o un poder demoníaco que reemplaza la autoridad de Dios y el poder del Espíritu Santo. Satanás frecuentemente gobierna su reino a través de personas rebeldes que oprimen a otros por manipulación, control e intimidación; a veces usa la brujería, magia y otras prácticas ocultas. La dominación satánica puede ocurrir hasta en la iglesia, cuando la gente trata de gobernar a otros sin la dirección del Espíritu Santo. Cuando Satanás está en control, el espíritu de Dios no está presente.

La ley del reino de las tinieblas es dominación y control sobre las personas. La ley del reino de Dios es sumisión a Él ofrecida libremente.

Nuestra pelea no es contra personas sino contra seres espirituales de maldad que no tienen cuerpo

Pues no luchamos contra enemigos de carne y hueso.

(Efesios 6:12, NTV)

Debemos entender que el conflicto en el cual nos vemos envueltos como creyentes no es contra un enemigo físico ni contra seres humanos, aunque el enemigo puede usar a las personas para influenciarlas por medio de los espíritus demoníacos que han ganado el derecho legal para operar en o a través de ellos. Este conflicto tampoco se pelea con armas materiales. Es una guerra espiritual que se pelea contra seres espirituales de maldad que son invisibles y no tienen cuerpo. Cuando tenemos revelación de estas verdades la mitad de la batalla ya ha sido ganada, porque a Satanás le gusta esparcir la mentira que afirma que él no existe; él no quiere que sepamos que tenemos un enemigo espiritual. Cuando él nos puede hacer pensar que un problema espiritual es algo que sólo está en nuestra imaginación, es sicológica o es culpa de otra persona, tal como nuestro cónyuge, un familiar político o nuestro jefe, entonces él ha prevalecido sobre nosotros. Es hora de darnos cuenta que detrás de esas situaciones hay espíritus malos del infierno tratando de destruirnos.

Ignorar esas realidades es la razón por la cual sicólogos y siquiatras frecuentemente fallan en dar un diagnóstico correcto para muchos de los desequilibrios que la gente sufre. Ellos no conocen la realidad de ciertas situaciones, porque sólo lidian con la mente y no con el espíritu. Les falta revelación de la verdad en Cristo Jesús, la cual puede traer la solución. Por ejemplo, lo máximo que los médicos pueden hacer cuando lidian con un niño autista es prescribirle medicina para mantener su comportamiento bajo control. Comienzan con una dosis baja que gradualmente aumentan. Desafortunadamente, para el momento en que el niño se convierte en adulto, él o ella pueden haber pasado a depender del medicamento. El autismo es un problema de toda la vida, a menos que se cure. Dios les puede dar a los creyentes el discernimiento y la revelación para percibir la raíz espiritual de varias enfermedades, de manera que estas puedan ser curadas.

¿Está lidiando con falta de identidad? Quizá está lidiando con entidades espirituales de enfermedad, dificultades financieras, divorcio o contienda en la familia. Quizá usted puede sentir tangiblemente el odio de los demonios hacia usted y hacia Dios. Si es así, pídale al Señor discernimiento para lidiar con esas entidades y echarlas fuera de su vida, matrimonio y hogar, y vea como desaparecen. Permítame aclarar que las entidades espirituales malignas no son seres humanos que han muerto y que ahora regresan a atormentar a la gente. No son "fantasmas" sino espíritus demoníacos al servicio de Satanás, que no son humanos ni nunca fueron.

No podemos seguir ignorando la existencia del reino invisible y malvado de Satanás. Su reino está bien estructurado y es indivisible, porque él aprendió de Dios que el poder viene de un esfuerzo coordinado —pese a que el esfuerzo unido que él crea es por medio de la fuerza y la subyugación de sus espíritus, en lugar de hacerlo a través de la verdadera armonía—. Esta "unidad" carece de bondad y fraternidad; es un acuerdo de odio, violencia y destrucción.

Resultados de la victoria de Jesús sobre Satanás en la cruz

La buena noticia del reino de Dios es que Satanás de ninguna manera puede revertir o invalidar el exterminio que sufrió con la muerte y resurrección de Jesús. ¡Debemos vivir en la revelación de la victoria de Cristo! El enemigo fue vencido en cuatro aspectos principales: él fue (1) derrotado, (2) destronado, (3) desarmado, y (4) destruido.

1. Satanás fue derrotado

[Dios]… exhibió audazmente y les dio un escarmiento público a [los principados y potestades], triunfando sobre ellos en Él y en ella [la cruz].   (Colosenses 2:15, traducido de la versión en inglés *Amplified* Bible)

Las frases "exhibió audazmente", "escarmiento público" y "triunfando", aparentemente hacen referencia a las procesiones romanas de victoria militar. Cuando visité Roma, el guía de nuestro grupo nos explicó como estos conceptos fueron utilizados en los días del imperio romano. Cuando un general romano derrotaba a un ejército enemigo se consideraba una gran victoria, porque significaba que otra ciudad, nación o territorio era añadido al imperio. Cuando ese general regresaba a Roma, el Senado le recompensaba con una procesión de triunfo. Lo ponían en una carroza y lo llevaban por todas las calles de Roma. La gente se reunía a ambos lados de la calle para aplaudir y celebrar al conquistador.

Para demostrar la grandeza de la victoria del general, todos los que habían sido capturados eran exhibidos ante la gente, muchas veces encadenados. Entre los prisioneros estaban generales, otros oficiales y soldados. Nuestro guía dijo que así fue como el General Tito celebró su victoria después de destruir Jerusalén en el año 70 d.c. Él tenía encadenados a su carroza a todos los judíos que había capturado.

También era incluido en la procesión de victoria el botín de guerra, como oro y plata, así como animales para sacrificio. Al concluir la celebración, los prisioneros eran ejecutados o vendidos como esclavos. Lo que ocurría era una exhibición pública de la derrota del enemigo y del territorio conquistado.

Por medio de su muerte en la cruz y de su resurrección, Jesús tomó cautivo a Satanás, sus principados y fortalezas y los exhibió públicamente. Satanás pensó que finalmente había matado a Jesús, pero en realidad Él entregó su propia vida para cumplir el propósito de Dios. Satanás pensó que los pecados de la humanidad mantendrían a Jesús en el infierno por la eternidad, pero Jesús, victoriosamente, recuperó las llaves de la muerte y del Hades, aboliendo la autoridad y el poder del enemigo. Cuando Satanás pensó que nada peor le podía suceder, el Padre lo levantó de entre los muertos. La reaparición de Cristo entre los vivos, glorificado con toda autoridad y poder, triunfante delante de sus seguidores, constituyó la humillación pública y la exhibición de la derrota de Satanás. Después de la resurrección, los discípulos de Jesús ya no le tuvieron miedo al enemigo. Continuaron siguiendo a su Maestro, y después que Él les envió su Espíritu Santo, dedicaron sus vidas a hacer cumplir la derrota de Satanás, haciéndole someterse a Dios y echándolo fuera de los territorios que había ganado en varias personas y lugares.

Por medio de la cruz, Jesús le infligió a Satanás una derrota total, permanente, eterna e irrevocable.

Para una aplicación más personal de la verdad que hemos venido hablando, imagine a Jesús parado en su carroza triunfante, siendo conducido por las calles, llevando encadenados detrás de su carroza a todos los enemigos que Él derrotó, mientras todos los ciudadanos del reino lo aplauden a ambos lados de las calles. ¿Dónde estaría usted parado? ¿Estaría entre los que aplauden y animan al conquistador, o quizás estaría entre los capturados, encadenado detrás de la carroza?

Los que fueron redimidos por Cristo están sentados en lugares celestiales, juntamente con Él. (Vea Efesios 2:6). ¡Por fe, estamos en la carroza con Él! Ese es nuestro lugar —el lugar de los conquistadores—. Si tomamos la posición que Él nos ha dado en el gobierno del reino, entonces desataremos su poder y autoridad contra el enemigo. Creo que esta es una de las connotaciones de la frase *"para difundir el conocimiento de Cristo por todas partes como un fragante perfume"* (2 Corintios 2:14, NTV).

¿Está viviendo en la victoria que Jesús ganó para usted? Debemos derrotar toda obra del diablo, donde sea que la encontremos. ¡La autoridad es nuestra! Recuerde que estamos en la carroza, parados con Jesús, y el enemigo y sus demonios están cautivos y encadenados detrás de nosotros. Levante su cabeza bien en alto, como un verdadero hijo de Dios, porque Jesús ha derrotado al enemigo y ahora está desatando la fragancia de su victoria. El único lugar para Satanás, ahora que Jesús lo ha derrotado, es debajo de nuestros pies. (Vea Romanos 16:20).

2. Satanás fue destronado

Cuando el hombre fuerte armado guarda su palacio, en paz está lo que posee. Pero cuando viene otro más fuerte que él y le vence, le quita todas sus armas en que confiaba, y reparte el botín. (Lucas 11:21–22)

Jesús enseñó la parábola del hombre fuerte después de haber sido acusado por algunos líderes religiosos de haber echado fuera demonios por el poder de "Belcebú", un término para Satanás. (Vea versículo 15). En esta parábola, se mencionan dos "hombres": el *"hombre fuerte"*, quien representa a Satanás, y el *"más fuerte"*, quien representa a Jesucristo. Satanás era el gobernador de la tierra y pensó que estaba a salvo en su *"palacio".* Jesús lo derrotó y destronó, quitándole su gobierno, autoridad y poder. El "hombre fuerte" había confiado en su capacidad de golpear a Dios por medio de derrotar a su Hijo, pero fue superado por el hombre más fuerte. Cuando Jesús obtuvo la victoria sobre el enemigo, Él "dividió el botín" de su triunfo con la humanidad y nos devolvió el dominio de la tierra.

3. Satanás fue desarmado

> [Dios] desarmó a los principados y potestades que venían contra nosotros....
> (Colosenses 2:15, traducido de la versión en inglés *Amplified*® *Bible*)

Jesús clavó en la cruz toda arma que el diablo usa para atormentar a la gente. El enemigo es descrito como el *"acusador de nuestros hermanos"* (Apocalipsis 12:10), y una de sus estrategias principales es lanzarnos dardos de fuego por medio de la acusación. Gente por todo el mundo vive en condenación por errores que cometieron en el pasado. Aun algunos cristianos, después de arrepentirse y entender que fueron lavados por la sangre de Jesús, todavía experimentan culpabilidad. Esta es un arma en la que Satanás confía. Mientras él logre hacernos sentir culpables por algo, nunca llegaremos a ser adversarios espirituales capaces de enfrentarnos a él.

Cada día, tenga en mente que Jesús derrotó a Satanás en la cruz y le arrebató todas sus armas. ¿Se siente culpable por algo que hizo o dejó de hacer? Entonces, por fe, reciba la victoria que Jesús ganó para usted. Al hacer esto, debe asumir responsabilidad por sus acciones, arrepentirse, y confesar sus pecados a Dios. La sangre de Jesús tiene el poder para limpiarlo. ¡Deje de ser una víctima de la culpabilidad!

Cuando pertenecemos al reino de Dios, tenemos armas espirituales para desarmar a Satanás por medio del poder de Dios. Esas armas son la Palabra, el poder sobrenatural, el ayuno y la oración, la alabanza y la adoración, nuestro testimonio, la sangre de Jesús y otras más, incluyendo todas las partes de la armadura de Dios. (Vea Efesios 6:14–17). Cada vez que el diablo venga a tentarnos, acusarnos o perseguirnos, usemos las armas que Dios nos ha dado e impidámosle que incursione en nuestras vidas. Así seremos *"más que vencedores"* (Romanos 8:37).

La victoria espiritual del Hijo de Dios nos hace más que vencedores.

---

4. Satanás fue destruido

> *...para destruir por medio de la muerte* [de Jesús] *al que tenía el imperio de la muerte, esto es, al diablo.*   (Hebreos 2:14)

Jesús vino a la tierra para destruir todos los planes y obras del diablo. Como hemos visto, por medio de su muerte y resurrección, Jesús destruyó el poder de la enfermedad, el pecado, los demonios, la pobreza y la muerte. Tenemos autoridad para hacer cumplir la victoria de Cristo —para *continuar* destruyendo al diablo y sus obras, liberando a la gente por medio de la revelación y manifestaciones sobrenaturales—.

El testimonio de una joven en nuestro ministerio es el claro ejemplo de cómo la liberación viene por medio del poder de la resurrección de Jesús y cómo los que ministran la luz del reino pueden subyugar el reino de las tinieblas. Esta es su historia:

"Nací en una familia católica tradicional, pero también en una que practicaba la brujería. Mis padres se divorciaron cuando sólo tenía seis años y me enviaron a vivir con mi bisabuelo, quien abusaba de mí todos los días. En mi familia hay historias de incesto. Mi madre fue violada por su tío, y todas las mujeres en mi familia fueron abusadas por familiares, pero nunca nadie admitió nada, con el fin de no manchar el buen nombre de la familia.

"El dolor de mis circunstancias me llevó a vivir en rechazo, humillación y rebeldía. A los quince años, perdí la virginidad y quedé embarazada. Estaba tan joven y me sentía tan perdida que decidí abortar. Para eliminar la depresión que sentía, comencé a asistir a fiestas, tener sexo, ser promiscua y usar drogas fuertes —pastillas, cocaína, éxtasis, polvo de ángel, y otras—. Cuando estaba sobria odiaba la vida. Mi corazón estaba endurecido y me aproveché de todos los que se cruzaban en mi camino. Dominaba a los hombres en mi vida y los hería antes que me hirieran.

"Algún tiempo después, me diagnosticaron virus del papiloma humano (VPH) —una infección incurable que ataca las células alrededor del cuello del útero y pueden causar cáncer—. Las noticias me llevaron a usar más drogas y a consumir más alcohol en un esfuerzo inútil por reprimir todo sentimiento y emoción. ¡Ya nada me importaba!

"Un día, mi madre, cansada de mi rebeldía, me dio un ultimátum. Tuvimos una pelea seria y me fui de la casa. Viví en las calles hasta que llegué a la Florida a vivir con mi padre, quien ya era cristiano y había pasado años orando por mí. Viviendo con él, decidí buscar a Dios y le entregué mi corazón a Jesús. Sabía que tenía que hacerlo en ese momento o nunca sucedería, porque sabía que moriría si no lo hacía. Por medio del Ministerio El Rey Jesús, me llevaron a perdonar a mi bisabuelo. Fui liberada de la drogadicción y el alcoholismo; de inmoralidad sexual, fornicación, masturbación y lujuria; de auto condenación, culpabilidad y tendencia al suicidio; del orgullo, brujería y ocultismo. Mientras me ministraban, sentí que mis ovarios se activaron y comenzaron a funcionar. ¡Nunca había experimentado tal cosa! Sabía que estaba totalmente libre y que Dios me había sanado por completo. Toda célula muerta en mí fue restaurada. Todo cambió para mí desde ese día. ¡Me siento viva! ¡Jesús me liberó! Y continúo teniendo encuentros con el amor del Padre, todos los días, y nunca deseo que esto termine".

A Satanás aún le han sido dados tres derechos legales

La cruz y la resurrección son el puente que nos saca del reino de las tinieblas y nos lleva al reino de la luz. Ahora estamos sentados en lugares celestiales en el reino de Dios, donde tenemos el privilegio de gobernar juntamente con Él.

[Dios el Padre] *nos ha librado de la potestad de las tinieblas, y trasladado al reino de su amado Hijo.* (Colosenses 1:13)

Dado que este es el caso, algunas personas se preguntan por qué el diablo continúa atacando a los creyentes. La respuesta es que, hasta su derrota definitiva al final de los tiempos, Dios todavía le ha dado derecho legal para luchar contra nosotros a través de tres métodos: (1) la tentación, (2) la persecución, y (3) la acusación.

+ *Tentación*: La tentación es el primer nivel de ataque. Toda tentación se basa en el engaño o la mentira. El estrés que la tentación genera al interior de una persona corresponde a su deseo. Si usted desea algo que está mal, la tentación de actuar al respecto fortalecerá ese deseo. Si no tiene un deseo por algo, la tentación no tendrá poder sobre usted. Sin embargo, la tentación repetida puede aumentar nuestro deseo por algo, y el primer plan del enemigo, tal como lo hizo contra Adán y Eva, es agotarnos por la tentación constante.

+ *Persecución*: La persecución es el segundo nivel de ataque. (Vea Juan 15:18–21). Satanás incita a otras personas a oprimir a los creyentes para evitar que prediquen y demuestren el reino de Dios. Jesús experimentó la persecución de muchos líderes religiosos de su tiempo. El odio y la oposición en su contra creció a tal grado que, eventualmente, fue traicionado, capturado y matado. ¿Qué podemos aprender de la oposición que Jesús experimentó? El enemigo atacará a cualquiera que se atreva a cumplir la voluntad de Dios. Tratará de destruir a cualquier persona que desee establecer el reino, y se opondrá a toda actividad cristiana o movimiento que lleve a glorificar a Dios y a liberar a la gente de las ataduras del diablo. Repito, el diablo no está dispuesto a entregar el territorio que ha ganado en las vidas de las personas, y en el instante que se sienta amenazado atacará con toda la maldad y el poder que está a su disposición.

+ *Acusación*: La forma más alta de ataque es la acusación. (Vea Apocalipsis 12:10). Creo que en los últimos días el rol más prominente del diablo será el de acusador. Como escribí anteriormente, él siempre será el acusador de los creyentes y tratará de hacerlos sentir culpables. Sin embargo, esta forma particular de acusación es el último recurso —un arma guardada— del enemigo para atacar la credibilidad de los creyentes cuando se convierten en una amenaza para él y su reino. Jesús fue injustamente acusado por los líderes religiosos de ser un blasfemo, de usar el poder del diablo y de cometer sedición en contra de la autoridad de Roma. Los líderes utilizaron esas acusaciones buscando que le dieran muerte. No existía mayor amenaza contra Satanás que Jesús, y el enemigo usó a la gente rebelde para lanzar acusaciones contra Él a fin de eliminarlo.

Estamos envueltos en un conflicto inevitable con el diablo. En el momento que nacimos de nuevo, fuimos inmediatamente transferidos al reino de luz. En ese mismo instante entramos en guerra contra el reino de las tinieblas. Ya no podemos estar en paz en, ni con, el reino de las tinieblas. Usando el ejemplo de la ciudadanía en una nación, cuando los inmigrantes se hacen ciudadanos de los Estados Unidos de América o de cualquier otro país, su lealtad debe estar con su nuevo país y, en tiempo de guerra, los enemigos del nuevo país también se convierten en sus enemigos. Lo mismo sucede con los creyentes en el momento de su renacer. Ellos se hacen ciudadanos del reino de Dios y el enemigo, inmediatamente, se da cuenta de su nueva ciudadanía. Cuando la gente viene a Cristo, puede experimentar una fuerte oposición satánica que se manifiesta en sus familias, en sus relaciones, en su lugar de trabajo, en sus finanzas o en su salud.

Satanás quiere retar la autoridad que nosotros los creyentes hemos recibido en Cristo, así que debemos pararnos firmes en esa autoridad y resistirlo. Fuimos liberados de las ataduras de Satanás y trasladados al reino de luz, pero la sentencia final contra el enemigo todavía tiene que ser cumplida. Aunque ya no tiene más dominio sobre nosotros, continuará tratando de llevarnos nuevamente a su reino o de destruir nuestra efectividad espiritual, ¡pero tenemos el poder para destruirlo!

Para que usted se convierta en una verdadera amenaza para el reino de las tinieblas, debe estar listo para resistir los ataques satánicos. El reino de Dios no es un asunto de teología ni de doctrina sino del poder de la resurrección que puede derrotar al enemigo. Cuando el poder de Dios descansa en un hombre o una mujer, los demonios tienen que huir. ¡Tenemos el poder y la autoridad de traer liberación!

Debo hacerles una advertencia: aunque Jesús nos liberó del poder y dominio de las tinieblas, si continuamos desobedeciendo a Dios o si decidimos no seguirle, automáticamente volveremos a quedar bajo la autoridad del enemigo. Quizás no nos demos cuenta de esto porque el príncipe de la oscuridad nos ha cegado para no ver o conocer a Jesús o la verdad del evangelio del reino. Si éste es el caso, sólo la revelación de Dios puede quitar el velo para que podamos ver lo que en realidad está sucediendo.

Cuando establecemos el reino de Dios, el infierno se levantará contra nosotros. Debemos aprender a protegernos de los ataques de Satanás y proteger a aquellos que son nuevos en el reino, porque ellos también son perseguidos por su anterior amo y señor. Recordemos que la única autoridad que el diablo puede tener en nuestra contra es la que le damos por medio de nuestra desobediencia. (Vea Efesios 4:27). Si obedecemos a Dios, el enemigo no puede prevalecer contra nosotros. Pueda que tenga poder, pero no autoridad (él ya no tiene ese derecho), y por lo tanto no puede usar ese poder para derrotarnos, excepto que se lo permitamos. A causa de lo que Jesús hizo por nosotros, podemos hacer que Satanás se someta. ¡Nosotros podemos destruir todas sus obras!

Sabemos que el enemigo está completamente derrotado, destronado, desarmado y destruido por medio de la victoria de Cristo en la cruz. Por tanto, enfoquémonos ahora en una forma específica por la cual Jesús dijo que podíamos verificar que su reino había llegado en medio de nosotros.

Una iglesia obediente hará al diablo impotente, pero una desobediente lo empoderará.

La clara evidencia que el reino ha llegado

Pero si yo por el Espíritu de Dios echo fuera los demonios, ciertamente ha llegado a vosotros el reino de Dios. (Mateo 12:28)

Jesús declaró que la expulsión de demonios que están bajo las órdenes del reino de las tinieblas, es una clara evidencia de que ¡el reino de Dios ha llegado y está activo!

En el Antiguo Testamento, no vemos a nadie expulsando los demonios de la gente. Sabemos que en esos tiempos, las personas que eran poseídas por espíritus demoníacos eran mantenidos fuera de la ciudad, separados del resto de la gente. No podían ser parte de la sociedad —esto es similar a la separación y el aislamiento que experimentan los pacientes en las instituciones mentales, hoy en día—. Aparentemente, eso era lo único que se podía hacer con las personas que estaban poseídas por espíritus demoníacos.

Considero que en el Antiguo Testamento no podían echar fuera demonios, porque Satanás todavía tenía el derecho legal dado por Adán, para gobernar sobre la tierra. Como todos tenían una naturaleza pecaminosa, o la semilla de rebelión de Satanás, los demonios tenían el derecho de invadir a las personas que abrían puertas en sus vidas para ser poseídos. Satanás era el único que podía haber ejercido la autoridad para remover a un demonio de una persona, pero nunca lo haría porque entonces estaría yendo contra sus propios propósitos. (Vea Mateo 12:25–26).

Cuando Jesús vino a la tierra como el Hijo de Dios, tenía el poder de echar fuera a Satanás y sus demonios, porque en Él no había pecado y traía el reino de luz al mundo. Los demonios conocían su identidad y misión, por eso algunos le gritaban cosas como *"¿Has venido acá para atormentarnos antes de tiempo?"* (Mateo 8:29) antes de salir de la gente por su palabra.

Jesús no vino como el hijo de José, su padre terrenal adoptivo, pero sí con la naturaleza de su Padre celestial. Era santo y sin mancha. Si hubiera venido en la naturaleza adámica, nunca hubiera podido salvar a la humanidad del pecado y la muerte, ni hubiera podido echar fuera demonios porque hubiese nacido en pecado, como todos los demás. Pero Jesús no tenía pecado, y vino con la autoridad y la misión de gobernar sobre el reino de las tinieblas, que incluye a los demonios. Él echaba fuera demonios dondequiera que iba —en las calles, en los hogares, y aun en las sinagogas—, como lo vemos en este pasaje:

> *Pero Jesús le reprendió, diciendo: ¡Cállate, y sal de él! Y el espíritu inmundo, sacudiéndole con violencia, y clamando a gran voz, salió de él. Y todos se asombraron, de tal manera que discutían entre sí, diciendo: ¿Qué es esto? ¿Qué nueva doctrina es esta, que con autoridad manda aun a los espíritus inmundos, y le obedecen?* (Marcos 1:25–27)

La sinagoga era el lugar de reunión, adoración y confraternidad de los judíos del primer siglo, algo muy similar a una iglesia local de hoy en día. En Marcos 1 leemos que una sinagoga fue uno de los primeros lugares donde Jesús echó fuera un demonio de alguien. Mientras Jesús enseñaba con autoridad, un demonio se manifestó en uno de los presentes (vea Marcos 1:21–24), y reprendió al demonio.

La reacción de los que estaban presentes fue dramática. Me imagino que pensaron, *Ni siquiera Moisés hizo esto*, y Moisés había sido enviado por Dios para ser su modelo a seguir. Elías, David y Daniel tampoco hicieron nada parecido, por lo que las personas vieron lo que Jesús hacía, como una doctrina nueva y sorprendente. Sin embargo, no era simplemente una doctrina o enseñanza nueva. Era una señal de que el reino de Dios había llegado por medio de la presencia de su Rey y que el reino de las tinieblas estaba siendo echado de ese territorio.

Predicar el reino de Dios con poder trae consigo la expulsión de demonios.

[Jesús dijo,] *"He aquí, echo fuera demonios y hago curaciones hoy y mañana, y al tercer día termino mi obra".*   (Lucas 13:32)

En el versículo de arriba, creo que Jesús estaba diciendo que, hasta que su obra en la tierra fuera cumplida, Él seguiría sanando a la gente y echando fuera demonios. Sabiendo que su ministerio estaba basado en cuatro actividades —predicar, enseñar, sanar y echar fuera demonios— podemos resumir que Él pudo haberle dedicado el 50 por ciento de su ministerio a sanar a los enfermos y echar fuera demonios. Hoy en día, la iglesia parece sentirse satisfecha sólo con enseñar y predicar, y cuando los creyentes sanan a las personas o los liberan de los demonios, se les acusa de prácticas falsas. Todo lo contrario, ¡simplemente están haciendo lo mismo que Jesús hizo! Jesús dijo que la liberación es el *"pan de los hijos"*. (Vea, por ejemplo, Mateo 15:21–28).

Jesús declaró que echar fuera demonios es clara evidencia que el reino de Dios ha llegado a un lugar.

Cada vez que Jesús echó fuera un demonio, señaló cuatro principios fundamentales en relación al reino:

+ El reino de Dios llegará a un lugar especifico, aquí y ahora.

+ El reino de Dios entrará en una situación específica, aquí y ahora.

+ El reino de Dios es mucho más poderoso que el reino de las tinieblas.

+ Satanás está totalmente derrotado.

El incidente en la sinagoga, en la que un demonio se manifestó al mismo tiempo que Jesús enseñaba públicamente sobre el reino, expone el conflicto entre los dos reinos invisibles y espirituales. Cuando la luz llega, la oscuridad es revelada —y después destruida—. La superioridad del reino de Dios fue confirmada por la sumisión del espíritu demoníaco a la autoridad de Jesús. Jesús quiere que usemos esa misma autoridad hoy en día, para liberar a la gente de la posesión y opresión demoniaca, tal y como lo podemos ver en el siguiente testimonio.

Durante uno de mis viajes ministeriales, conocí a la Pastora Ellie Davidian, quien antes era una devota musulmán chiíta de Irán. Ella había sido maravillosamente salvada por medio de un sueño en el cual Jesús se le presentó. Junto a su esposo comenzaron apasionadamente un ministerio para alcanzar a la comunidad musulmana. Su congregación estaba compuesta por musulmanes que habían emigrado de Irán y que habían sido salvos y liberados. Cuando comenzó a ver mi programa de televisión, inmediatamente se identificó con mis enseñanzas acerca de visiones y revelaciones, y el poder sobrenatural de Dios llevó a su ministerio al próximo nivel.

Varias semanas después que la Pastora Ellie recibiera mis enseñanzas acerca de la autoridad sobrenatural, una mujer llamada Suzanne, quien escuchaba el programa de radio de la Pastora Ellie en Irán, fue radicalmente salvada. Un par de semanas más tarde, Suzanne visitó a su tía, quien vive con una de sus primas llamada Elizabeth, quien había sido violentamente poseída por un demonio por los últimos treinta años. Elizabeth había perdido a su madre cuando sólo tenía cinco años debido a un cáncer de mama, y sus dos hermanas habían muerto por la misma enfermedad. Por lo tanto, su tía era quien la había criado.

La gente casi no podía acercarse a Elizabeth por lo agresiva que era. Por ejemplo, cuando alguien trataba de darle una naranja, ella se la arrebataba de las manos, gritando y mordiéndola inmediatamente sin quitarle la cáscara. Su tía testifica que Elizabeth rasgaba su propia ropa, las sábanas y las almohadas. No soportaba ninguna prenda de vestir, por lo que sólo se cubría con sábanas. Además, por los últimos veinticinco años se orinaba, ocasionando que el olor penetrara las paredes. Cuando Suzanne visitó a su tía, encontró a su prima con una cadena alrededor de su cintura; la cadena estaba agarrada fuertemente a la pared, para evitar que Elizabeth perjudicara a los demás. La atmósfera allí estaba cargada de oposición espiritual.

Suzanne contactó a la Pastora Ellie por teléfono, y por la misma vía la Pastora Ellie le predicó a Elizabeth, quien comenzó a gritar. La Pastora Ellie les ordenó a los demonios —espíritus de temor y de suicidio— que salieran de ella, en el nombre de Jesús. De repente, Elizabeth dejo de gritar. La Pastora Ellie le dijo a Suzanne, "Usted tiene la autoridad, en el nombre de Jesús, para continuar orando". Así que, Suzanne comenzó a orar, a cantar y a adorar a Dios y Elizabeth se calmó.

Después de esto, por primera vez en treinta años, las amarras y cadenas le fueron quitadas a Elizabeth y ella comenzó a comportarse normalmente. Esa noche, por primera vez en dos décadas y media se bañó. Comió su comida calmadamente, como cualquier otra persona, y durmió en su cama con ropa. La tía sintió tanto alivio y agradecimiento a Jesús por la liberación de su sobrina que ¡gritando confesó a Jesús como su salvador! La Pastora Ellie descubrió que ella tenía autoridad en Jesús para echar fuera demonios de la gente que estaba poseída, ¡y comenzó a manifestar el poder de Jesús en su territorio!

Jesús trajo a la luz la realidad de la oposición total que existe entre el reino de Dios y el reino de las tinieblas, echando fuera demonios. Hubo choques y conflictos, hasta que el reino más fuerte prevaleció. Esos dos reinos no pueden ser vistos con nuestros ojos naturales, pero sí podemos ver la manifestación física de su existencia.

¿Cuántas actividades en la iglesia representan hoy una verdadera amenaza para el reino de las tinieblas? Yo diría que pocas. Los ministerios que representan una amenaza para el enemigo están bajo constante persecución. Hasta experimentan juicio y acusaciones de sus propios colegas. Debemos tener cuidado de no convertirnos en aliados del diablo, acusando a nuestros hermanos y hermanas en Cristo de cometer errores cuando manifiestan el reino echando fuera demonios y haciendo otras demostraciones sobrenaturales.

---

*Echar fuera demonios es una manifestación del
dominio y gobierno del reino de Dios.*

Recibiendo y ministrando liberación de la opresión satánica

Si ha permitido que Satanás prevalezca sobre usted, es el momento de equiparse con las armas de la liberación que Jesús nos ha proporcionado. Y si alguien que usted conoce está siendo oprimido por el diablo, es necesario que comprenda cómo traer liberación a través del reino de la luz. Entienda que aunque es cristiano y no puede ser físicamente poseído por demonios, todavía puede ser influenciado por ellos; pueden haber áreas en su vida que Satanás las tiene en cautividad, debido a la falta de perdón o a maldiciones generacionales. La liberación es algo que uno debe practicar regularmente.

He ministrado por más de dos décadas, y he aprendido primeramente a guiar a las personas a cumplir ciertas condiciones para su liberación. Creo que el arrepentimiento representa un 95 por ciento del trabajo y el otro 5 por ciento consiste en echar fuera demonios. Si estas condiciones no se cumplen, los demonios no se irán, y si se van, regresan y la liberación se perderá. No quiero que esto le suceda. Quiero que sea libre y que mantenga su liberación.

Esta lista de condiciones le ayudará a ser libre de toda opresión demoníaca operando en su mente, voluntad y emociones. Para recibir liberación —y mantenerse libre— usted debe:

+ Tener una revelación personal de Jesús como Señor y Salvador.

+ Humillarse ante Dios (los que se niegan a humillarse no deben continuar con la liberación).

+ Confesar todos los pecados de omisión y comisión.

+ Arrepentirse de todo corazón.

+ Elegir perdonar a todos los que lo han ofendido.

+ Desear desesperadamente su liberación de la opresión del enemigo.

+ Romper todo pacto que haya hecho con lo oculto a través de la brujería, santería, o cualquier otra religión o secta falsa.

+ Creer, confesar y recibir, por fe, el intercambio divino que se llevó a cabo en la cruz de Cristo.

+ Exhalar para que todo espíritu malo salga de su cuerpo.

La liberación no vendrá si es pasivo y no hace nada, o si usted simplemente cita la Escritura. La liberación vendrá cuando usted tome acción y reprenda a los demonios.

Puede usar la siguiente oración como una guía. Esto le ayudará a no olvidar algún aspecto importante de la liberación. Recuerde que mientras hace esta oración, debe exhalar, como un acto de fe, para que todo espíritu malo salga de usted.

Señor, creo que eres el Hijo de Dios, y que moriste en la cruz por mis pecados; que fuiste resucitado de los muertos para que yo fuera perdonado y pueda recibir la vida eterna. Ahora mismo, me apropio de tu obra y renuncio a toda auto-justificación religiosa y cualquier otra sensación de orgullo que no viene de ti. Te pido misericordia y gracia, sabiendo que no tengo nada de que jactarme. De todo corazón, me arrepiento y confieso todos los pecados que he cometido, al igual que todo lo que debí haber hecho y no hice. Elijo terminar con mi estilo de vida de pecado para poder tener una nueva vida en ti. Voluntariamente, tomo la decisión de seguirte. Perdono a todos los que me han herido y han querido hacerme daño. Renuncio y suelto toda falta de perdón, amargura, odio y resentimiento. Específicamente perdono a (mencione los nombres de las personas que lo lastimaron) y pido tu gracia sobrenatural para perdonarlos.

Renuncio a todo pacto que hice con lo oculto, incluyendo la brujería, adivinación, falsas doctrinas o religión. También me comprometo a destruir todo objeto en mi hogar y oficina que esté asociado a lo oculto y la idolatría.

Señor Jesús, gracias por tomar mi maldición en la cruz para que yo pudiera recibir tu bendición. Soy redimido y libre en tu nombre. Me paro juntamente contigo en contra de Satanás y sus demonios. Renuncio a las maldiciones que he visto que operan en mi vida (mencione todas las maldiciones generacionales que ha identificado: enfermedad, depresión, alcoholismo, adulterio, suicidio, muerte prematura, y cualquier otra cosa). Ahora recibo tu bendición. Resisto al diablo y me someto a ti. Le ordeno a todo demonio que ha controlado mi vida, salud, finanzas y familia, que salga, ¡ahora mismo! Los echo fuera, en el nombre de Jesús. ¡Soy libre!

El conflicto entre la carne y el espíritu

Satanás y sus demonios no son los únicos enemigos que tenemos. Tenemos otro "enemigo" que pelea contra nosotros: la "carne", o la naturaleza carnal. En el capítulo anterior, hablamos de morir a la naturaleza carnal para manifestar la resurrección de la vida de Jesús. Satanás usará la carne en su intento por derrotarnos, porque la naturaleza carnal es el área donde ocurre la tentación. Sin embargo, la carne no es lo mismo que el diablo, así que tenemos que lidiar con ella de manera diferente a como lidiamos con él. Aprender a derrotar la carne es vital para nuestra defensa espiritual. He visto cantidad de casos en los cuales las personas que habían sido liberadas de las ataduras de Satanás o que habían recibido sanidad, han vuelto a caer y experimentan el regreso de la opresión o los síntomas, porque le han dado entrada al diablo, cediendo la carne.

A través del Nuevo Testamento, la Palabra enseña que hay un conflicto entre la carne y el espíritu. De hecho, éste es usualmente el primer conflicto que encontramos cuando nacemos de nuevo y entramos en el reino de Dios. También es el primer conflicto con el que debemos aprender a lidiar con efectividad. Tenemos que aprender a crucificar la carne, y vivir conforme al espíritu, mientras estamos en este mundo. Muchos creyentes han pecado porque le abrieron una puerta a Satanás, viviendo en la carne, lo que los llevó a caer en otras tentaciones y a ser espiritualmente vulnerables, hasta que eventualmente se perdieron.

En cierta ocasión, mientras ministraba el poder sobrenatural de Dios en Chile, conocí a un joven llamado Marcelo quien había batallado considerablemente contra la naturaleza carnal. Él había sido homosexual y había pasado diez años practicando todo tipo de perversiones. Era conocido como el homosexual del barrio, por lo que era víctima de burla, rechazo y discriminación. Aunque trataba, no podía dejar ese estilo de vida y su existencia diaria era un tormento.

Un día, mientras miraba televisión, Marcelo encontró mi programa, *Tiempo de Cambio*, y el mensaje que escuchó tocó su corazón profundamente. Eso lo llevó a arrepentirse de inmediato y le dio fe para creer que era posible cambiar. Sintió que el amor y la paz verdaderos llenaron todo su ser, como nunca antes lo había experimentado. Cuando les pedí a los televidentes que oraran conmigo, él se arrodilló y puso sus manos sobre el televisor, rogándole a Dios que lo liberara. Mientras ministraba el Espíritu Santo, imágenes de su pasado pecaminoso invadieron su mente y a medida que el poder de Dios lo liberaba, fue lleno de temor santo. Llorando, repitió la oración de salvación y aceptó a Jesús como su Señor y Salvador, y sintió que algo como una corriente de fuego le quemaba por dentro.

Marcelo reporta que, "Meses después, muchas cosas han cambiado. He hecho un pacto con Dios para servirle proclamando la verdad del reino. Mi pecado fue perdonado. Mi vergüenza y deshonra se han ido. Fue difícil, pero hoy estoy dispuesto a compartir lo que Dios hizo por mi". Y su madre testifica, "Ahora, él está en una relación saludable con una buena chica, y es todo lo contrario de lo que solía ser". El pecado dominaba a Marcelo, pero el poder de Dios lo liberó cuando, por voluntad propia, se entregó a Dios.

Entendiendo la naturaleza carnal

> *Pero los que son de Cristo han crucificado la carne con sus pasiones y deseos.* (Gálatas 5:24)

Anteriormente vimos que nosotros los seres humanos somos seres tripartitos: somos espíritu, tenemos un alma y habitamos en un cuerpo físico. (Vea 1 Tesalonicenses 5:23). Cuando aceptamos a Jesús, nuestro espíritu nace de nuevo, pero nuestra alma sólo es "rescatada" —ahora es capaz de ser renovada, pero todavía no está totalmente transformada—. Desde el momento de nuestra salvación, debemos trabajar continuamente en la transformación de nuestras almas.

La naturaleza carnal es una combinación de nuestras bajas pasiones, emociones pervertidas, malos pensamientos, testarudez y deseos malignos. Pablo escribió que las obras de la carne son *"adulterio, fornicación, inmundicia, lascivia, idolatría, hechicerías, enemistades, pleitos, celos, iras, contiendas, disensiones, herejías, envidias, homicidios, borracheras, orgías, y cosas semejantes a estas"* (Gálatas 5:19–21). La carne casi siempre se manifiesta cuando el alma y cuerpo actúan independientes del Espíritu Santo. Si verdaderamente le pertenecemos a Jesucristo, Dios espera que crucifiquemos la carne con el poder que nos ha dado por medio de su espíritu.

La carne es todo lo que está fuera del control e influencia del Espíritu Santo.

Muchos creyentes hoy en día tratan de "echar fuera" la carne y "crucificar" al diablo. Ellos están haciendo las cosas al revés. Jesús derrotó al diablo y al pecado en la cruz, pero es nuestra responsabilidad crucificar la carne. Nadie más puede hacer esto por nosotros. Es importante mantener el balance porque mucha gente culpa al diablo por todo lo malo que les sucede. Algunas personas ven demonios detrás de cada árbol, cuando en realidad le han dado entrada al enemigo por medio de su naturaleza carnal. Por otro lado, hay personas que no creen en la guerra espiritual, por lo tanto culpan a la carne por todo lo que les sucede, y fallan en discernir que Satanás es el culpable detrás de algunos de sus problemas. Debemos entender que hay diferencia entre la carne y el diablo.

Cuando crucificamos la carne, nos sometemos al señorío de Jesucristo y paramos de vivir una vida pecaminosa. Vivimos por la fe en el Hijo de Dios. Después de aprender a vivir de esta manera, si todavía fallamos en experimentar la victoria espiritual, debemos sospechar de Satanás y sus demonios como causantes de nuestros problemas, y reprenderlos. Cuando ordenamos a los demonios que se vayan, no obedecerán si primero no hemos crucificado la carne en el área de donde queremos sacarlos —ya sea que los estemos expulsando de nosotros o de otra persona—. Entregarnos a los deseos de nuestra carne anula nuestra autoridad y también nos hace vulnerables a la tentación de Satanás.

Crucificamos la carne, pero echamos fuera demonios.

Cómo crucificamos la carne

> *Si alguno quiere venir en pos de mí, niéguese a sí mismo, y tome su cruz, y sígame.* (Mateo 16:24)

Veamos más detenidamente el proceso de crucificar la carne. Crucificamos la carne cuando decidimos no satisfacer nuestras bajas pasiones y deseos malvados. Esto debe ser algo que libremente decidimos hacer. Si Jesús hubiera actuado según su carne, nunca hubiera ido a la cruz ni mantenido su santidad. Jesús experimentó fatiga, dolor, tristeza, hambre y todo lo demás que usted y yo experimentamos. Aunque fue tentado, nunca pecó. (Vea Hebreos 4:15). La carne es derrotada cuando decidimos aplicar la cruz de Jesús a nuestra alma, negando el ego carnal.

> *Porque todo el que quiera salvar su vida, la perderá; y todo el que pierda su vida por causa de mí, la hallará.* (Mateo 16:25)

El alma está compuesta por la mente, voluntad y emociones. Cuando vivimos para el alma, somos dirigidos por ella y no por el Espíritu. La voluntad dice, "Yo quiero". Las emociones dicen, "Yo siento". Y la mente dice, "Yo pienso". Si le permitimos a nuestra alma que nos controle, entonces estamos viviendo de acuerdo con la carne, la cual tiene como motivación satisfacer el ego. El apóstol Pablo nos dice, *"Andad en el Espíritu, y no satisfagáis los deseos de la carne. Porque el deseo de la carne es contra el Espíritu, y el del Espíritu es contra la carne; y éstos se oponen entre sí, para que no hagáis lo que quisiereis"* (Gálatas 5:16–17). Vivir para satisfacer la "carne" o el "yo" es desobediencia y atrae a los demonios que nos atacan. ¡La cruz es el único lugar seguro donde podemos estar! Repito, cada uno de nosotros es responsable de crucificar nuestras actitudes, motivos, deseos y estilo de vida nacidos del "yo".

Una pareja de casados, Joel y Cheryl, tuvieron que tomar la decisión de entregarse a Dios; de otra forma, su matrimonio hubiera terminado. "Nos odiábamos", dijo Cheryl. Sólo nueve meses después de casarnos, Joel había vuelto a caer en una adicción a las drogas que Cheryl no sabía que él tenía. Venía de una larga línea de consumidores y abusadores, y había comenzado a beber y fumar marihuana desde temprana edad. "Era común ver a mis tíos ebrios, sin poder terminar de ver un partido de fútbol conmigo, porque se quedaban dormidos donde estaban", nos reveló Joel. Su tía había muerto a los setenta y seis años mientras estaba inconsciente debido al abuso de alcohol.

La vida de Joel también había sido afectada por un espíritu de rechazo. Su padre lo ofendía. El hombre a quien él buscaba para recibir amor y aprobación era frío e indeciso, aunque también violento. Así que Joel se sumergió en sus adiciones, más aún para ocultar el dolor que llevaba por dentro. Después que Joel y Cheryl se casaron, él se ausentaba por varios días seguidos. Desconcertada, consternada y enojada, Cheryl sospechaba que las drogas y el alcohol eran la causa de sus ausencias. Aun cuando quedó embarazada, su esposo no estaba cerca para darle a su familia el apoyo emocional y financiero que ellos merecían.

Finalmente, Joel admitió que ella fue lo mejor que le pudo haber pasado en su vida y que no quería perderla; así que trató de cambiar. Su recuperación fue larga y dura, e incluía varios intentos fallidos de rehabilitación. Incluso después de pasar tres meses en rehabilitación, volvió a recaer en la adicción a las drogas. En ese tiempo, desperdició casi $100,000 mientras su esposa luchaba para pagar las cuentas con lo poco que tenía. Estaban en bancarrota en todas las áreas.

La vida se volvió insoportable para Joel y Cheryl, así que decidieron buscar a Dios y empezaron a asistir al Ministerio El Rey Jesús. Ellos querían cambiar sus vidas y parar la locura y el constante dolor en sus corazones. Un día enseñé acerca del plan de Dios para la familia. Y Cheryl recuerda, "La enseñanza del apóstol fue tan ponderosa que me enseñó a amar a Joel de la manera que Dios ama". Ellos entendieron que necesitaban sanidad interior, así que decidieron asistir a un retiro de liberación. "¡Allí nuestras vidas cambiaron! ¡Nuestro matrimonio cambió!", exclamó Joel. Para Cheryl, el rompimiento vino cuando ella decidió soltar su amargura.

"Si quería las bendiciones, tenía que soltar el odio y el resentimiento que llevaba dentro de mí por años". Dios vino y sanó su corazón quebrantado. Mientras tanto, Joel fue liberado de sus adicciones. Él decidió soltar su vieja vida, entregarse a Dios y hacer lo que tenía que hacer como esposo y padre. Joel y Cheryl renovaron su pacto matrimonial en nuestra iglesia, en una ceremonia especial para parejas casadas. Hoy viven en libertad y en amor por el poder de la resurrección de Jesús, porque decidieron crucificar su carne.

El conflicto de los últimos tiempos: Una batalla de poderes

Debo mencionar rápidamente, otro aspecto esencial del choque entre el reino de Dios y el reino de Satanás. En estos últimos tiempos, veremos esa batalla intensificarse exponencialmente.

Y por haberse multiplicado la maldad ["iniquidad", LBLA], el amor de muchos se enfriará. (Mateo 24:12)

Jesús nos advirtió que la iniquidad se multiplicará en los últimos tiempos. Mi opinión es que el conflicto final no será un choque de teorías, filosofías, argumentos, ni doctrinas, sino un conflicto de poderes sobrenaturales opuestos. Los cristianos debemos demostrar que el reino de Dios es más grande que el poder de las brujas, hechiceros, satanistas y todos los poderes del enemigo, porque lo que nosotros tenemos no es sólo teología, doctrina, principios, conceptos, ritos y ceremonias. ¡Lo que tenemos es un reino glorioso de poder!

Oración de compromiso

Terminemos con una oración de compromiso a Dios. Debemos estar listos para lidiar efectivamente con los conflictos espirituales que hemos expuesto en este capítulo. Estos ya están ocurriendo y seguirán incrementándose a medida que el final se acerca. El conflicto entre el reino de la luz y el reino de las tinieblas demanda que todos los cristianos vivamos en obediencia a Dios y en la llenura de sus revelaciones. El conflicto entre la carne y el espíritu requiere que crucifiquemos el ego carnal y sus pasiones y deseos incontrolados, para vivir por gracia en el Espíritu y poder evitar que Satanás se infiltre en nuestras vidas. Por último, el conflicto de los últimos tiempos, los cuales finalmente demostrarán toda la superioridad del reino de Dios sobre el reino de Satanás, demandará que los cristianos manifiesten el poder creativo y sobrenatural de Dios, predicando, enseñando, sanando a los enfermos, echando fuera demonios y levantando a los muertos, tal y como lo hizo Jesús, el Hijo de Dios, antes de nosotros. Esto requiere que llamemos a otros al arrepentimiento y proclamemos que el reino de Dios ya llegó, y que las señales, milagros y maravillas se manifiesten para apoyar nuestro mensaje. ¿Está dispuesto a ir y demostrar el poder de Dios? Comprométase con el Señor haciendo la siguiente oración en voz alta:

Jesucristo, tú eres Señor. Eres el Hijo de Dios y el único camino al Padre. Moriste por mis pecados y fuiste levantado de entre los muertos al tercer día. Me compraste con tu sangre y me transferiste del reino de las tinieblas a tu glorioso reino de luz. Tú me liberaste de la esclavitud de Satanás y me permitiste volver a nacer como hijo de Dios. Ahora me vuelvo a comprometer contigo. Estoy dispuesto a crucificar la carne y a pararme en la autoridad que me diste. Me pongo a tu disposición. Haz conmigo lo que desees. Envíame donde tú quieras que yo vaya. De hoy en adelante, tú eres mi Señor, y yo, por voluntad propia, me someto a tu reino. Todo lo que haga será en obediencia a tu Palabra y tu reino. Ya no me gobierno a mí mismo. Gracias por aceptar este pacto de compromiso. Sé que no soy digno, pero tu sangre me hace digno. Soy aceptado. ¡Soy tu hijo! Úngeme con poder para ir y expandir tu reino, y hacer guerra contra el reino de las tinieblas y destruir las obras del malvado. Dondequiera que vaya, proclamaré y demostraré el evangelio de tu reino a aquellos que todavía no lo han escuchado ni visto. ¡Aquí estoy Señor, envíame a mí!

5

El evangelio del reino
proclamado en el ahora

Qué mensaje predicó Jesús mientras cumplía su ministerio en la tierra? Él predicó *"el evangelio del reino"*, y conforme a éste, Él sanó *"toda enfermedad y toda dolencia en el pueblo"* (Mateo 4:23).

La palabra griega para *"evangelio"* es *euanguélion*, que significa "un buen mensaje" (STRONG, G2098), o "buenas nuevas" (NASC, G2098). ¡Son buenas noticias! Jesús trajo buenas noticias, pero eran noticias específicas. Eran las buenas noticias del reino. Si dejamos al reino por fuera, no estamos proclamando el mismo mensaje que Jesús anunció. Ese evangelio incluye el mensaje de su resurrección —no sólo que Él resucitó hace 2000 años, sino que el poder de su resurrección todavía está activo hoy—.

El evangelio del reino es lo que Jesús está haciendo a través de creyentes individuales, y a través de iglesias y ministerios, en el ahora. La mayoría de personas ha escuchado lo que dice la religión, pero no ha escuchado lo que dice el evangelio del reino. Como escribió Pablo, este evangelio es el poder de Dios para salvación —en todas sus manifestaciones de redención, sanidad y liberación—.

Porque no me avergüenzo del evangelio, porque es poder de Dios para salvación a todo aquel que cree; al judío primeramente, y también al griego. (Romanos 1:16)

Los Evangelios son la vida de Jesús demostrada en la carne,
y las epístolas son la vida de Jesús demostrada por el Espíritu.

El verdadero evangelio del reino está cambiando vidas en todo ámbito de la sociedad, porque es un evangelio vivo y creativo. Denise Scanziani es una joven abogada que "lo tenía todo", pero no podía llenar el vacío que sentía en su interior, hasta que encontró el reino de Dios en el Cristo vivo. Este es su testimonio.

"De acuerdo al estándar del mundo, yo era exitosa. Había alcanzado todas mis metas. Era una abogada exitosa con despacho propio. Tenía suficiente dinero y la familia perfecta, pero algo me hacía falta. Era una sensación de vacío tan obvia de la cual no podía escapar. Me sentía desorientada y no podía entender por qué estaba triste, deprimida y temerosa tan a menudo; necesitando algo más, sin saber lo que era. Mientras busca respuestas, decidí postularme para juez, en parte, en búsqueda de esa sensación de plenitud difícil de alcanzar, y en parte, para escapar a esa pregunta que siempre resonaba en mi mente: *¿Es esto todo lo que hay en la vida?*

"Como parte de mi campaña para juez, visité el Ministerio El Rey Jesús donde me encontré, cara a cara, con una verdad fundamental —Jesucristo—. ¡Él fue la respuesta que cambió mi vida para siempre! Me habló a través del mensaje. ¡Sentí algo que comenzó como un cosquilleo en mi vientre, me atravesó el corazón, e hizo que brotaran lágrimas de mis ojos! Ese día Jesús derritió mi corazón y yo se lo entregué. Comencé una relación personal con Él, porque había sentido su presencia por primera vez en mi vida. Entendí que fui creada con un propósito especial que no incluía la tristeza, el temor ni el vacío. ¡Jesucristo llenó el vacío que había dentro de mí! Él me ha dado propósito y una vida plena, rica y satisfactoria.

"¡Al final, perdí la elección, sin embargo obtuve una victoria! Donde antes había tristeza, preocupación y temor, ahora hay paz y gozo. Donde antes había escasez y vacío, ahora hay abundancia, confianza y el conocimiento de mi identidad como hija de Dios. ¡Ahora sé que Él está en control!".

El evangelio del reino cambió la vida de Denise en un instante, ¡dándole una experiencia genuina con el Cristo resucitado!

El poder de Dios no descansa en una personalidad,
sino en la verdad, que es la Palabra de Dios.

El evangelio del reino versus otros evangelios

Muchas religiones tienen sus propios evangelios que anuncian cosas buenas. Sin embargo, les falta el poder sobrenatural para lidiar con el pecado y la rebelión de la gente, y para transformar sus vidas. Les falta poder para sanar enfermedades o para liberar a alguien de una opresión mental o emocional. Estos son sustitutos del verdadero evangelio.

Incluso, un gran sector de la iglesia ha diluido ciertas partes del mensaje del evangelio o las ha reducido a versiones humanas carentes de poder. En algunos casos, esas versiones humanas son anti-poder. El mensaje del evangelio del reino no está siendo presentando como lo hizo Jesús o la iglesia primitiva. Estos importantes elementos han quedado fuera: un llamado a arrepentirse de todo corazón, y la manifestación de la presencia de Dios por medio de sanidades, señales, maravillas, expulsión de demonios y la resurrección de muertos.

Como resultado, la iglesia se ha acostumbrado a escuchar un evangelio incompleto. El apóstol Pablo les advirtió a los creyentes acerca del peligro de predicar y seguir otros evangelios en lugar del evangelio del reino.

Como antes hemos dicho, también ahora lo repito: Si alguno os predica
diferente evangelio del que habéis recibido, sea anatema. (Gálatas 1:9)

El peligro de predicar y seguir doctrinas falsas o incompletas continúa existiendo. Dios quiere restaurar el verdadero evangelio en la iglesia, para que las buenas noticias puedan ser predicadas a todo el mundo como deben ser. Observemos más de cerca los diversos tipos de "evangelios" con los que se ha reemplazado el evangelio del reino en la iglesia, para que podamos regresar al evangelio verdadero.

1. El evangelio "histórico"

Muchos cristianos de diferentes denominaciones están sujetos a un evangelio histórico y tradicional que carece de la presencia y el poder de Dios. Ellos creen en un Dios histórico, pero no en un Dios que está con nosotros hoy —un Dios cuyo nombre está en tiempo presente: "*Yo soy El que soy*" (Éxodo 3:14)—. Por ejemplo, ellos creen en el Dios que dividió el Mar Rojo y liberó al pueblo de la esclavitud de Egipto. Creen en el Dios que escuchó a Josué y paró el sol, quien confirmó su nombre haciendo descender fuego del cielo para consumir el sacrificio de Elías, y quien obró tantas otras maravillas, las cuales aparecen escritas en la Biblia. Sin embargo, ellos no creen que Dios actúe hoy. Creen que Jesús caminó la tierra hace más de dos mil años, sanó todo tipo de enfermedad, liberó gente de la posesión demoníaca, perdonó pecados, levantó muertos y mucho más, pero no creen que Él hará lo mismo hoy en día.

Hay personas que sí creen que Dios todavía hace estas cosas hoy, pero no tienen idea acerca de cómo traer el poder de la resurrección de Jesús al aquí y ahora, para proclamar sus obras, porque no tienen revelación. Si no podemos traer a Jesús al aquí y ahora, entonces su muerte, resurrección y ascensión al trono, a la derecha del Padre en el cielo, no tienen significado ni propósito para nuestras circunstancias presentes.

2. El evangelio "futuro"

La mentalidad de muchos en la iglesia moderna es presentar un evangelio que simplemente proclame el perdón de pecados para que una persona pueda ir al cielo cuando muera. Aunque eso forma parte de las buenas noticias, no es todo el evangelio del reino. Nada dice acerca de reinar con Cristo en la tierra, ahora, con dominio, autoridad y poder.

Otros creyentes reflejan un aspecto diferente del evangelio futuro. Ellos creen que Dios puede traer sanidad y liberación a la gente en la tierra. Sin embargo, como sus mentalidades siempre están en que Dios "hará" esas cosas, nunca las reciben ni las ministran. Por ejemplo, ellos pueden decir, "Creo que Dios va a sanar, liberar, prosperar y traer avivamiento, en algún momento". En otras palabras, sucederá más adelante, en un tiempo específico en el futuro. No obstante, Dios es un Dios del ahora. Es cierto que Él actúa conforme a su soberanía. Sin embargo, esos creyentes siguen aguardando algo que Dios ya ha prometido y que Jesús ya ha provisto por medio de su muerte y resurrección.

3. El evangelio "social"

Mientras el evangelio "futuro" se enfoca en el cielo, el evangelio "social" exclusivamente se enfoca en la tierra. Sus defensores buscan aliviar problemas sociales, tales como el hambre, la pobreza y la injusticia. Atender las necesidades y preocupaciones de la gente es fundamental para la vida en el reino, porque Dios quiere que nos amemos unos a otros como Él nos ama. (Vea, por ejemplo, Miqueas 6:8; Mateo 25:31–46). Yo creo y practico estas cosas. Por ejemplo, nuestro ministerio está comprometido en ayudar a los huérfanos y alimentar a los pobres. Sin embargo, los partidarios del evangelio social a menudo reducen o ignoran el elemento espiritual de una relación con Dios Padre por medio de su Hijo Jesús. No buscan ni dependen del poder sobrenatural de Dios, por el cual la gente puede ser sanada física, emocional y mentalmente, y a través del cual tienen acceso a la abundante provisión, poder y fuerza de Dios. Por tanto, ellos no presentan el evangelio completo.

4. El evangelio de "conformidad"

Este "evangelio" humano deja a las personas en una condición espiritualmente estancada, incapaz de moverse hacia adelante, manteniendo su pecado y sin poder recuperar su dominio. Tampoco lidia con la raíz de la rebelión ni reta a la gente al cambio, por tanto, la gente se queda en enfermedad, escasez y opresión. Un evangelio que no produce cambio es contrario al mensaje de arrepentimiento, del reino que Jesús predicó, y no logra la transformación que Pablo exhortó a los creyentes a buscar activamente. (Vea Romanos 12:2). Cuando el verdadero evangelio del reino es proclamado, produce arrepentimiento y la gente es transformada por el poder del Espíritu Santo.

5. El evangelio "motivacional"

Este es un evangelio de "autoayuda", en el cual la Palabra de Dios es hablada sin poder. La cruz y la resurrección de Jesús no son proclamadas y lo sobrenatural está ausente. Es un evangelio adaptado a lo que las personas desean escuchar, pero falla en confrontarlos con la capacidad destructora del pecado, todo con el fin de no ofender a las personas. Su meta principal es que la gente salga sintiéndose satisfecha de sí misma y animada a alcanzar sus metas personales. Si bien es cierto es bueno tener metas y cumplirlas, ¡Jesús vino a anunciar mucho más que eso! (Vea Mateo 6:33). El evangelio del reino nos confronta con amor y firmeza con nuestra iniquidad, y nos reta a vivir en santidad, por medio de la vida de resurrección de Jesús y en el poder del Espíritu Santo. No es un mensaje egocéntrico que nos deja cómodos en nuestra naturaleza pecaminosa.

Una sub categoría del evangelio motivacional es el evangelio de "prosperidad". Por favor, entienda que Dios sí promete prosperidad y quiere darnos su provisión y abundancia. (Vea, por ejemplo, Filipenses 4:19). Sin embargo, algunos creyentes se van al extremo, y en lo único que piensan es en dinero y bienes materiales. Están tan concentrados en lograr prosperidad, que abandonan otros aspectos indispensables de su relación con Dios, tales como santidad, oración y el servicio a los demás. Contrario a eso, algunos cristianos critican cualquier enseñanza acerca de la prosperidad. Muchos tienen grandes luchas financieras, pero rechazan la provisión que Dios les quiere dar. Debemos mantener el balance enfocándonos en el reino de Dios, en todas sus facetas.

La característica principal que distingue el evangelio del reino de otros "evangelios" es la evidencia sobrenatural de la presencia y el poder de Dios.

Para resumir, las iglesias y ministerios que no predican el evangelio del reino producen un cristianismo complaciente. Muchos presentan un evangelio "amigable", uno que tiene como meta aplacar la conciencia. No tienen espacio para lo sobrenatural ni creen que todas las cosas son posibles con Dios. Por eso precisamente, es que no siempre se ven manifestaciones del poder de Dios en la iglesia.

El Pastor Nicky van der Westhuizen, hijo de un gran evangelista sur africano, vivía según un evangelio incompleto. El ministerio en el cual había sido entrenado, operaba con pocos elementos de lo sobrenatural y, cuando su padre murió, un espíritu religioso se convirtió en el fundamento de su iglesia. "Verdaderamente perdimos el elemento de milagros creativos", dijo el pastor.

Un día él estaba mirando uno de mis programas de televisión, y de pronto apunté a la cámara e hice la siguiente declaración, "Hay un pastor mirándome en este momento. Usted antes operaba en lo sobrenatural, pero ha perdido el poder. ¡Dios está restaurando eso ahora mismo! Su nombre es Pastor Nicky". La declaración lo sacudió profundamente. Él recuerda haber caído de su silla, llorando, sabiendo sin duda que Dios le estaba hablando.

Entonces el Pastor Nicky asistió a una reunión donde yo ministraba, y él cayó al suelo bajo el peso del Espíritu Santo. "Sentí el poder de Dios tan intensamente, y a Jesús derramando aceite nuevo sobre mí", dijo el pastor. Cuando compartió su experiencia conmigo en la cena, le profeticé diciendo, "Ha contristado al Espíritu Santo en su iglesia al ponerle límites y programas. Necesita arrepentirse y el poder de Dios regresará".

Se arrepintió, y en su congregación todo cambió. ¡La gente ahora camina en el poder sobrenatural de Dios! Su iglesia ha crecido un 50 por ciento en corto tiempo porque predican el evangelio del reino, en el ahora, con evidencias visibles. El Pastor Nicky explica, "Comenzamos a ver y a documentar los milagros creativos: cáncer sanados, oídos sordos abiertos, ojos ciegos que ahora ven, gente que queda sin deudas en 24 horas, y hombres y mujeres de negocios que prosperan".

También tenía un caso muy especial con su hijo. "El pie de mi hijo menor comenzó a debilitarse, causándole mucho dolor debido a una enfermedad en el sistema nervioso. Los médicos no pudieron hacer nada excepto decirnos que le entablillarían la pierna para estirársela. Me sentía agobiado y lloraba mucho delante del Señor, puesto que yo oraba por los enfermos y veía milagros creativos, pero no podía ayudar a mi propio hijo. Después de asistir a un servicio en Sur África, en el cual el Apóstol Maldonado ministró, pude hablarle acerca de eso. Él me dijo, 'El Señor me rebeló que hoy sanaría a un niño de doce años de pie de equino'". Procedió a ungir una toalla con aceite y decirme que mi hijo debería usarla por tres días. Lo hice lleno de fe en Dios. Al segundo día, el dolor desapareció y al tercer día, ¡su pie estaba completamente derecho! Ahora tenemos como testimonio la tablilla que el médico había ordenado, porque Dios sanó a mi hijo mientras todavía la estaban haciendo. ¡A Dios sea toda la gloria!".

El Pastor Nicky tuvo que hacer una transición muy dura, pero ahora predica y manifiesta el verdadero evangelio, con evidencia incuestionable que Jesucristo vive y que su poder es tan real como siempre lo fue.

¡El evangelio es una invasión sobrenatural del reino de Dios! Son las buenas noticias que anuncian que Dios quiere traer el gobierno de su reino a cada persona. Quienes se arrepienten y se someten a su señorío encontrarán salvación, justicia, paz, gozo, salud, vida eterna, y todo lo que necesiten. Serán restaurados al dominio original que le fue dado a Adán y recibirán el poder sobrenatural de Dios. ¡Otros evangelios no anuncian ni ofrecen estas cosas!

¿Está viviendo el evangelio del aquí y ahora, o está siguiendo el evangelio histórico, el evangelio futuro, el evangelio social, el evangelio de conformidad, o el evangelio motivacional? Usted decide si quiere quedarse con uno de estos evangelios substitutos o aceptar el reto del evangelio del reino.

Si usted está viviendo conforme a un evangelio sustituto, ¿cómo puede hacer la transición al evangelio verdadero? La Palabra de Dios nos reta a establecernos *"en la verdad presente"* (2 Pedro 1:12). Sólo podemos vivir el evangelio del aquí y ahora, cuando recibimos una revelación para hoy.

Cómo manifestar el reino por medio de la revelación en el ahora

En el Nuevo Testamento, la palabra *"revelación"* se traduce del vocablo griego *apokálupsis*. Significa "divulgar" y tiene las connotaciones de "aparecer", "venir", "iluminar", "manifestar" y "ser revelado" (STRONG, G602); también significa "descubrir" (NASC, G602). La forma del verbo *apokálupsis*, significa "dar a conocer", "revelar" (STRONG, G601), o "destapar" (NASC, G601).

Un elemento importante de la revelación divina es lo que yo defino como "un fragmento del conocimiento de Dios que viene a nuestro espíritu en un instante, sin la necesidad de investigación previa, de acuerdo a la voluntad y al tiempo de Dios". Una revelación, o un fragmento del conocimiento de Dios que nos es dado, es algo que antes desconocíamos. Siempre trae conocimiento nuevo o percepción para manifestar algo fresco. Si no es nuevo o fresco para nosotros, entonces no es revelación. Todo lo que es revelado puede ser considerado nuevo, aunque ya haya pasado. Algo que no es nuevo para usted puede ser nuevo para mí y viceversa. La revelación eleva, estimula, activa y acelera nuestro espíritu. Es una fuerza que nos impulsa hacia adelante, induciendo un mover espiritual que nos lleva a apropiarnos de la verdad y a aplicarla a nuestras vidas o a la vida de otros.

Una doctrina no mueve nuestro espíritu; una revelación sí.

No podemos proclamar el evangelio del aquí y ahora sin una revelación presente. El evangelio del reino que anunciamos debe estar alineado a lo que Dios nos revela hoy, y no tan sólo a lo que nos fue revelado en el pasado. Muchos avivamientos y movimientos de Dios terminaron porque la revelación fresca dejó de fluir. Tenemos un enemigo que trabaja para robarnos y destruirnos. (Vea Juan 10:10). No lo podemos derrotar con un evangelio histórico o cualquier otro evangelio sustituto, porque ninguno de ellos tiene la revelación del ahora. Sin la revelación del "ahora", en realidad no existe una habitación para Dios entre su pueblo; sólo hay un lugar para sus "visitaciones". Una visitación es un soberano y espontáneo mover que no está conectado a una jréma, la cual es una palabra revelada del Espíritu Santo para el ahora, acerca de cómo traer su presencia a nuestro entorno.

La naturaleza de lo nuevo es que éste debe ser revelado.

Cuando termina un avivamiento, muchas veces la gente continúa operando en la revelación inicial. Esto hace que el mensaje de su "evangelio" se convierta en una versión humana y en simple religión; se convierta en algo seco y mecánico, que no tiene el mover del Espíritu Santo —en esencia, se convierte en un evangelio histórico—. Cuando la revelación deja de fluir en una iglesia, no hay nada nuevo ni fresco que recibir; no hay dirección ni visión. (Vea, por ejemplo, 1 Samuel 3:1). Muchos ministros hoy en día practican su fe de acuerdo al conocimiento espiritual y la sabiduría que otros recibieron hace muchos años atrás, y se preguntan, por qué esto no funciona hoy como lo hizo entonces. La gente hoy tiene hambre por la revelación de Dios. Por eso, Dios ha levantado ministerios apostólicos y proféticos, para traer fresca revelación de su Palabra en el presente. (Vea Efesios 4:11).

Cada mover de Dios comenzó con una revelación divina.

La revelación es para actuar

No es necesario que una persona sea "súper espiritual" para recibir una revelación, la cual también se conoce como "conocimiento revelado". Al comienzo de la historia humana, el conocimiento revelado operaba en Adán y era lo que le permitía gobernar en el Edén, sobre todas las cosas creadas. De manera similar debemos actuar con cada revelación que recibimos, de acuerdo a nuestro llamado y unción.

En algunos casos, la revelación es dada para la manifestación de sanidad o liberación. Otras veces, la revelación nos permite tener un encuentro más profundo con Dios. Lo que debemos entender es que la revelación espiritual de Dios no puede manifestarse en el mundo físico sin la ayuda de un ser humano, porque así fue como Dios la diseñó para que funcionara. Dios es atraído por un "movimiento" espiritual o el deseo dentro de una persona. Él no responde a aquellos que están espiritualmente estancados o complacientes. Dios quiere escucharnos hablar su "lenguaje", y su lenguaje es revelación y fe. Por ejemplo, en el Nuevo Testamento, la mujer que sufría de flujo continuo de sangre, se movió entre la multitud que rodeaba a Jesús, buscándolo en fe, aunque arriesgaba ser reprendida públicamente. Jesús la sanó. (Vea Marcos 5:25–34). De la misma forma, el centurión recibió revelación de la autoridad y poder de Jesús cuando actuó en fe, pidiendo por su siervo que estaba paralizado. El resultado fue que el centurión recibió la sanidad que deseaba para su siervo. (Vea Mateo 8:5–13).

Lo que aún no ha sido revelado permanece en el ámbito de lo imposible. La revelación remueve lo imposible.

Si tiene una "imposibilidad" en su vida, similar a la de la mujer del flujo de sangre o a la del centurión que pidió por su siervo moribundo, recuerde que una revelación de Dios es suficiente para lidiar con su problema, crisis o circunstancia. Una jréma de Dios puede convertir su imposibilidad en una posibilidad.

Nuestro evangelio personal

Y al que puede confirmaros según mi evangelio y la predicación de Jesucristo, según la revelación del misterio que se ha mantenido oculto desde tiempos eternos, pero que ha sido manifestado ahora....

(Romanos 16:25)

El concepto de "misterio" es asociado a menudo con algo místico o supersticioso. Los misterios de Dios son muy diferentes. Un misterio de Dios es, en esencia, parte de su conocimiento o propósito que todavía no ha sido revelado a la humanidad. Los misterios de Dios son revelados a los que tienen hambre de Él y tienen el temor de Jehová. (Vea, por ejemplo, Salmos 25:14). Cuando Dios revela un misterio espiritual, demuestra su voluntad y propósito para el aquí y ahora. Él permite que entendamos y apliquemos ese misterio en nuestro ámbito natural. Es más, Dios puede escoger revelar misterios relacionados, no sólo al conocimiento espiritual, sino también al conocimiento natural, tal como la ciencia, ingeniería, el arte o cualquier otra área de la vida. En su soberanía, Él puede traer revelación fresca en cualquier ámbito.

Toda revelación espiritual que usted tenga lo hará un accionista en la "bolsa de valores" del cielo. En otras palabras, usted se "adueña" de esa porción del conocimiento de Dios. Dios le reveló a Pablo el misterio del evangelio (vea Gálatas 1:11–12), el cual estaba escondido *"desde tiempos eternos"* (Romanos 16:25) y *"desde los siglos y edades"* (Colosenses 1:26).

Es importante clarificar que cuando el apóstol Pablo se refirió a *"mi evangelio"*, no se estaba refiriendo a un evangelio diferente, sino al verdadero evangelio del reino fundado en las Escrituras. Considero que él lo llamó "mi" evangelio, porque se apropió de la verdad que le había sido revelada. Los predicadores deben guiar a las personas a apropiarse de la verdad, vivirla y practicarla. Por supuesto, primero debemos experimentarla. Era el evangelio de Pablo porque él dio testimonio de sus experiencias con Jesús y con la Palabra, gracias a la revelación del evangelio del reino.

Toda revelación espiritual que usted tenga lo hará un accionista en la "bolsa de valores" del cielo.

Cuando recibimos a Jesús en nuestros corazones y Él comienza a sanar nuestros cuerpos, a transformar nuestras mentes, a restaurar nuestras familias y a traernos paz, gozo y justicia, Él ha sido verdaderamente revelado a nosotros. "Nuestro" evangelio del reino es nuestra experiencia personal de lo que Dios ha hecho y hace en nuestras vidas. Nadie puede compartir nuestro evangelio como nosotros. Nadie puede decir, como nosotros, lo que Dios está haciendo en nuestra vida día a día, porque lo estamos viviendo de primera mano. En ese sentido, todo cristiano debe escribir su propio evangelio. ¡Todos tienen algo que compartir acerca de lo que Dios está haciendo en su vida! Si paramos de compartir nuestras experiencias personales, entonces lo que compartimos será, inevitablemente, el evangelio de otro, y la gente podrá notar la diferencia. Si testificamos de lo que Dios hace hoy, entonces estamos viviendo el evangelio del aquí y ahora, y no un evangelio histórico.

Un evangelio personal también es una expresión de un evangelio generacional. Así como todo creyente debe tener una revelación personal de la verdad del evangelio del reino, cada generación subsiguiente debe experimentar el evangelio personalmente. Debemos entender, sin embargo, que apropiarse de la verdad del evangelio para hoy requerirá que paguemos un precio, el cual incluirá sacrificio, tiempo y la muerte del yo, pero también rechazo, persecución, difamación y mucho más.

Cada vez que Dios revela una verdad, somos activados a "obedecerla" y "apropiarnos" de ella.

En nuestro ministerio, estamos experimentando una explosión evangelística por medio de nuestros jóvenes, quienes han recibido revelación y pueden testificar del evangelio del "ahora" con señales sobrenaturales que son incuestionables. Aproximadamente un año atrás, un líder y mentor de la iglesia, llamado Orlando, tomó la decisión de ir al siguiente nivel de fe, después de leer mi libro *Cómo Caminar en el Poder Sobrenatural de Dios.* Él fue llevado a liderar un ministerio de hospitales junto a un grupo de sus discípulos —para visitar pacientes, orar por los enfermos y traer salvación al perdido—. Comenzaron a ver sanidades, milagros y salvaciones.

Por ejemplo, Steven Clark y su amigo eran espectadores inocentes de un tiroteo en una estación de gasolina. Cuando llegaron los paramédicos, los dos jóvenes estaban tan mal que parecía que no iban a sobrevivir lo suficiente como para llegar al hospital. Tristemente, el amigo de Steven murió, pero él sobrevivió, aunque tenía en su cuerpo más balas que su amigo.

Orlando y uno de sus discípulos llamado Adam conocieron a Steven en la unidad de cuidados intensivos, cuando no podía hablar ni moverse. Oraron por él y su familia, y todos recibieron a Jesús como salvador. Una semana después, los médicos dijeron que en sus pulmones se había acumulado líquido y Steven necesitaba cirugía o moriría. Los jóvenes evangelistas tomaron un trapo ungido, sobre el cual yo había orado, y lo pusieron sobre el pecho de Steven. Dos días más tarde, su madre llamó a Orlando para decirle que los médicos le iban a dar de alta de cuidados intensivos —estaban asombrados y no entendían por qué ya no necesitaba cirugía y ¡estaba fuera de peligro—! Hoy, Steven está completamente sano y participa en el ministerio de hospitales, testificando que el poder sanador es real.

En otro ejemplo, un joven llamado Joseph se vio envuelto en un terrible accidente, y fue lanzado de su carro. Sufrió la rotura de varios huesos e inflamación, al igual que sangrado en el cerebro; finalmente, entró en estado de coma. Los doctores decían que sus posibilidades de sobrevivir eran pocos y que si resistía, quedaría como un vegetal. Mientras Joseph estaba casi sin vida en su cama de hospital, un miembro del equipo de Orlando, llamado Juan, oró por él, declarando el poder sobrenatural de Dios. Una semana después, ¡Joseph despertó y comenzó a hablar! ¡También recibió a Cristo como su Salvador personal!

Las victorias de ese equipo no sucedieron sin obstáculos. Tuvieron que superar la oposición de enfermeras y oficiales de seguridad. Sin embargo, después de un tiempo, Dios les dio favor y gracia con el personal del hospital. El equipo ha crecido exponencialmente y ha llegado a ganar hasta 40 almas para el Señor en una sola noche.

Predicar es proclamar la verdad de la Palabra de Dios.
Testificar es compartir conocimiento personal como resultado de
experimentar su Palabra y poder.

Mayordomos de la revelación de Dios

Y a ti te daré las llaves del reino de los cielos; y todo lo que atares en la
tierra será atado en los cielos; y todo lo que desatares en la tierra será
desatado en los cielos. (Mateo 16:19)

La palabra *"llaves"* representa autoridad y revelación. En el mundo natural, un mayordomo es uno que está a cargo de las llaves de un hogar y conoce cuál llave abre cada puerta. Cuando recibimos revelación en cualquier área, tenemos la llave para abrir o cerrar, atar o desatar, en la tierra, como ya ha sido abierto o cerrado en el cielo. En consecuencia, se nos da el conocimiento para aplicar o manifestar el "cómo" de la solución, a una situación que ha sido revelada. No podemos atar o desatar nada si carecemos de revelación.

Cuando recibimos una revelación o manifestación del poder de Dios, llegamos a ser sus cuidadores o mayordomos. Entre más grande sea la revelación, mayor es la responsabilidad para protegerla.

Y conoceréis la verdad, y la verdad os hará libres. (Juan 8:32)

El conocimiento revelado hace que nos adueñemos de nuestra "propia" verdad, y cuando nos adueñamos de la verdad del evangelio, éste nos libera. No estamos hablando de una verdad cualquiera sino de *la* Verdad, Jesucristo (vea Juan 14:6), la verdad que nos hace libres (vea Juan 8:31–32). La verdad en Cristo Jesús es el más alto nivel de realidad. Opera más allá del razonamiento humano y no puede ser conocido por la mente, sino sólo por revelación.

El nivel de revelación que un "mayordomo" de los misterios de
Dios ha recibido se mide por la forma cómo el mayordomo afecta y
modifica la atmósfera espiritual que le rodea.

Predicando el evangelio del reino con evidencia sobrenatural en el ahora

Y estando [Jesús] sentado en el monte de los Olivos, los discípulos se le acercaron aparte, diciendo: Dinos, ¿cuándo serán estas cosas, y qué señal habrá de tu venida, y del fin del siglo? (Mateo 24:3)

En este versículo, los discípulos le hicieron a Jesús tres preguntas, las cuales Él contestó muy específicamente. Entre otras cosas, Él estableció que la señal de su regreso y del fin del mundo sería la predicación del evangelio del reino a toda nación:

Y será predicado este evangelio del reino en todo el mundo, para testimonio a todas las naciones; y entonces vendrá el fin. (versículo 14)

La predicación del evangelio en todo el mundo —el cual traerá el final de los tiempos y el regreso de Cristo—, es responsabilidad de la iglesia. La iniciativa no le pertenece a los líderes políticos, militares ni científicos. Sin embargo, en los dos mil años desde que Cristo vivió en la tierra, muchos en la iglesia no han cumplido con esa responsabilidad. Creo que Dios está levantando una nueva generación de personas, apasionadas por Él y por su evangelio. Él los ha colocado en un movimiento de gloria que los acelera para guiar multitud de almas hacia la salvación, como nunca se vio en la historia. Esta generación está predicando el evangelio del reino con demostración de milagros, señales, maravillas, echando fuera demonios y resucitando muertos.

El evangelio debe ser predicado, anunciado o proclamado, lo cual significa que debe ser público y activo. Además, no es solamente para ser enseñado. Enseñar es explicar o expandirse en un tópico. Sin embargo, la gente no debe únicamente aprender acerca del evangelio del reino; también debe experimentarlo y sólo el Espíritu Santo puede revelar el evangelio o hacérselo conocer.

Donde no hay prueba o evidencia sobrenatural, no hay reino, sólo teología abstracta.

Note que Jesús dijo que el evangelio del reino continuaría siendo predicado *"como testimonio".* En otras palabras, es evidencia. Provee la confirmación sobrenatural que resulta en una transformación real de las vidas de la gente. Jesús sanó todo tipo de enfermedades y aflicciones mentales, emocionales, espirituales y físicas. Sanó a todos los que fueron a Él para ser sanos, y expulsó los demonios de quienes estaban poseídos. Esta fue la evidencia que el reino de Dios había llegado; un hecho que Jesús le afirmó a Juan el Bautista. Después que Juan fue encarcelado, envió dos de sus discípulos a preguntarle a Jesús si en verdad Él era el Mesías. (Vea Mateo 11:2–3). Esta es la respuesta que Jesús le envió de regreso.

Id, y haced saber a Juan las cosas que oís y veis. Los ciegos ven, los cojos andan, los leprosos son limpiados, los sordos oyen, los muertos son resucitados, y a los pobres es anunciado el evangelio. (Mateo 11:4–5)

Jesús no discutió las profecías del Antiguo Testamento que anunciaban su venida, con el fin de proveer evidencias de que verdaderamente Él era el Mesías anunciado. Él no echó mano de su genealogía para demostrar que descendía del rey David. Él no trató de convencer a Juan de su carácter divino. Él sencillamente se refirió al fruto sobrenatural que el reino de Dios había producido. Si Jesús hubiese sido un Mesías falso, la combinación de estas señales sobrenaturales no se habrían manifestado en su ministerio, porque estaba escrito en la Escritura que estas señales acompañarían al Mesías, el Hijo de Dios, enviado a redimir a la humanidad. (Vea, por ejemplo, Isaías 29:18; 35:4–6; 61:1–2). Las señales lo hicieron creíble.

Dios nunca autorizó a la iglesia a predicar un evangelio sólo de palabras. Él la empoderó para predicar con evidencia sobrenatural.

En la iglesia de hoy, hemos decidido quedarnos con el conocimiento mental de Dios; por eso ya no experimentamos regularmente la demostración de su poder. La iglesia no ha estado produciendo lo que ha estado predicando. No ha estado demostrando lo que enseña. Le falta revelación porque no busca el reino de Dios con la pasión de verlo manifestado. ¿Está proclamando el evangelio del reino? ¿Considera que las demostraciones sobrenaturales son eventos aislados o un estilo de vida? ¿Puede testificar de lo que Dios hace aquí y ahora? ¿Su ministerio produce evidencia sobrenatural que prueba que Jesús está vivo hoy? ¿Los enfermos reciben sanidad en su iglesia? ¿Las almas se están salvando? ¿La gente está siendo liberada de aflicción mental, emocional y de la opresión? Si no ve el poder de Dios haciendo lo que hizo por medio de Jesús, entonces está predicando un evangelio incompleto o sustituto.

Nuestra fe no puede estar fundada en la sabiduría de los hombres. Debe estar fundada sólo en el poder de Dios. (Vea 1 Corintios 2:4). Dios está haciendo grandes milagros, señales y maravillas alrededor del mundo, evidenciando que Jesús vive y que el evangelio del reino ha llegado. Algunas de estas señales son difíciles de entender, pero esto no debe preocuparnos, si sabemos discernir lo verdadero de lo falso. Las señales de Dios no son el fin; por el contrario, ellas apuntan a una verdad más alta —Jesucristo y el poder de su resurrección. (Vea 1 Juan 4:1–3).

Es tonto adorar señales, pero es más tonto ignorarlas.

Cuando buscamos a Dios, debemos hacerlo sabiendo que Él es sobrenatural. Si creemos que entendemos y sabemos explicar todo lo que Dios está haciendo en y a través de nosotros, entonces probablemente Él no está envuelto. Incluso en el ámbito natural, nuestras mentes sólo pueden entender y manejar una pequeña parte de nuestro mundo y cómo éste funciona. ¡Cuánto más si lidiamos con lo sobrenatural! Siempre habrán elementos de lo desconocido que reten nuestro razonamiento, y esto es precisamente porque Dios nos ha dado una medida de fe. (Vea Romanos 12:3). Todos los días debemos creer por cosas imposibles, entonces nos gozaremos al ver como las imposibilidades se postran delante de Dios y se convierten en posibilidades en nuestro mundo físico.

Todo lo que hemos discutido hasta ahora en este capítulo ha sido con el propósito de enfatizar que el evangelio del reino debe manifestarse con pruebas tangibles y demostraciones de sanidad, transformación del corazón y más. Cuando una persona recibe la revelación del evangelio del reino, se produce una evidencia. Los ciegos ven, los sordos oyen, los deprimidos encuentran gozo, los oprimidos experimentan paz y aquellos en tormento son liberados.

En nuestro ministerio hemos visto manifestaciones del evangelio del reino que ocurren un sinnúmero de veces, en diversos países del mundo. Cientos de miles de testimonios del poder sobrenatural de Dios respaldan nuestro ministerio, porque predicamos el evangelio completo. Por ejemplo, durante una reunión en Argentina, miles recibieron salvación. En esa reunión, oré por ciertas enfermedades que el Señor me había revelado en oración, e incluí enfermedades de la mente. Entre los presentes estaban un joven llamado Samuel Soto y sus padres. Samuel había nacido con reflujo gastroesofágico, el cual le había afectado uno de los pulmones. También sufría de una enfermedad pulmonar, fiebre y convulsiones, lo cual le produjo serios problemas neurológicos. Al crecer, sus padres notaron que no respondía a estímulos y que le era difícil hablar. En la escuela, tenía dificultad de aprendizaje. El neurólogo le diagnosticó retraso del desarrollo, le suministró un certificado de discapacidad y comenzó a tratarlo con medicamentos.

Durante la reunión en Argentina, cuando declaré la sanidad de enfermedades de la mente, los padres de Samuel se apropiaron de la palabra. En ese momento, Samuel sintió el poder de Dios y dijo, "¡Me quema! ¡Aquí mami, me quema!", tocándose el lado izquierdo de su frene. Su madre le acomodó el cabello y entonces vio que tenía una cicatriz con dos puntos de sutura. ¡Lo más asombroso era que él nunca había tenido una cirugía! Su madre comenzó a probar su inteligencia y para su sorpresa, él le respondió todo lo que ella le preguntaba, sin dificultad. Más adelante, cuando el pediatra de Samuel vio la cicatriz, le dijo, "Aquí, donde usted ve los puntos, es donde el desarrollo de la inteligencia toma lugar". Los padres consultaron a un neurólogo, quien declaró a Samuel sano y le dio de alta. ¡Dios lo había curado!

Los padres de Samuel guardan los informes médicos y sus anteriores pruebas y tareas escolares como evidencia de su antiguo retraso e incapacidad. Ahora, él va al colegio como cualquier otro niño de inteligencia normal. Mientras antes recibía notas de cero o F, ahora recibe A y B. Su letra es legible y es capaz de dibujar y hacer todo lo que un niño saludable de su edad puede hacer. La emoción que la madre exhibió al compartir el testimonio reveló lo difícil que esta situación había sido para la familia, pero también demostró la grandeza del milagro. La ciencia médica no pudo sanar esta condición imposible, pero el Espíritu Santo de Dios "operó" a Samuel y ¡le restauró su total salud!

El evangelio del reino transforma vidas y sacude al mundo

El evangelio del reino contiene gran poder. Nuestro mensaje es simple: hay un Rey que tiene toda autoridad y poder. Está sentado en su trono en el cielo y su reino está en proceso de venir a la tierra. Su nombre es Jesús. Ha venido a redimirnos del pecado, sanar a los enfermos, liberar a los cautivos, sanar a los quebrantados de corazón y traer prosperidad al pobre. Debemos anunciarle a todos que el reino está entre nosotros, ¡aquí y ahora!

El evangelio del reino es sencillo, práctico y poderoso.

La gente está arraigada en el mundo, y su mentalidad es no temerle a la religión. Sin embargo, son intimidados por el poder sobrenatural de Dios que expone su rebelión y pecado. Así como está escrito en el Nuevo Testamento, cuando la iglesia verdaderamente comience a predicar el evangelio del reino de Dios, la oposición —provocada por el reino de las tinieblas— será inmediata. Las autoridades civiles y religiosas vendrán contra nosotros. Si no estamos sufriendo algún tipo de opresión, es porque probablemente no le estamos causado suficiente daño al diablo. Los líderes religiosos del primer siglo dijeron de Pedro y Juan, *"Estos que trastornan el mundo entero también han venido acá…. Y todos éstos contravienen los decretos de César, diciendo que hay otro rey, Jesús"* (Hechos 17:6–7).

Los primeros cristianos siempre andaban en problemas con las autoridades por predicar acerca de Jesús y hacer lo que Él hizo. ¡Proclamar el evangelio del reino que transforma vidas y mueve al mundo! El evangelio trae libertad y gozo a todos los que creen y causará consternación y temor a los que se niegan a creer. Cuando Jesús nació, y los reyes magos llegaron a adorarle, el rey Herodes de Judea se sintió amenazado, porque pensó que perdería su reino y autoridad. Así que ordenó matar a todos los niños de la región, de dos años y menos, pero Dios protegió a su Hijo de la ira de

Herodes. (Vea Mateo 2:1–3, 12–16). Además, como dije anteriormente, durante su ministerio, Jesús sufrió persecución de los líderes testarudos y de corazón endurecido que, finalmente, lo entregaron a las autoridades romanas para matarlo (vea Mateo 26:3–4), aunque todo esto fue usado por Dios en su plan para nuestra redención.

El poder del reino viene de la palabra del Rey

En el Nuevo Testamento, hallamos muchos ejemplos de hombres de Dios que predicaron el evangelio del reino, comenzando con Jesús. Cada uno de los cuatro Evangelios hace énfasis en un aspecto diferente de Jesús, pero el libro de Mateo revela a Jesús como el Rey que vino para que todas las profecías mesiánicas del Antiguo Testamento se cumplieran. De manera apropiada, Mateo contiene la primera referencia del Nuevo Testamento que muestra a Jesús predicando el evangelio del reino. (Vea Mateo 4:23).

En Eclesiastés, leemos,

Pues la palabra del rey es con potestad, ¿y quién le dirá: "Qué haces"?
(Eclesiastés 8:4)

El Rey Jesús no tiene que responderle a nadie; su presencia sobrenatural y manifestaciones hablan por sí solas. El evangelio del reino tiene poder porque su mensaje viene del mismo Rey, que no habla palabras vacías como lo hacen los hombres. Sus palabras están llenas de autoridad y poder. Cuando las proclamamos, Él las confirma con evidencia sobrenatural por el Espíritu Santo —el mismo Espíritu que trabajó a su lado durante su ministerio en la tierra—. Las palabras del reino de Dios vienen de un rey que se entregó a sí mismo para salvar a la humanidad —quien murió y resucitó al tercer día, derrotando al pecado, la muerte, el infierno y al diablo— y quien ahora gobierna desde su trono en el cielo con poder y gloria.

Sin una palabra del rey para el "ahora", no habrá poder, aunque las palabras que hablemos sean bíblicas.

Cuando Jesús todavía estaba en la tierra, envió a sus doce discípulos a predicar el evangelio del reino bajo su unción (vea Mateo 10:5–8); más adelante, envió a sus setenta discípulos a varios pueblos para preparar a la gente para sus visitas posteriores, en las cuales les proclamaría el evangelio del reino (vea Lucas 10:1). Después de la resurrección y ascensión de Jesús al cielo, Pedro, Felipe y los demás apóstoles proclamaron las buenas nuevas. (Vea, por ejemplo, Hechos 2:14–41; 8:4–12). Entonces, el apóstol Pablo tuvo un encuentro con el Cristo resucitado, se convirtió, y por revelación de Dios fue enseñado en el evangelio. Aunque Pablo estaba dispuesto a ayudar a los pobres, no dijo, "Yo alimento a los pobres y a las viudas y visto a los huérfanos, y así predico todo el evangelio". En lugar de eso, él dijo que Cristo había obrado a través de él con *"la palabra y con las obras… con potencia de señales y prodigios, en el poder del Espíritu de Dios"* y así fue como había predicado *"[por completo] el evangelio de Cristo"*. (Vea Romanos 15:18–19). Cada apóstol a quien Jesús le confió el evangelio antes de ascender al cielo, predicó el mensaje del reino con palabras y obras. (Vea Hebreos 2:3–4).

La iglesia debe continuar el patrón establecido por los hombres y mujeres que proclamaron primero el evangelio del reino. (Vea Marcos 16:15–18). Si usted ni siquiera le habla a su vecino acerca de Jesús, entonces no necesita que se manifiesten señales sobrenaturales. Si quiere ir a la iglesia sólo a cantar algunas canciones, entonces las señales no le seguirán.

El evangelio del reino nunca puede estar separado de la salvación, la sanidad y la expulsión de demonios.

Principios de nuestra comisión de reino

Por tanto, id, y haced discípulos a todas las naciones, bautizándolos en el nombre del Padre, y del Hijo, y del Espíritu Santo. (Mateo 28:19)

El mensaje del evangelio no ha cambiado. Es el mismo y continuará siendo igual hasta el regreso de Jesús. Algunas personas pueden decir que el mandato en el versículo de arriba fue sólo para los que estaban vivos en el tiempo de Jesús. Sin embargo, la siguiente declaración de Jesús prueba que el mensaje del evangelio es multigeneracional: *"He aquí yo estoy con vosotros todos los días, hasta el fin del mundo"* (Mateo 28:20). Jesús sabía que ninguno de los apóstoles ni otros creyentes de la iglesia primitiva vivirían lo suficiente como para ver el fin del mundo. Él sabía que usted y yo, y una multitud de personas nacerían en este mundo y serían comisionadas con el mismo mandato que ellos habían recibido.

El fin del mundo no puede venir hasta que todo ser humano sobre la tierra haya escuchado el evangelio del reino.

No sabemos cuándo regresará Jesús. Puede ser dentro de cinco, diez, cincuenta o cien años. Esto sólo lo sabe el Padre. (Vea Mateo 24:36). Lo que sí sabemos es que nuestra misión es recoger la cosecha de almas, predicando el evangelio del reino a toda persona, en toda tribu, raza y cultura, en todo continente. Debemos hacer discípulos en todas las naciones, hasta su regreso —cualquier propósito que no sea éste es secundario—. Este es un concepto fácil de entender. El problema de la iglesia es su rebeldía para obedecer. El corazón del Señor siempre ha sido alcanzar a cada persona, hasta los últimos confines de la tierra; ésa es su carga. Con esto en mente, exploremos tres principios esenciales de nuestra comisión de reino.

1. Somos empoderados para ir y proclamar el evangelio del reino, ahora

Cuando los apóstoles predicaban, el Señor confirmaba su Palabra por medio de señales sobrenaturales. (Vea Marcos 16:20). Si no predicamos la Palabra de Dios, no tiene nada que confirmar. ¡Debemos asumir nuestra responsabilidad como iglesia!

Y yendo, predicad, diciendo: El reino de los cielos se ha acercado.

(Mateo 10:7)

El pecado aumenta en el mundo porque los creyentes no conocen cuál es verdaderamente su llamado en Dios. Se envuelven en buenas obras y disfrutan la confraternidad con otros, pero este no es el mandato primordial para la iglesia. Mientras no entendamos quiénes somos y cuál es nuestra responsabilidad, no podremos cumplir nuestra misión. La iglesia no es un club social ni una casa funeral. No es una organización caritativa, un grupo político ni una fundación de alcance social. No es una extensión del gobierno ni un negocio. Fue creada con el propósito de ejercer dominio y traer el reino del cielo a la tierra. Dios ama al mundo —usted y yo, al igual que a todos los que habitan la tierra, desde nuestros vecinos hasta los que viven en otros países— ¡a todos! (Vea Juan 3:16). La iglesia no es simplemente para habitar el mundo, sino para ganarlo. Debemos amar lo que Dios ama —la gente—, y odiar los que Dios odia —el pecado—. Hemos recibido autoridad y poder para hacer que Satanás se doblegue ante el reino de Dios que continúa creciendo en este mundo.

Las señales sobrenaturales y evidencias están garantizadas para aquellos que "van".

Muchos cristianos dicen, "Tenga cuidado de las personas en el mundo; no se asocie con ellas". ¡Con esa mentalidad, necesitaríamos apartarnos de todos aquellos a quienes debemos llevar al reino! (Vea 1 Corintios 5:9–10). Es imposible cumplir nuestra misión si no vamos a los lugares donde podemos hallarlos. Claro que, mientras vamos, no debemos entablar relaciones con el sistema del mundo. (Vea Santiago 4:4). No debemos adoptar su mentalidad ni comportamiento, pero sí debemos ser la luz que guíe a las personas a Jesús.

No estamos llamados a ser como la gente del mundo, pero sí a guiarlos a Jesús, para que puedan llegar a ser como Él.

---

2. La cosecha está lista ahora

Alzad vuestros ojos y mirad los campos, porque ya están blancos para la siega. (Juan 4:35)

La cosecha ha estado lista desde que Jesús comenzó su ministerio en la tierra. El versículo que acabamos de leer, esencialmente declara lo siguiente: "¡Paren de decir que la cosecha no está lista y que la gente no está lista para recibir salvación!". Su cónyuge, hijos y otros miembros de la familia están listos. Jesús hizo esa declaración acerca de la cosecha hace más de dos mil años atrás, pero ¡la iglesia todavía no cree en ella! Nuestra cosecha está lista y madura, pero tiene que ser recogida. Cuando el fruto madura demasiado, empieza a descomponerse y oler mal. Las cárceles están llenas de asesinos y ladrones, porque la iglesia no los recogió a tiempo. Están demasiado maduros y ahora huelen mal. Esto no significa que sea muy tarde para rescatarlos, pero sí que no debemos esperar a que Satanás destruya a la gente, antes que lleguemos a ellos con el evangelio del reino.

A la verdad la mies es mucha, mas los obreros pocos. Rogad, pues, al Señor de la mies, que envíe obreros a su mies. (Mateo 9:37–38)

Jesús tiene problemas con los obreros, no con la cosecha. La cosecha está lista, pero se necesita más gente que trabaje en los campos. Además, aunque la mies esté madura, son los obreros los que aún están verdes e inmaduros y no saben mucho acerca de cómo recoger la cosecha. La respuesta a esto no es orar más para que las almas vengan a la iglesia, sino orar para que Dios envíe obreros comprometidos —establecidos en su autoridad y poder—, a los campos donde está la gente.

Dios es el Señor de la cosecha. Ha sembrado y regado la semilla y ha madurado la cosecha. Nuestro trabajo es sólo recogerla. Dios no quiere que nadie perezca sino que todos se arrepientan y sean salvos. (Vea 2 Pedro 3:9). Gente de todos los trasfondos sociales —presidentes, primeros ministros, senadores, gente de negocios, actores, cantantes, maestros, policías, doctores, científicos, líderes religiosos; jóvenes, adultos, ricos y pobres— todos claman, "¡Necesitamos la ayuda de Dios!". Sin embargo, la mayoría de creyentes nada hace al respecto. La mayoría de iglesias en los Estados Unidos y en los países del mundo, no está siendo la luz del mundo ni la sal de la tierra. (Vea Mateo 5:13–14).

La mayor pasión de Dios es ver a todos en el mundo —ahora más de siete billones de personas— siendo salvos, llenos del Espíritu Santo, y viviendo vidas santas.

---

3. Debemos ir y evangelizar en nuestro propio etnos

Dios tiene una mentalidad global. La palabra *"naciones"* (vea Mateo 28:19) es traducida del vocablo griego *édsnos*, del cual deriva la palabra *étnico*. *Édsnos* significa "una raza (del mismo hábito), por ej., una tribu", con la implicación de "nación" o "pueblo" (STRONG, G1484).

Gente que pertenece a un grupo étnico en particular, que por lo general habla el mismo lenguaje y tiene las mismas creencias, maneras de pensar, valores y tradiciones, entre otras características compartidas. Una clave para desarrollar una nación es la cultura —gente unida por estándares comunes, costumbres y prácticas—. Dentro de las naciones, también hay subgrupos de gente, que tienen intereses propios, necesidades y/o vocaciones. Cada uno de estos subgrupos también puede ser considerado un etnos.

Veamos los doce subgrupos de etnos que encontramos en muchas naciones y culturas, teniendo en cuenta que la lista no los incluye a todos, y que algunas de esas áreas se superponen. Cada etnos tiene su propia mentalidad y "lenguaje". Debemos identificar en qué etnos participamos para entonces, juntos como iglesia, poder llevar el evangelio a todos los etnos del mundo. Debemos comenzar donde estamos, en nuestra "Jerusalén y Judea" y expandirnos desde allí. (Vea Hechos 1:8).

+ *Política y gobierno:* Este etnos se concentra en el desarrollo y administración de un país, sus leyes y políticas. Además, muchos gobiernos tienen departamentos que representan y administran varios etnos en el país. Por ejemplo, tienen departamentos de educación, defensa, salud, ayuda social, comercio, trabajo y finanzas. La gente con esa mentalidad se orienta hacia el gobierno; administración; campañas políticas; votantes; economía; eventos políticos locales, nacionales y globales; y más. El "lenguaje" de su etnos —lo que hablan y el vocabulario que usan—, refleja esas áreas. Los que están en el etnos de la política y el gobierno también caen bajo ciertas subcategorías adicionales, dependiendo de sus filosofías e inclinaciones. En los Estados Unidos, esas subcategorías pueden ser identificadas por partido político —como demócratas, republicanos o libertarios—, o por su persuasión política, —tales como liberales, conservadores y moderados, al igual que por las variaciones de ala izquierda y ala derecha—. La gente de estos etnos son presidentes, primeros ministros, gobernadores, senadores, alcaldes, concejales, asistentes legales, asesores políticos y los "adictos" políticos, sólo por nombrar unos cuantos.

• *Religión*: La religión generalmente puede ser definida como el sistema de creencias de una nación, relacionado con la realidad última y el significado de la vida. En algunos países se practican un sinnúmero de religiones y cada una tiene creencias, patrones de conducta, actividades, liturgia y otras cosas más, que son específicas. El "lenguaje" de la religión incluye el concepto de Dios (o dioses), vida, muerte, el más allá, los escritos sagrados, teología, etc. Cada etnos religioso está compuesto por los líderes religiosos y sus seguidores, devotos o creyentes. Debemos entender que es necesario un enfoque distinto cuando se proclama el evangelio del reino a gente de diferentes etnos religiosos, como los católicos romanos, los testigos de Jehová, los budistas y los musulmanes.

• *Comunicaciones*: El etnos de comunicaciones incluye a todos los que trabajan en la radio, televisión, internet, otros métodos de comunicación electrónica e imprenta —libros, periódicos y revistas—. Ellos son reporteros de noticias, oradores públicos, actores, productores, camarógrafos, técnicos de luz, publicadores, editores, escritores y muchos otros. El etnos de comunicación (como todos los etnos) es casi un mundo en sí mismo, con sus propios conceptos, actividades y dialectos, incluyendo términos como cinematografía, diseño grafico, animación computarizada, producción, transmisión, HDTV, y mucho más.

• *Negocios*: El etnos de los negocios se compone de hombres y mujeres que se dedican a comprar y vender productos tangibles e intangibles o brindar servicios; están constituidos en pequeñas, medianas y grandes compañías, las cuales pueden pertenecer a dueños privados o tener acciones en el mercado de valores. Son gente de negocios, vendedores, administradores, agentes de aduana, importadores y exportadores, sólo por mencionar algunos. Muchos de ellos constantemente están pensando cómo establecer un negocio, obtener créditos para comprar una nueva empresa o realizar transacciones. El lenguaje que hablan está lleno de planes de negocio, estadísticas, estrategias de mercado, productos, servicios, cuotas, oferta, demanda, y estados financieros.

+ *Educación:* El etnos de la educación se compone de aquellos que enseñan ideas e información; quienes hacen descubrimientos, investigaciones, avances en la búsqueda del conocimiento, los que estudian tendencias e información y hacen sus propias investigaciones y análisis, a menudo con la meta de prepararse para una carrera o vocación. Son maestros, profesores, investigadores, filósofos, y estudiantes y su lenguaje está lleno de conocimiento, teorías aprendidas, métodos de entrenamiento, sicología educacional, resultados, libros de estudio, y exámenes, al igual que dialectos relacionados a un área en particular, como la literatura, ingeniería o trabajo social. Algunos de estos dialectos se superponen con sus homólogos de formación profesional en el mundo exterior.

+ *Ciencia:* La ciencia envuelve el estudio y uso del mundo físico e incluye las áreas de biología, química, física, astronomía, paleontología, geología, ecología y más. La gente en el etnos de la ciencia son científicos, investigadores, técnicos de laboratorio, maestros, ecologistas y constructores. Generalmente comparten un lenguaje, mentalidad y sistema de creencias en común y usan términos como: experimentos, pruebas, análisis, teorías, exploración y más. Muchos científicos creen sólo en lo que puede ser probado en un laboratorio o por la lógica y los sentidos físicos.

+ *Tecnología:* Este etnos se compone de gente que explora nuevas posibilidades, hacen productos más fáciles de usar, y cambian la forma de vivir de la gente. Lo componen ingenieros, especialistas en computación, gerentes de investigación y desarrollo, y manufactureros, sólo por mencionar unos cuantos. Dependiendo de su área de experticia, ellos hablan un lenguaje que incluye palabras como: inventos, electrónicos, robótica, válvulas, electrodomésticos, procesadores de comida, datos, fábricas, plásticos, pinturas y mucho más.

+ *Medicina:* El etnos de la medicina incluye personal médico de diversas especialidades: cardiología, fisiología, dermatología, pediatría, medicina de emergencia, y mucho más. La gente en este etnos son doctores, enfermeras, técnicos, terapistas, nutricionistas e investigadores. Ellos también tienen su propio dialecto y mentalidad los cuales se enfocan en los pacientes, procedimientos, enfermedades, lesiones, diagnósticos, medicinas, cirugía, tratamientos y curas.

• *Economía*: Este etnos incluye a los que estudian y participan en las estructuras financieras nacionales y globales, tendencias, pólizas; banca; mercado de valores; desarrollo económico y muchas otras áreas. Ejercen roles de economistas, profesores, analistas de mercado, empresarios, presidentes de directorios, corredores de bolsa, y asesores financieros. Su mentalidad y lenguaje reflejan conceptos tales como estadística, activos, patrimonio neto, productividad, fusión de negocios, acciones y bonos, intereses, préstamos, deuda, estándares de vida, y crecimiento.

• *Deportes*: El etnos del deporte está compuesto por gente tanto del ámbito aficionado como profesional, quienes se envuelven en actividades físicas y ejercicios, y/o quienes sobresalen por sus habilidades físicas demostradas a través de eventos atléticos y equipos deportivos, como el fútbol, basquetbol, béisbol, softbol, tenis, natación, y pista y campo. Este etnos incluye a jugadores, entrenadores, dueños, administradores, preparadores, árbitros, locutores deportivos, fisioterapeutas y espectadores. Cada deporte tiene sus propias reglas y metas, en las cuales se centraliza su lenguaje. Aunque todos los deportes requieren disciplina física y enfoque, son estos los elementos que unen a los miembros de este etnos.

• *Entretenimiento y artes*: Este etnos incluye a los que trabajan en el teatro, televisión, cine, radio, internet, música, publicaciones, arte y otros, que requieren creatividad y comunicación. Ellos son actores, directores, músicos, escritores, pintores, escultores, artistas gráficos, animadores de computadora, técnicos de efectos especiales, fotógrafos, danzarines y más. Su dialecto incluye términos como índice de audiencia, presentaciones, tecnología 3D, CGI, mejores vendidos, contenido de Web, diseño, guión, partituras, teoría del color y mucho más. La gente de las artes parece ser especialmente sensibles. La mayoría de veces, el artista vive en su propio mundo, buscando libertad para crear y rechaza todo aquello que le limita o detiene.

✦ *Ley y justicia:* El etnos de la ley y la justicia atiende conceptos como constituciones, leyes, derechos, obligaciones, contratos, cumplimiento de leyes. Generalmente se compone de una comunidad integrada por abogados, fiscales, jueces, jurados, policías, trabajadores sociales, alcaides y más. La gente en este etnos tiene una mentalidad y lenguaje enfocado en la interpretación legal, los reglamentos, políticas, demandas, acusaciones, litigios, crímenes, arrestos, sentencias, rehabilitación y más. En el escenario ideal, este etnos busca mantener una sociedad estable eliminando toda mala obra y promoviendo justicia.

La forma más efectiva de ganar el mundo para Cristo es, primero, testificando de Él en su propio etnos, mientras manifiesta el poder sobrenatural de Dios.

Como cada etnos y sub-etnos tiene su propia mentalidad y lenguaje, un creyente que participa en un etnos en particular casi siempre tiene la mejor oportunidad de hablarle a la gente de su propio etnos acerca del reino; más que si lo hiciera alguien de un etnos diferente. Por ejemplo, un científico será más efectivo hablándoles a otros científicos acerca del reino. Los científicos no se pasan el tiempo diciendo, "¡Gloria a Dios!", ni los médicos entran a sus consultorios u hospitales diciendo, "Debes ser salvo, ¡aleluya!". Si un cristiano trata de hablarles de esa forma, posiblemente sea rechazado, simplemente por el lenguaje que usa. Sin embargo, un científico o médico que es salvo y lleno del Espíritu Santo, y también conoce el lenguaje de la comunidad científica o médica, puede llevar el evangelio del reino a ese etnos más fácilmente.

Permítame darle otro ejemplo. He visto jóvenes usar música rap para ganar almas. Muchos cristianos quizás no entiendan ni aprecien el rap, pero los que hablan el lenguaje de la música rap sí lo entienden. Esos jóvenes artistas comunican el reino a las personas de su mismo etnos. Al igual, cuando un miembro de una pandilla es salvo y transformado por el poder de Cristo, puede regresar a su antiguo etnos y testificarle a otros miembros de la pandilla; ellos sí lo escucharán porque tienen su misma mentalidad, lenguaje, códigos, pactos y demás. Repito, así es como se comienza a expandir el reino de Dios —yendo cada persona a su propio etnos—. Los médicos evangelizan a sus colegas que también son médicos. El científico evangeliza al técnico de laboratorio. El maestro evangeliza al estudiante y así sucesivamente. El siguiente testimonio es un ejemplo del etnos del deporte, de un jugador de béisbol que llegó al Señor gracias al testimonio de un compañero de juego.

Octavio Fernández nació en República Dominicana y fue un jugador de béisbol de las grandes ligas por dieciocho años. Él dice, "Mis logros incluyen haber ganado cuatro veces el Guante de Oro de la Liga Americana, un campeonato de Serie Mundial y estar cinco veces en el equipo Todos Estrellas. Aunque mis padres creían en Dios, también diría que eran muy religiosos. Mis hermanos y yo no podíamos compartir en actividades deportivas ni ir al cine, porque todo era pecado. Yo deseaba servir a Cristo, pero también quería disfrutar mi juventud, especialmente haciendo deporte. Así que oré para que Dios me bendijera con una profesión de beisbolista, y a cambio yo le prometí que sería de bendición para su pueblo y mis padres. Me hice estrella siendo aún muy joven y quería disfrutar la vida. Mientras tanto, mis padres constantemente oraban por mí. Pese al éxito, para mi sorpresa, sentía un vacío en mi corazón. Con el tiempo me lastimé la mano, tan severamente, que tuve que dejar de jugar. ¡Eso fue devastador para mí! El Señor llevó a uno de mis compañeros a orar por mí; mi mano se sanó y pude regresar al juego. Me fue tan bien que nuevamente puse a Dios en espera. Todos, excepto mi director técnico, se sorprendieron de lo bien que jugaba. Eso lastimó mis sentimientos, porque también quería su aprobación. Había un vacío en mi corazón, y jugar pelota ya no era mi pasión. Necesitaba algo real, algo mejor.

"Entonces, mi amigo me llevó a la capilla del béisbol donde le entregué mi corazón a Jesús. No sé cómo explicarlo, pero sentí que me habían quitado una gran carga de mi alma, e inmediatamente quise compartir el gozo que me llenaba por dentro. El odio, los sentimientos endurecidos, el resentimiento, la amargura y mucho más comenzaron a irse. Estoy tan agradecido con mi compañero de equipo. Dios lo usó para alcanzarme. Antes, siempre quería ser perfecto en cada juego. Si no jugaba a ese nivel, me enojaba conmigo mismo y la gente me malentendía. Después, me hice más tolerante conmigo mismo. La transformación más grande sucedió después que me uní al Ministerio El Rey Jesús. Mi matrimonio y mis relaciones familiares estaban en 'cuidados intensivos' y el enemigo estaba a punto de destruirnos por completo. Clamé a Dios, pidiéndole ayuda, orando de madrugada, tal como nuestros padres espirituales nos enseñan. Puedo decir que definitivamente recibí sanidad interior, y que la restauración ha comenzado en cada aspecto de nuestras vidas, familia, ministerio, amistades... ¡Todo ha sido restaurado! Hoy, las cosas pequeñas ya no me molestan. Mi nivel de confianza, fundado en mi nueva identidad, ¡es mucho más alto que antes! ¡Ahora puedo decir que soy una nueva criatura en Cristo Jesús!".

Este es un ejemplo maravilloso de un creyente que alcanza a alguien en su propio etnos con el evangelio del reino. Pero eso no es todo lo que la iglesia está llamada a hacer. Creo que en estos últimos días, el evangelismo será acelerado por el poder sobrenatural de Dios, para que los creyentes puedan cruzar de un etnos a otro y alcanzar todavía más personas para Cristo. Por ejemplo, cuando le testifico a un estudiante de secundaria, en un lugar informal, no evangelizo de la misma forma como lo hago durante un servicio en mi iglesia. Debemos cambiar nuestra forma de acercarnos, si queremos alcanzar a la gente que habita en etnos diferentes al nuestro. Jesús es el mejor ejemplo para cumplir este propósito. Él interactuaba con personas de varios estratos sociales y trasfondos, como líderes religiosos, cobradores de impuestos, prostitutas, médicos, gente de negocios y centuriones romanos. Él trajo la demostración visible y tangible del poder de Dios a ricos y pobres; a judíos y gentiles; a hombres, mujeres, jóvenes y niños.

Los creyentes del siglo veintiuno deben ser entrenados para dar el salto hacia cualquier otro etnos —del deporte a las comunicaciones, de la ciencia a los negocios, y así sucesivamente—. También, deben saber cómo hablar con personas de varias razas y nacionalidades. Los líderes de hoy necesitan entrenar a la iglesia para ser versátiles; para poner sus limitaciones a un lado y extenderse hacia afuera en el Espíritu. (Vea Isaías 54:2–3). Creo que la iglesia debe ser multirracial y multicultural, uniendo a diferentes etnos. El reino de Dios no es acerca de una raza, nacionalidad o cultura específica. Incluye todas las razas, tribus, naciones y grupos étnicos.

Hace unos años, el Señor me guió para que el Ministerio El Rey Jesús hiciera la transición, y pasara de ser una iglesia hispana —lo cual habíamos sido durante más de una década—, a ser una iglesia multicultural. Al principio, hubo mucha oposición de algunas familias hispanas que se sentían incómodas con el cambio, y pensaban que el reino fue creado sólo para los hispanos. Pero obedecimos a Dios y comenzamos un servicio en inglés, e hicimos otros servicios bilingües. En poco tiempo, la asistencia al servicio en inglés creció a miles de personas. El cambio también nos abrió puertas para entrar a las naciones de habla inglesa a nivel mundial. Comenzamos a televisar nuestros servicios por todos los Estados Unidos y a ponerlos en varias cadenas de radio y televisión alrededor del mundo. Ahora, alcanzamos África, Rusia y Europa, gracias a una iniciativa de Dios. Mi mentalidad tuvo que cambiar, de una mentalidad local a una mentalidad de expansión de reino, para poder hacer el cruce de un etnos a otro —del hispano al multicultural—. Hoy, más de 60 naciones están representadas en nuestra iglesia.

La evangelización en el siglo veintiuno demanda que los cristianos sean capaces de cruzar de un etnos a otro por medio de lo sobrenatural.

¿Está disponible para llevar el evangelio del reino dondequiera que vaya? Necesitamos infiltrar el mundo con la proclamación de las buenas noticias y con las manifestaciones sobrenaturales de Dios, a través de varios etnos. El evangelio debe ser predicado a toda nación con señales y maravillas, porque sólo el poder sobrenatural puede alcanzar al mundo entero. Dios busca y llama obreros comprometidos y apasionados, que lleven el mensaje de su reino a sus propios etnos —y más allá—. Él está levantando una nueva generación, llena del poder del Espíritu Santo y con el fuego y la pasión por alcanzar almas. ¿Forma usted parte de esta nueva generación? ¿Irá en el nombre de Dios? ¿Comenzará, ahora mismo, a proclamar el evangelio y a testificar acerca de lo que Él ha hecho por usted?

Dios lo está llamando a decidirse, ¡ahora mismo! No tiene que esperar que su pastor le imponga manos, lo unja o lo envíe como misionero antes que pueda testificar de Jesús. Puede comenzar hoy mismo. Puede testificar de Jesús en su diario vivir —mientras trabaja en la oficina, en el restaurant, atendiendo un evento deportivo, en el centro comercial, sentado en el teatro, mientras está de vacaciones, o dondequiera que vaya—. Declaro que el poder de Dios desciende sobre usted, ahora, para activarlo y darle pasión por las almas, y que pueda llevarlos a la salvación y liberación.

Dios lo ha comisionado a usted para que sea luz y sal de la gente, en su propio etnos, y en otros etnos. El reto es aquí y ahora. La cosecha está lista, pero los obreros son pocos. ¡Decídase a ir en el poder sobrenatural del reino de Dios! El Señor confirmará su evangelio con señales, milagros y maravillas. ¡Amén!

6

La restauración de
lo sobrenatural en la iglesia

La iglesia nació fundamentada en lo sobrenatural, por medio de la resurrección de Jesús y el poder del Espíritu Santo. Los milagros, las señales y las maravillas validaron y establecieron la doctrina de la iglesia. Los cristianos del Nuevo Testamento caminaban en un estilo de vida sobrenatural, y el poder del reino llevaba a la iglesia primitiva a multiplicarse. Hoy por hoy, la el cuerpo de Cristo parece haber perdido su vida y su poder; pero Dios ha comenzado a restaurar lo sobrenatural en el creyente, en las iglesias y los ministerios que abren sus corazones para recibirlo. Su deseo es llenar toda su iglesia con su presencia y poder.

En mi libro *La Gloria de Dios*, incluyo el testimonio de un asombroso milagro creativo, imposible para la lógica humana, pero del cual quiero reportar que continúa manifestándose. Matías Rodríguez, de Argentina, sufría acondroplasia, una condición genética que detiene el crecimiento. Ésta afecta a uno de cada 25.000 niños, y su tipo más común es el enanismo. Aunque la medida de la columna vertebral es normal, los brazos y las piernas son cortos, además de otras irregularidades.

Cuando conocí a Matías, en un servicio de sanidad en Argentina, tenía veintiún años mientras su estatura era la de uno de 10. Había consultado con varios médicos pero todos concluían que no había cura para él. Por su condición, creció con baja autoestima, y un sentido de culpabilidad que lo llenó de amargura. Sentía que era una carga para sus padres, y buscaba alivio en el alcohol y las drogas; aunque, gracias a Dios, no se convirtió en un adicto. También dejó la escuela para escapar del rechazo y la burla de sus compañeros de estudio. Con el tiempo, fue intervenido quirúrgicamente para corregir la curvatura en sus piernas, la cual amenazaba con dejarlo inválido; pero los resultados no fueron buenos. Sus antebrazos también tenían movilidad reducida, lo cual le causaba mucho dolor.

El día que ministré en el servicio de sanidad al cual Matías asistió, declaré milagros creativos. Cuando llamé gente a testificar, él pasó adelante; dijo que el fuego de Dios lo había tocado y que ya podía mover sus brazos. Aquel joven no paraba de llorar. Yo quise saber qué enfermedad tenía. Cuando me lo contó, mi corazón se llenó de compasión. Con la guía del Espíritu Santo, declaré que, en 24 horas, su cuerpo crecería tanto que su ropa ya no le entraría. Él cayó al suelo bajo el poder de Dios y el Espíritu Santo lo ministró.

Después de llegar a casa, el pastor de Matías —quien también es médico— reportó que ¡el joven estaba creciendo! En las primeras 24 horas, creció poco más de dos centímetros (como tres cuartos de pulgada). Cuarenta y ocho horas después, había crecido tres centímetros más (poco más de una pulgada); 72 horas después, tres centímetros adicionales. Creció hasta que su ropa le quedó chica. En tres días, ¡había aumentado un total de ocho centímetros (poco más de tres pulgadas)!

Debido a que el crecimiento fue tan acelerado, sus huesos, tendones y músculos comenzaron a experimentar el dolor del crecimiento. Un año más tarde, lo vi nuevamente y ¡todavía estaba creciendo! Hoy es trece centímetros más alto (más de cinco pulgadas) que la vez que lo ministré. Éste es un milagro creativo, imposible para todos menos para Dios.

Entender lo sobrenatural

El evangelio del reino es sobrenatural porque trae el cielo a la tierra, como lo hizo con Matías. Si vamos a proclamar este evangelio plenamente, como lo tratamos en el capítulo anterior, necesitamos tener un mejor entendimiento de lo sobrenatural, para poder reconocerlo y caminar en ello.

1. Lo sobrenatural es la naturaleza de Dios mismo

Dios es un Dios sobrenatural y no puede ser descrito fuera de este contexto. Veamos algunas de sus cualidades:

+ *Dios es espíritu.* Como vimos en el capítulo 2, Dios es un ser invisible y eterno con habilidades sobrenaturales y atributos infinitamente superiores al mundo natural.

> *Dios es Espíritu; y los que le adoran, en espíritu y en verdad es necesario que adoren.* (Juan 4:24)

Dios no es un ser material; no tiene un cuerpo tangible ni necesidades físicas. Es Espíritu y existe y se mueve en el ámbito espiritual. Por eso nuestra adoración a Él debe ser en espíritu y en verdad —sobrenatural y sincera, de corazón—. Dios debe ser buscado y adorado como un Dios sobrenatural. Si nos acercamos a Él de otra forma, no recibiremos mucho de su parte.

Lo sobrenatural o espiritual es la forma de existencia de Dios.

+ *Dios tiene vida en sí mismo.* Él no depende del ámbito natural del tiempo, el espacio y la material para vivir; ni tampoco necesita a nadie ni nada que lo sostenga. Él existe en sí mismo. Esto significa que tiene vida en sí mismo y que es el creador de todas las cosas. Como sabemos, Dios se le reveló a Moisés como *"Yo soy El que soy"* (Éxodo 3:14). Él vive en el eterno "ahora".

Aunque fuimos hechos a la imagen de Dios, no somos iguales a Dios. Dependemos de Él para vivir y existir.

+ *Dios es todopoderoso.* *"Santo, santo, santo es el Señor Dios Todopoderoso, el que era, el que es, y el que ha de venir"* (Apocalipsis 4:8). El vocablo griego traducido como *"Todopoderoso"* es *pantokrátor*, que significa "el todo gobernante, Dios como soberano absoluto y universal" (STRONG, G3841), "todopoderoso" (NASC, G3841) o "gobernador de todo" (VINE, G3841). La fuerza y el poder de Dios son inigualables.

* *Dios no es hombre.* Algunos creyentes tratan a Dios Padre como si tuviera la mentalidad y habilidades finitas del ser humano caído. Por consecuencia, tratan de ganar su atención por medios naturales; pero no podemos acercarnos a Él como funcionamos en el ámbito natural. Cuando lo hacemos, le establecemos límites a lo que creemos que Él es y lo que puede hacer. *"Dios no es hombre"* (Números 23:19). Tratar de separarlo de lo sobrenatural es tratar de "naturalizarlo"; cosa que es imposible. Dada su naturaleza sobrenatural, es inapropiado que nos acerquemos a Él de esa forma, porque así no reconocemos su esencia y voluntad, y lo deshonramos. Dios no piensa ni actúa como la gente, con sus limitaciones y debilidades. Por ejemplo, Dios puede hacer promesas duraderas porque siempre las cumplirá; por el contrario, el ser humano, aun con las mejores intenciones, no tiene la habilidad de ser fiel a sus promesas, todo el tiempo.

2. Lo sobrenatural es la naturaleza del reino de Dios

Dios no puede ser descrito fuera del contexto de lo sobrenatural, como tampoco lo puede ser su reino. *Sobrenatural* deriva del prefijo *sobre-*, que significa "encima" o "arriba". Por lo tanto, vivir en lo sobrenatural quiere decir vivir por encima, más allá o fuera del ámbito natural. Aunque la palabra *sobrenatural* no aparece en la Biblia, el concepto es demostrado a través de toda la Escritura en los milagros, señales y maravillas que Dios hizo, los cuales reflejan quién es y qué puede hacer. Los términos bíblicos y las frases como "espiritual", "reino de los cielos", "reino de Dios", "no de este mundo", "omnipresente", y "omnipotente" todos refieren a un Dios sobrenatural y a su ámbito sobrenatural.

3. Lo sobrenatural es lo normal para Dios

Desde la perspectiva divina, lo sobrenatural es lo normal. Desde Génesis hasta Apocalipsis, las Escrituras inspiradas por Dios demuestran, consistentemente, que Él es sobrenatural, pues crea materia de la nada y rompe las leyes naturales de la tierra. Debemos entender que Dios desea que lo natural se convierta en algo elemental para nosotros y que lo sobrenatural venga a ser lo normal, a medida que nos vamos convirtiendo en ciudadanos maduros del reino.

Lo sobrenatural es el impacto y la influencia en el mundo espiritual sobre la creación física y su interacción con la misma.

4. Lo sobrenatural gobierna sobre lo natural

Lo sobrenatural no es sólo lo que está por encima y más allá del mundo natural, sino que gobierna activamente sobre este último. Dios es el Señor de las dos dimensiones: espiritual y física. Creó el mundo visible para ser gobernado por el ámbito invisible. Por lo tanto, no debe sorprendernos que Él haga algo sobrenatural en la tierra hoy; como sanidades, milagros, señales, maravillas, expulsión de demonios y resurrecciones. Todas estas demostraciones de su presencia y poder reflejan su gobierno en nuestro mundo natural.

5. Lo sobrenatural es realidad, no magia ni superstición

Algunos piensan que el poder sobrenatural de Dios es una expresión mística, superstición, trucos de magia, ilusiones ópticas, engaño o algo falso, no real. Pero lo que es divino y sobrenatural no es magia ni truco alguno, es la más profunda realidad que podemos conocer; es su reino con condiciones y leyes establecidas que deben ser obedecidas. Por ejemplo, lo sobrenatural no funciona en una vida que busca sanidad pero, al mismo tiempo, tiene falta de perdón. (Ver, por ejemplo, Mateo 6:14–15).

Lo sobrenatural es una verdad revelada en la dimensión física. Si se quita la verdad, se quita a Dios, y lo que queda es sólo una ilusión.

6. Lo sobrenatural no tiene límites

Nosotros reconocemos y establecemos límites en el ámbito natural, pero no podemos hacerlo en el ámbito eterno, porque la eternidad es infinita. Por lo tanto, tenemos que quitar todas las limitaciones que hemos tratado de imponerle a Dios. Un milagro es una intervención sobrenatural de Dios que sucede en el ámbito natural y que desafía las leyes naturales, destruye los paradigmas mentales y va más allá del dominio del razonamiento humano.

Una mujer en nuestra iglesia, Ivis Vilato, descubrió la ilimitada naturaleza del poder sobrenatural de Dios cuando quedó embarazada de gemelos. Con seis meses de embarazo, el doctor descubrió que la niña tenía un conteo anormal de cromosomas y le diagnosticó Síndrome de Turner. Ésta es una condición genética que sucede en uno de cada 2.000 nacimientos. El conteo normal de cromosomas en un ser humano es de 46, y dos definen el sexo. Las mujeres normalmente tienen dos cromosomas X, pero en el caso de esta beba, faltaba uno de esos cromosomas y, también, presentaba otras anormalidades. El síndrome de Turner causa deformaciones físicas y otros problemas.

El médico de Ivis le aconsejó que abortara a la niña. La noticia la impactó tanto que comenzó a llorar; pero decidió que abortaría y declaró que sus gemelas nacerían completamente sanas. Triste y llorando, fue a un servicio de la iglesia, donde el pastor de jóvenes oró por ella y declaró sanidad para su bebé. Inmediatamente, Ivis sintió que la tristeza y la preocupación se iban. Por fe, regresó al médico y le dijo que su beba estaba sana y bien. Él continuaba escéptico, así que cuando los gemelos nacieron, mandó a la niña a hacer un examen para ver si tenía el síndrome. Para su asombro, ¡el conteo dio normal! La beba fue sobrenaturalmente sanada de esta condición y nació sana por completo, ¡para la gloria de Dios! Los doctores no podían creer que un milagro tan tremendo pudiera ocurrir. Ivis le da gracias al Señor y vive con gran gozo por la salud de su beba. No era razonable ni lógico que su hija naciera saludable, pero el poder sobrenatural de Dios atravesó el mundo natural y creó el cromosoma que faltaba.

Cada milagro de Dios es una contradicción a los hechos naturales, la razón, la lógica y el tiempo.

---

7. **La voluntad sobrenatural de Dios se manifiesta, cada vez más, en la tierra**

El reino de Satanás está trayendo una densa oscuridad al mundo de hoy. Ejerce tanta presión sobre los creyentes que, en respuesta a este asalto, el reino sobrenatural de Dios se hace más visible y con más frecuencia. Veremos ángeles, visiones, sangre, fuego y humo. (Ver, por ejemplo, Hechos 2:19–20). Las manifestaciones sobrenaturales de milagros, señales y maravillas serán lo normal. ¡No podemos sentir miedo de estas demostraciones del poder de Dios! En la Biblia, cada vez que Dios se manifestaba de forma sobrenatural a uno de sus siervos, sus primeras palabras eran: "No temas" (ver, por ejemplo, Lucas 1:29–30); porque cuando nuestra razón choca con algo que no puede explicar, sentimos miedo. Dios nos dice que no temamos, que Él nos dará paz; así sabremos que es Él manifestándose y que nada malo nos va a suceder. Dios desea demostrar su presencia y poder en nuestras vidas de forma visible, tal como lo prometió.

El que tiene mis mandamientos, y los guarda, ése es el que me ama; y el que me ama, será amado por mi Padre, y yo le amaré, y me manifestaré a él.
(Juan 14:21)

La oposición a lo sobrenatural

Uno de los muchos nombres dados al diablo es *"adversario"*. (Vea 1 Pedro 5:8). Él se opone a Dios y sus propósitos de forma directa pero también sutil. En los últimos dos mil años, una de sus tácticas ha sido atacar y tentar a la iglesia para que ésta quite lo sobrenatural y sea reducida a una institución natural. Veamos las dos fuerzas con las que Satanás ha perseguido este propósito: el espíritu del anticristo y una mentalidad de lógica y razonamiento humanos.

1. El espíritu del anticristo

Según vosotros oísteis que el anticristo viene, así ahora han surgido muchos anticristos; por esto conocemos que es el último tiempo.
(1 Juan 2:18)

El versículo de arriba menciona que el anticristo vendrá en los últimos tiempos. El anticristo se opondrá al verdadero Dios y hará que la gente del mundo crea que es en él en quien deben creer y a quien deben adorar. Pero el versículo también dice que *"muchos anticristos"* se manifestarán. Esto es en referencia al *"espíritu del anticristo"* (1 Juan 4:3) operando en la gente. En

1 Juan 2:20, el espíritu del anticristo es puesto en contraste con la unción de Dios: *"Pero vosotros tenéis la unción del Santo, y conocéis todas las cosas"*.

El plan del diablo siempre ha sido reducir a la iglesia a lo natural.

El vocablo griego para "Cristo" es *Jristós*, que significa "ungido"; i.e. el Mesías (STRONG, G5547). El prefijo *anti-* en *anticristo* significa "en contra de". La meta final del enemigo es reemplazar al verdadero Cristo, en la vida de la gente, por uno falso. Si no puede entrar por la puerta del frente, traerá gente con el espíritu del anticristo o sustitutos de Cristo, por la puerta de atrás. El verdadero Cristo es el ungido que tiene el poder sobrenatural del Espíritu Santo. (Vea Lucas 4:18–19). Igualmente, "unción" es un término que usamos cuando nos referimos al poder que un creyente recibe de Dios. No podemos separar a Cristo de la unción o del poder que Él recibió de Dios. Si no hubiera tenido esta unción, hubiese sido un falso Mesías.

Desde que el Espíritu Santo fue derramado sobre los seguidores de Jesús, en el día de Pentecostés, los creyentes reconocieron y manifestaron lo sobrenatural en la iglesia. Era normal para ellos. ¿Cómo es para nosotros en la actualidad? En algunos círculos cristianos, denominaciones y ministerios, cualquiera puede hablar abiertamente sobre religión, filosofía, psicología, psiquiatría y aun política; sin embargo, si alguien habla de Cristo —el ungido con poder sobrenatural para sanar al enfermo, bautizar con el Espíritu Santo y echar fuera demonios— los demás en estos círculos, denominaciones y ministerios se enojan y se preocupan. Ellos desean creer que los que practican lo sobrenatural son alguna clase de culto o secta. ¿Por qué? A veces, simplemente buscan justificar su propia falta de poder; y otras veces, tienen miedo. Por lo general, sus mentes han sido entrenadas para pensar sólo dentro del contexto natural, el cual enseguida voy a describir con más detalle. Tristemente, están bajo la influencia del espíritu del anticristo, el cual es anti-unción y anti-poder.

Cuando lo sobrenatural no está, se reemplaza con una manifestación del espíritu del anticristo.

Cuando sustituimos a Cristo, el ungido, lo que queda es un sistema de principios, leyes morales, ideas y tradiciones, que conllevan a una religión impotente y muerta.

Tendrán apariencia de piedad, pero negarán la eficacia de ella; a éstos evita.   (2 Timoteo 3:5)

El vocablo griego traducido como *"apariencia"* es *morfóo*, que significa "formación" e indica "apariencia" (STRONG, G3446). Viene del verbo *morfé* que significa "forma" (STRONG, G3445). Entonces, tener una apariencia de piedad es asumir la apariencia o forma de un ser religioso. Esto describe a un gran número de personas en la iglesia de hoy. Muchos creyentes son modelos o copias de lo verdadero pero no tienen el poder de Dios. Debemos identificar el espíritu del anticristo y sacarlo de nuestras vidas y ministerios para poder vivir y ministrar como lo hizo Jesús.

La religión es una forma o apariencia de piedad sin poder.

---

2. La mentalidad griega

La historia de la mentalidad griega y sus retoños, en su intento de debilitar la fe y la creencia en lo sobrenatural es un tema amplio; por lo tanto, sólo daré un breve repaso, resaltando algunas de sus consecuencias claves. Por lo general, al decir "mentalidad griega" me refiero a algo que sólo está basado en la razón y la lógica humanas, que excluye la fe y lo sobrenatural. Hemos visto que los milagros, las señales y las maravillas han formado parte de la iglesia desde su comienzo. Aunque el espíritu del anticristo siempre ha buscado la manera de alejar a la gente de lo sobrenatural, la iglesia sufrió un revés cuando la fe en Dios y en lo sobrenatural comenzó a mermar por la influencia cultural de la mentalidad griega y la institucionalización de la iglesia.

Al pasar los siglos, la separación entre la fe y la razón se hizo más significativa. El aumento del humanismo secular llevó a que las personas cambiaran el centro de su mundo, de Dios a la humanidad. El humanismo secular es una colección de ideas filosóficas que elevan al hombre y la mente humana a una posición de más alta estima. Muy despacio, la razón sobrepasó la fe, mientras que la fe tomó el segundo lugar o fue completamente ignorada. En la Era Moderna, la creencia fue promover que cualquier tipo de compromiso religioso era un obstáculo para la objetividad. Esta idea se aferró, especialmente, en las universidades, donde se comenzó a fomentar y promover la neutralidad religiosa. En la Universidad de Berlín ocurrió un desarrollo significativo cuando la teología fue clasificada como un tema separado, dentro de las ramas sociológicas e históricas de estudio. La teología se convirtió en una disciplina académica con sus propias reglas de investigación, las cuales estaban atrapadas en el modelo griego para interpretar el mundo sólo por medio de la información, la lógica, la teoría y los métodos científicos. Esto no incluía la experiencia práctica de la fe ni la evidencia sobrenatural o la revelación de Dios; tampoco animaba a tener una relación personal con Él.

En el siglo XIX, el cristianismo liberal trató de eliminar de la Biblia todo lo que tuviera que ver con lo sobrenatural o lo milagroso, como el nacimiento virginal de Jesús, la resurrección, la expulsión de demonios, la existencia de ángeles, milagros, señales y maravillas. Argumentaba que la creencia en lo sobrenatural era una idea anticuada, un mito arcaico que no podía ser aceptado por una sociedad moderna y educada. Muchos comenzaron a pensar que creer en la Biblia y en lo sobrenatural era anti-intelectual e ingenuo.

Restaurar lo sobrenatural en la iglesia contemporánea ha sido difícil porque el intelectualismo y la razón son altamente aceptados por muchos. La mentalidad griega se ha impregnado en el sistema educativo de los países occidentales; forma el fundamento del aprendizaje de casi todas las escuelas privadas y públicas, universidades seculares y cristianas, tanto como de los institutos bíblicos e iglesias.

Al decir esto no pretendo disminuir la importancia de la educación intelectual, la cual tiene su lugar en el ámbito natural. Yo soy pro-intelecto. Creo que si sometemos nuestra mente, razón y lógica al Espíritu Dios puede hacerlas creativas y poderosas. Soy un hombre estudioso; tengo una maestría y un doctorado en teología. Soy pro educación, y animo a los jóvenes a ir a la universidad; incluso apoyo financieramente a varios estudiantes para que puedan graduarse. Lo que estoy diciendo es que, por la forma en que muchos de nosotros fuimos educados, tenemos la tendencia a pensar que los milagros no suceden porque son ilógicos e irracionales.

La mentalidad griega puede llevar a la gente sólo hasta cierto punto y puede resultar engañosa. Por ejemplo, muchos de los médicos entrenados conforme a la ciencia médica basada en la evidencia, creen que si algo no puede ser probado científicamente no es válido. ¡Imagine demostrar la posibilidad de un milagro en un laboratorio! Los abogados entrenados con el método de Sócrates analizan todo de acuerdo con la lógica. Si algo no se alinea a la evidencia, se considera inadmisible y consecuentemente rechazado. Son enseñados a dudar de todo lo que no puede ser probado o explicado por un análisis lógico. ¡Imagine tratar de explicarle el perdón de pecados a un abogado! Por eso es tan difícil que la gente que es entrenada de esta forma crea en lo sobrenatural.

La mentalidad griega es también el motivo por el cual muchos en la iglesia se sienten satisfechos con la retórica. No esperan que algo sobrenatural se manifieste en un servicio y algunos ni siquiera consideran lo suficientemente importante practicar lo que se predica. Su mente está enfocada sólo en la teoría, o es muy cerrada y sólo puede creer lo que parece lógico desde un punto de vista natural. Sin embargo, la teología sin la experiencia personal o un encuentro divino no tiene valor; es sólo religión y no el evangelio del reino que llega con poder sobrenatural. Podemos conocer la teología de la salvación y todavía estar perdidos por la eternidad, porque la salvación viene por medio de un encuentro personal con Jesucristo. Cuando el humanismo y la razón toman la mente de las personas, éstas rechazan lo sobrenatural y abandonan a Dios.

En los países occidentales, la educación nos entrena en lo que debe y no debe ser posible para nosotros, en qué debemos pensar y cómo debemos razonar las diferentes situaciones. La educación explica por qué ciertas entidades y conceptos son reales y válidos, basándose en investigaciones científicas o ideas filosóficas. La razón tiene ciertos parámetros, tras los cuales todo lo demás es clasificado como "imposible". ¡Pero la demostración de lo sobrenatural puede romper esa mentalidad! Un milagro invade el dominio de la razón humana. El hecho de que el ámbito sobrenatural vaya más allá de la razón no es motivo para rechazarlo. Mientras que algunos descartan una manifestación sobrenatural al verla, otros admiten que hay más en esta vida de lo que se puede conocer por los sentidos físicos.

La educación entrena nuestra razón en lo que es posible e imposible.

Reemplazos o sustitutos de lo sobrenatural

A través de los siglos, lo sobrenatural ha sido atacado de varias formas por el espíritu del anticristo. Ha sido descartado por sustitutos, por una realidad espiritual que trata de reemplazar la presencia y el poder de Dios en nuestra vida, familia, escuelas, iglesias, ciudades y naciones.

Como el tema de los sustitutos de lo sobrenatural es cubierto con amplitud en mi libro *Cómo Caminar en el Poder Sobrenatural de Dios*, voy a resumir los más significativos, añadiendo algunas revelaciones frescas. Si vamos a restaurar lo sobrenatural en la iglesia, para que pueda cumplir con su mandato de reino, debemos reconocer estos sustitutos.

El problema en la iglesia de hoy no es la falta de experiencia personal con Dios, sino la práctica de la ausencia de su presencia.

1. La razón ha suplantado la fe

Como hemos visto, la mentalidad griega ha animado a las personas a reemplazar la fe con la lógica y la razón. Creo que la frase de Hebreos 11:3: *"Por la fe entendemos"*, indica que primero debemos creer para después entender los propósitos y caminos de Dios. Él nos ha llamado a hacer lo imposible, según nuestra lógica y habilidades porque se puede hacer por medio de su poder sobrenatural. Si la influencia de su educación es más fuerte que su revelación, entonces le será muy difícil vivir por fe.

Repito, no me opongo a la educación; apoyo a las personas que desean estudiar y prepararse en una vocación o carrera, pero entiendo que *"los designios de la carne son enemistad contra Dios"* (Romanos 8:7) y niegan todo lo que no se puede entender, explicar o no se ha experimentado. Por otro lado, la mente renovada puede ser un arma poderosa, capaz de moverse en lo sobrenatural porque opera desde la perspectiva de Dios. Si todavía no ha experimentado un rompimiento en una situación difícil, posiblemente se deba a que ha estado tratando de razonar lo que Dios le ha dicho de sus promesas. Eso no es fe. Entonces, el rompimiento no se da. Dios empodera su fe para eliminar cualquier razón que pueda tener para no creer. Si todavía está tratando de razonarlo todo, probablemente terminará con la información y la lógica que apoyan la idea de que no puede recibir una respuesta sobrenatural de Dios.

Si cree que Dios lo ha llamado a hacer algo que tiene sentido para su razón, entonces quizá no es lo que Dios quiere que haga, porque no lo necesita a Él para lograrlo.

Si no fuera por el poder sobrenatural de Dios, ¿cómo explicamos el caso de Daniel, que fue echado en una fosa de leones hambrientos y salió sin siquiera un rasguño? (Vea Daniel 6:16–23). ¿Cómo explicamos la experiencia de los tres hombres que fueron echados al horno de fuego y no se quemaron? (Vea Daniel 3:15–27). Si trata quiere hacer lo que Dios le dice, tratando de razonarlo, bloqueará los propósitos de Dios porque Él obra por medio de su fe, no de su razonamiento.

Lo imposible está fundado en la razón y establecido por la lógica.

2. La consejería ha reemplazado la liberación

En el libro de los Hechos, vemos muy poco la práctica de la consejería; en cambio, la expulsión de demonios es una constante. (Ver, por ejemplo, Hechos 16:16–18). La consejería puede ayudar a las personas a ir en la dirección correcta; puede darles la oportunidad de hablar ciertas situaciones y ponerlas en perspectiva, corregir alguna conducta perjudicial e impartir sabiduría y conocimiento para aplicar a ciertas circunstancias. La consejería es útil —yo mismo la practico—; sin embargo, cuando alguien está oprimido o deprimido por un espíritu demoniaco no necesita consejería, sino liberación. El demonio debe ser expulsado de la persona para que ésta pueda seguir el consejo recibido.

Creo que muchos líderes cristianos están aconsejando personas que necesitan liberación. El enemigo usará una situación de opresión o posesión no sólo para atormentar a la gente sino también para desgastar espiritualmente a un consejero —por la cantidad de horas que este tiene que trabajar con la persona poseída por un demonio—. Cuando el consejero no puede discernir que hay un espíritu demoniaco en operación, termina "aconsejando" al demonio y desperdiciando su tiempo y el de la persona que trata de ayudar.

3. El carisma ha reemplazado la unción

Muchas veces, la gente es atraída por el carisma del pastor, evangelista u otro líder espiritual, porque lo confunde con la unción de Dios. ¿Cómo podemos reconocer la diferencia entre el magnetismo personal y la unción? Por el fruto que produce. Si nadie recibe salvación, sanidad ni liberación, si los corazones de la gente no son transformados y atraídos a Dios, entonces lo único que el ministro ha hecho es, tal vez, guiar al pueblo a un elevamiento emocional, el cual no sirve para traer verdadero cambio y transformación. En ocasiones, aun cuando los milagros están presentes, el líder puede depender demasiado de su propio carisma y tratar de recibir el crédito para sí mismo. Por lo tanto, el fruto de su vida también debe ser evaluado con el tiempo. Lo que no es del Espíritu es de la carne. (Ver, por ejemplo, Juan 3:6).

4. El entretenimiento ha reemplazado la adoración

Muchas personas asisten a conciertos cristianos y servicios de adoración sólo para ser entretenidas. En esos casos, puede ser que su carne y emociones sean estimuladas, pero en realidad nunca adoran a Dios en Espíritu y en verdad. Creo que los conciertos son maravillosos, siempre y cuando exalten a Dios y traigan su presencia para sanar, liberar y salvar a la gente. Es triste ver que muchos cantantes ministran sólo con sus talentos y no con unción. Yo creo que hacer esto es similar a lo que la Biblia llama "*fuego extraño*" (Levítico 10:1) ante el Señor.

5. Un mensaje extremo de la gracia ha reemplazado el temor de Jehová

Pero por la gracia de Dios soy lo que soy; y su gracia no ha sido en vano para conmigo, antes he trabajado más que todos ellos; pero no yo, sino la gracia de Dios conmigo. (1 Corintios 15:10)

Somos salvos por la gracia de Dios. Todo lo que somos, tenemos y experimentamos es por su gracia. Sin embargo, algunas personas han llevado el mensaje de la gracia al extremo, enseñando que no tenemos que hacer nada más, porque Jesús ya lo hizo todo; que podemos comportarnos como queramos sin pasar consecuencias. Aun algunos dicen que ni la oración ni el ayuno son necesarios para buscar a Dios. Aunque es verdad que la obra de Jesús en la cruz fue completa, debemos apropiarnos de sus obras por la fe, y *"la fe sin obras es muerta"* (Santiago 2:20).

Si Jesús siendo el Hijo de Dios oró y ayunó para mantenerse a la vanguardia de lo que el Padre estaba haciendo; si Él tuvo que orar y ayunar, ¿qué nos hace pensar que nosotros no lo necesitamos? La oración y el ayuno no compran el favor de Dios, pero son vitales a la hora de prepararnos para recibirlo. El temor de Dios o la reverencia, que recibimos por gracia, nos hace sensibles a su presencia y nos da hambre de su poder, llevándonos a buscarlo más a Él. Si verdaderamente reverenciamos al Señor, no nos conformaremos con eventos aislados para experimentar su presencia y su poder; siempre querremos más.

6. Los apóstoles y profetas han sido remplazados por ejecutivos y administradores

Y a unos puso Dios en la iglesia, primeramente apóstoles, luego profetas, lo tercero maestros, luego los que hacen milagros, después los que sanan, los que ayudan, los que administran, los que tienen don de lenguas. (1 Corintios 12:28)

Jesús estableció un patrón para la iglesia, o un orden a seguir, en lo que se refiere al liderazgo. Primero, constituyó a los apóstoles; segundo, a los profetas; tercero, a los maestros, y los que obran milagros vienen después de estos tres oficios. Sin embargo, la iglesia ha alterado este orden. Cuando eliminamos uno de los tres, lo que viene después, *"luego los que hacen milagros"*, probablemente no sucederá. Esto ayuda a explicar la ausencia de los milagros en la iglesia. En muchos casos, los ministerios que abren el camino para lo sobrenatural han sido reemplazados por ejecutivos y administradores sin discernimiento espiritual ni mentalidad de reino. Los ministerios del apóstol y el profeta traen lo sobrenatural, incluyendo la unción de rompimiento, visión espiritual y una impartición del conocimiento de la paternidad de Dios que imparte identidad personal a la gente. Ellos traen el orden, provocan cambio y transformación y desatan el poder en el cuerpo de Cristo.

Las voces que más se oyen en la televisión cristiana son la de pastores, maestros y evangelistas —lo cual es bueno— pero, rara vez (si llega a suceder), son voces de apóstoles y profetas. Un oficio espiritual no es mayor que el otro, pero necesitamos seguir el orden que Dios estableció para que la iglesia funcione como Él la diseñó.

7. La iglesia ha reemplazado a Israel

Algunos cristianos creen que como la iglesia es la nueva Israel espiritual, la nación física de Israel ya no es esencial en los propósitos de Dios. Su creencia está basada en Efesios 2:14–16, donde Pablo discute el hecho de que los creyentes, judíos y gentiles fueron hechos *"de los dos un solo y nuevo hombre"* (versículo 15) en Cristo. Sin embargo, creo que esta perspectiva ha causado que muchos en la iglesia descarten la importancia de la nación de Israel en los planes de Dios para el mundo. En el monte de la transfiguración, la aparición de Moisés y de Elías junto a Jesús (ver, por ejemplo, Mateo 17:1–5) fue un anuncio que señaló a Moisés como el representante de la gloria primera, la cual es Israel, y a Elías como el representante de la gloria postrera, que es la iglesia. Entonces, es un grave error decir que la iglesia ha reemplazado por completo a la nación de Israel. Si ignoramos o rechazamos el hecho de que la bendición de Dios sobre Israel continúa, podemos terminar sin el poder sobrenatural de Dios y con iglesias muertas o moribundas; porque Dios le dijo a Abraham: *"Bendeciré a los que te bendijeren, y a los que te maldijeren maldeciré; y serán benditas en ti todas las familias de la tierra"* (Génesis 12:3).

La iglesia moderna se siente satisfecha con los sustitutos, en lugar de buscar el verdadero poder sobrenatural.

Los primeros creyentes permanecieron de rodillas, en oración, hasta que recibieron un rompimiento espiritual. (Ver, por ejemplo, Hechos 4:23–31). Debemos retomar esta forma de buscar a Dios y hacer lo que ellos hicieron. ¿Prefiere lo artificial —algo que se parece y suena como si fuera Dios— o lo sobrenatural —el verdadero Dios viviente—? ¿Se siente satisfecho con lo que ofrece el espíritu del anticristo o desea el verdadero poder? La persecución sufrida por la iglesia primitiva obligó a los creyentes a buscar a Dios y su poder sobrenatural. Al buscarlo continuamente, las señales y las maravillas se evidenciaban de continuo. (Ver, por ejemplo, Hechos 5:17–19; 8:36–40; 12:6–11). Si está listo para moverse en lo sobrenatural, tal vez, Dios permita que la persecución venga a su vida para mantenerlo de rodillas y viviendo por lo sobrenatural.

La restauración de lo sobrenatural

Dios está restaurando *"todas las cosas"* a la iglesia, incluyendo lo sobrenatural, en preparación para la segunda venida de Jesús.

> *Así que, **arrepentíos** y convertíos, para que sean borrados vuestros pecados; para que vengan de la presencia del Señor tiempos de **refrigerio**, y él envíe a Jesucristo, que os fue antes anunciado; a quien de cierto es necesario que el cielo reciba hasta los tiempos de la **restauración** de todas las cosas, de que habló Dios por boca de sus santos profetas que han sido desde tiempo antiguo.* (Hechos 3:19–21)

Los profetas de Dios declararon la restauración de todas las cosas; lo cual apunta al clímax de los últimos tiempos y al propósito de nuestra redención. Estamos comenzando a ver la manifestación de esta restauración con nuestros propios ojos. Examinemos unas palabras claves del pasaje de arriba que nos ayudarán a entrar en los planes de restauración de Dios.

1. *"Arrepentíos"*

En el capítulo 1, hablamos de la necesidad de arrepentirnos para entrar en el reino. También aprendimos que el arrepentimiento es algo que debemos hacer de continuo, renovando nuestros corazones y mentes, de acuerdo con la Palabra de Dios. Arrepentirse significa dejar de ser rebeldes y cambiar de mentalidad y dirección en la vida. Cada vez que nos apartamos del camino de Dios, la condición esencial e inevitable es regresar a Él en arrepentimiento.

Los tiempos de refrigerio no vendrán sin
un verdadero arrepentimiento.

---

2. "Refrigerio"

El refrigerio espiritual viene por medio del Espíritu Santo y se manifiesta en forma de avivamientos, derramamientos del Espíritu, fuego sobrenatural de Dios, la *shekiná* (la manifestación visible de la gloria de Dios) gozo, risa y otros fenómenos espirituales. Muchos creyentes consideran el refrigerio como si fuera lo único que van a recibir; lo disfrutan pero no comparten el poder ni la presencia de Dios que han experimentado. Por ejemplo, no ministran al pueblo lo que recibieron de su unción y gloria. Sin embargo, un refrigerio es un paso hacia el objetivo final: extender el reino de Dios en el mundo y llevar el mensaje de salvación a toda persona en la tierra.

3. "Restauración"

El prefijo *re-* en *restauración* significa "de regreso" o "nuevamente". Este mismo prefijo lo encontramos en otros verbos citados en la Biblia, incluyendo "reconciliar" y "renovar". Restaurar algo significa regresar algo a su propósito o estado original —hacerlo como era al principio—. Cada ciclo debe ser completado antes de que uno nuevo comience; así que lo nuevo es determinado por lo que ya fue hecho. Cuando todos los propósitos de Dios para la salvación del mundo se cumplan, Cristo dejará el cielo y regresará a la tierra como Rey; para entonces, este ciclo terrenal que ahora vivimos habrá terminado y será cielo nuevo y tierra nueva.

Dios se mueve en ciclos y temporadas.
La restauración de todas las cosas cerrará este ciclo terrenal.

Del mismo modo, la iglesia de Cristo debe regresar al plan original de Dios por medio de la restauración; porque se ha hecho artificial, de muchas maneras, y se ha desviado de sus propósitos. Sí, puedo decir que he visto la restauración de algunas verdades espirituales en la iglesia como los dones ministeriales, la presencia y el poder del Espíritu Santo; la paternidad de Dios, la restauración de la mujer en las áreas de la familia, profesión y ministerio; la alabanza y la adoración, el reino de Dios, la fe, la prosperidad, la gracia y lo sobrenatural.

Isaías profetizó: *"He aquí que yo hago cosa nueva"* (Isaías 43:19). Aunque Dios no hace nada nuevo en el plan de redención, porque Cristo ya lo hizo todo, sí está trabajando para restaurar todo a su diseño original. Sin embargo, hay otras áreas en las cuales está haciendo cosas nuevas; por ejemplo, siempre está revelando algo nuevo de sí mismo a su pueblo. Nadie puede conocerlo por completo y existen muchos aspectos de Dios que todavía ninguna generación ha visto. ¡Recibamos la nueva revelación que tiene para nosotros cooperando con Él, incluso, en la restauración de todas las cosas!

Por lo general, es difícil aceptar que hay algo más
allá de lo que hemos experimentado.

Por qué necesitamos lo sobrenatural

Muchos seres humanos, incluyendo creyentes, desean vivir independientemente de la presencia y del poder sobrenatural de Dios; lo cual no es nada nuevo. Por más de dos mil años, la mayor parte de la iglesia ha buscado métodos, sistemas y fórmulas para evitar depender del Espíritu Santo, creyendo que no necesita el poder de Dios. La gente piensa que puede funcionar en su propia fuerza —éste fue el pecado original de Adán— aun en la obra de Dios. Como hemos visto, cuando lo sobrenatural está ausente en la iglesia, lo único que nos queda es una institución, una forma o apariencia de piedad, sin poder. Mucha gente ha llegado al punto de confiar en los diferentes sustitutos de Dios, incluyendo la riqueza, la medicina, los seguros y grupos de autoayuda, de modo que ya no creen necesitar su poder sobrenatural, ni lo buscan. La gente busca el poder sobrenatural sólo cuando ha agotado todo lo demás. Algunos tienen que tocar fondo y morder el polvo antes de regresar a Dios. He visto a personas en África y Sudamérica recibir milagros más rápido que la gente en los Estados Unidos o en otros países desarrollados, porque Dios es su única opción.

La gente no busca el poder de Dios si tienen otras opciones para tratar.

Éste fue el caso de un niño que vive en una zona de bajos recursos, en Argentina, cerca de donde nuestro ministerio realizó una conferencia. Él tenía una necesidad que sólo Dios podía resolver. Mientras ministraba en el último evento, al final de la conferencia, este niño y su madre pasaron al frente a testificar. Él había nacido con orejas inusualmente grandes y había sufrido mucho en la escuela con los comentarios ofensivos de sus compañeros, que lo llamaban "orejón". Su madre dijo que mientras yo declaraba sanidad, ella impuso sus manos sobre las orejas del niño y comenzó a orar por él. Para la gloria de Dios, cuando ella lo examinó, notó que estaban ¡más pequeñas! Cuando le pregunté al niño qué había sentido, me dijo: "calentito". El niño estaba sobrecogido por el milagro que Dios le había dado. Se sentía feliz porque nadie en la escuela se burlaría más de sus orejas. Su madre estaba muy emocionada y no podía dejar de mirar sus orejas más pequeñas, dándole gracias a Dios por su milagro. Quizá, si la familia de este niño viviera en los Estados Unidos, los médicos le hubieran hecho una cirugía plástica para corregir esa anormalidad física, pero la localización geográfica y la condición económica de su familia sólo les había dejado una opción, depender de un milagro de Dios.

La gente que ha convertido el evangelio en una simple religión no puede ver la necesidad de lo sobrenatural en sus vidas. Exploremos entonces varias razones por las que debemos tener el poder sobrenatural de Dios, ¡aparte de saber que la iglesia no es la iglesia de Jesucristo sin él!

1. Lo sobrenatural prueba la existencia de Dios con evidencias manifiestas

La existencia de Dios no pertenece al ámbito del sentido común sino al del Espíritu. Sin embargo, cuando lo sobrenatural se manifiesta en la tierra, impacta los sentidos naturales de la gente, dando evidencia o probando que Él es real. Para la mayoría de las personas, sólo lo natural es real; todo lo demás es fantasía o ciencia ficción. Sin embargo, el ámbito del Espíritu es la verdadera realidad y con Dios todo es posible. Él está levantando una nueva generación que desafiará el orden natural de las cosas. No será una revuelta ni una revolución contra las autoridades civiles, sino que será un levantamiento contra las fortalezas de Satanás, el *"príncipe de la potestad del aire"* (Efesios 2:2). Dios y su reino se manifestarán como nunca antes.

Todo lo eterno y verdadero está fundado en el ámbito espiritual.

2. Lo sobrenatural revela a Dios en el ahora

La religión por sí sola, en cualquiera de sus formas, no puede traer a Dios en el ahora ni puede atraer a la gente más cerca de Él en su diario vivir, porque no tiene soluciones prácticas para sus aflicciones. Pero cuando lo sobrenatural se manifiesta, la gente experimenta un poder que declara que Dios vive, aquí y ahora (vea Hebreos 13:8), y Él puede, instantáneamente, suplir sus necesidades de sanidad, liberación, milagros, una palabra profética y más. Lo sobrenatural prueba que Dios está cerca, no lejos, que Él entiende cada situación y que tiene una solución para todo.

3. Lo sobrenatural establece el orden espiritual y el flujo de la vida de Dios en nosotros

Cuando el pecado entró en la humanidad, destruyó el flujo constante de la vida de Dios en nosotros, afectando nuestro espíritu, alma y cuerpo. Por ejemplo, la enfermedad interrumpe el ciclo y orden de la salud en nuestro cuerpo. Aunque heredamos la muerte espiritual y física por medio de Adán, hemos recibido la vida de resurrección en Cristo; esto quiere decir que si estamos en continua comunión con Él, su vida fluye en nosotros y lo sobrenatural se convierte, de nuevo, en algo normal.

Yo oro por un cierto periodo de tiempo, todos los días, casi siempre en mi casa. Sin embargo, cuando viajo, o si tengo que cambiar mis actividades, puede ser que, uno que otro día, no tenga la oportunidad de extender mi tiempo de oración. Cuando esto ocurre, me es difícil reconectarme con Dios al día siguiente. El enemigo siempre va a tratar de destruir el ritmo de nuestra comunión y relación con el Padre, en toda área de nuestro existir. Sin embargo, cuando buscamos diligentemente a Dios y nuevamente nos movemos en lo sobrenatural, el orden divino se restablece en nosotros y su vida comienza a fluir otra vez. Por otro lado, si la duda o el temor entra a nuestro corazón e interrumpe nuestra vida de fe, no veremos milagros; pero cuando el poder sobrenatural de Dios viene a través de su revelación, restaura nuestra fe para darnos la victoria.

En nuestro corazón no pueden fluir la fe y el miedo al mismo tiempo, porque el miedo interrumpe la fe y viceversa.

4. Lo sobrenatural trae aceleración

"He aquí vienen días", dice Jehová, "en que el que ara alcanzará al segador, y el pisador de las uvas al que lleve la simiente; y los montes destilarán mosto, y todos los collados se derretirán". (Amós 9:13)

Lo sobrenatural acelera lo natural, mientras que lo natural, por lo general, es una desaceleración de lo sobrenatural. Cada vez que lo sobrenatural cesa de operar en nuestras vidas, perdemos nuestro ímpetu espiritual y nos estancamos. En otras palabras, nos conformamos a la dimensión natural. El resultado es que, en lugar de controlar nuestras circunstancias, nuestras circunstancias nos controlan a nosotros. Pero cuando el poder de Dios fluye en nuestro ser y a través del mismo, las bendiciones y la provisión se aceleran en toda área. El crecimiento en nuestra vida personal, ministerio, hogar y negocios no se restringe a las leyes naturales ni a las limitaciones del tiempo. Si operamos de acuerdo a lo sobrenatural, la "semilla" crecerá en el instante que la sembremos y una temporada alcanzará a la otra, debido a la aceleración espiritual.

La iglesia primitiva creció de 120 creyentes a miles en corto tiempo (vea Hechos 4:4; 5:14), porque los apóstoles ministraban en el poder sobrenatural del Espíritu Santo. Así he visto mi iglesia, nuestras iglesias hijas y otras iglesias alrededor del mundo crecer exponencialmente por seguir el patrón de Dios, el cual es recibir su palabra revelada y su poder sobrenatural. Dios trae aceleración y crecimiento para que todo lo que normalmente toma años, sólo tome meses o menos tiempo en cumplirse.

Cuando un creyente se estanca espiritualmente es porque lo sobrenatural ya no fluye en él.

5. Lo sobrenatural supera lo imposible

Para los hombres es imposible, mas para Dios, no; porque todas las cosas son posibles para Dios. (Marcos 10:27)

Muchos proyectos y programas en la iglesia no dan lugar a lo sobrenatural, pero es indispensable una infusión de la presencia y el poder de Dios para cumplir su visión. Sin esto, lo imposible no podrá cumplirse. ¡Dios nos dio su poder para conquistar las imposibilidades!

Hace poco tiempo, un médico de nuestra congregación, el Dr. Gamal, pasaba por una situación financiera muy difícil porque su esposa había perdido su trabajo y acababan de tener un bebé. Pese a esto, él dio un paso de fe y decidió acompañarme en un viaje misionero a Sudmérica, donde tuvimos una conferencia acerca de lo sobrenatural. Pagó todos sus gastos con mucho esfuerzo, confiando en la provisión de Dios. Durante el viaje vimos milagros asombrosos, pero el Dr. Gamal fue impactado de manera especial cuando vio que el dinero aparecía sobrenaturalmente en las billeteras y carteras de la gente. Ésta fue una manifestación del derramamiento del Espíritu Santo para la provisión sobrenatural.

El Dr. Gamal se puso de acuerdo con su esposa, quien miraba la conferencia desde Miami, por la página de Internet de nuestro ministerio, y juntos comenzaron a declarar que si este tipo de milagro sucedía allá, también les podía pasar a ellos. Cuando él regresó a Miami, le pidió a su esposa que le llevara los ahorros que tenían para organizar el pago de algunas cuentas. Cuando ella fue a buscar la caja del dinero, él se encontraba en la sala orando: "Señor, ¡tú prometiste que viviría en abundancia!". Cuando su esposa abrió la cajita que contenía todos sus ahorros, se sorprendió al ver la cantidad de dinero que contenía. Sacó los billetes y, a medida que los contaba, daba gritos que llenaban la casa. Cuando regresó a la sala, con la caja y el dinero en la mano, le preguntó a su esposo cuánto dinero había quedado después de haber sacado lo necesario para el viaje. Cuando él le dijo que eran $1.200, ella le respondió, "¡Hay $11.200!". Había una diferencia de $10.000, que el Señor había suplido sobrenaturalmente. El Dr. Gamal recuerda: "Juntos brincábamos de gozo, alabando a Dios por el milagro espectacular". Para él y su familia, el sacrificio de invertir en el viaje misionero, usando todo lo que tenían y dependiendo por completo de Dios, valió la pena. ¡Su presencia manifestada produjo un milagro en sus finanzas!

¿Cuál es su imposibilidad? ¿Acaso son las finanzas, la salud o una relación familiar? Crea que lo sobrenatural invade su situación, ¡ahora mismo! Su vida puede estar estéril, pero cuando lo sobrenatural es restaurado, comienza a producir fruto. Declaro una aceleración en su vida, hogar, ministerio y negocio. Si cree de acuerdo a posibilidades humanas, nunca irá más allá de lo natural y se quedará en su zona de confort, donde nada cambia para bien. Lo desafío a creer lo imposible, ¡ahora mismo!

Cuando lo sobrenatural está presente,
el fruto espiritual no sólo es posible sino inevitable.

---

6. Lo sobrenatural nos capacita para vivir en victoria en estos tiempos

Vivimos en tiempos temibles —quizá tiempos sin precedentes— y nos será muy difícil sobrevivirlos en victoria sin lo sobrenatural. Debemos decidir si nos vamos a comportar como el mundo o como Dios. La manera del mundo es depender del "yo", las filosofías humanas, los deseos de la carne, lo oculto y otros sustitutos de lo sobrenatural; la manera de Dios es morir al "yo" y permitir que el poder de la resurrección de Jesús fluya a través de nosotros.

En términos de salud, vienen momentos en que enfrentaremos imposibilidades médicas y nuestra única opción será la sanidad sobrenatural. Si hablamos de la seguridad, veremos muchos crímenes, robos y asesinatos, y sólo la protección del todopoderoso nos cuidará. En la economía, el sistema del mundo está colapsando y ya nadie se siente seguro. Hoy en día, quizá tengamos trabajo, pero mañana tal vez nos despidan. Es posible que hoy tengamos un negocio exitoso, pero es posible que mañana, enfrentemos la bancarrota. Sólo la provisión milagrosa de Dios nos puede proveer salud e ingresos estables.

Cómo fluir en lo sobrenatural

La iglesia se ha desviado tan lejos del diseño que Cristo le dio a la iglesia primitiva que muchos creyentes ya ni saben por dónde comenzar para recobrar el poder sobrenatural de Dios en sus vidas, ministerios y naciones. Veamos unos cuantos requisitos para fluir en el poder del reino de Dios.

1. Experimentar un rompimiento con el ámbito natural

Sin un rompimiento con el ámbito natural, nunca caminaremos en lo sobrenatural. Este rompimiento ocurre cuando recibimos una revelación de Dios o vemos o experimentamos una demostración visible de su reino y su poder *"porque por fe andamos, no por vista"* (2 Corintios 5:7). Si seguimos viviendo de acuerdo al razonamiento humano, no podremos experimentar tales manifestaciones en nuestra vida. Necesitamos seguir las tres claves mencionadas anteriormente para entrar en el plan de renovación de Dios: arrepentimiento, refrigerio y restauración. Después, podemos pedirle a Dios que derrame su Espíritu en nuestras vidas y nos dé los rompimientos.

2. Esperar lo sobrenatural

Entonces él les estuvo atento, esperando recibir de ellos algo.

(Hechos 3:5)

Como hemos notado, muchos cristianos hoy no asisten a la iglesia esperando ver algo sobrenatural; y cuando se manifiesta, lo consideran como un evento inusual que no se repetirá. ¿Vamos a la iglesia sólo a escuchar el mensaje o podemos esperar ver el poder de Dios salvar almas, sanar enfermos y liberar a los oprimidos? Muchas personas no irían a trabajar todos los días si no esperaran recibir pago por su trabajo; no irían a un restaurante si no esperaran que les sirvieran comida y bebida. ¿Por qué, entonces, asistimos a una iglesia sin esperar que Dios manifieste su presencia y su poder? Si lo sobrenatural no se manifiesta, ¡hay un problema en la iglesia!

3. Responder a lo sobrenatural

Dios no se presenta donde sólo es tolerado, sino donde es celebrado. Muchas personas en la iglesia no responden a la Palabra de Dios ni a su presencia, porque van con una mentalidad de espectadoras, esperando ser entretenidas. Pero cada vez que Dios se manifiesta o revela parte de su conocimiento o sabiduría, nuestra responsabilidad es responder. De otra manera, la bendición que Él desea darnos regresará al cielo. He estado en reuniones donde Dios me ha revelado cierta condición física que deseaba sanar; en algunos casos, al llamar a las personas adelante para que sean sanas, aunque muchas vienen, sólo una recibe el milagro. Puede ser que las otras no hayan respondido con fe para apropiarse de lo que Dios reveló. Debemos desatar nuestra fe en su presencia para capturar lo sobrenatural.

4. Buscar de continuo a Dios por medio del ayuno y la oración

Muchos creyentes ya no buscan comunión con Dios. Sus oraciones son monótonas, sin vida y sin efecto porque les falta revelación y poder, los cuales vienen de buscar a Dios y de ser uno con Él en el Espíritu. Yo ministro lo sobrenatural en sanidad y liberación como resultado del ayuno, la oración y la unión espiritual con el Señor. Esto fue lo que Jesús les dijo a sus discípulos después de haber liberado a un niño de una posesión demoniaca: *"Pero este género no sale sino con oración y ayuno"* (Mateo 17:21). Sólo la continua comunión con Dios puede producir evidencias tangibles de su poder. Debemos iniciar la manifestación de lo sobrenatural, humillándonos por medio del ayuno y la oración, entrando en verdadera intimidad con nuestro Padre celestial. Así es como Jesús vivía y ministraba. (Ver, por ejemplo, Mateo 14:23).

5. **Recibir revelación progresiva**

El sentido común o la lógica no nos permite caminar en lo sobrenatural; esto sólo sucede por revelación, *"confirmados en la verdad presente"* (2 Pedro 1:12). Sin la revelación continua y progresiva de Dios, no podemos funcionar en el ámbito espiritual ni manifestar su reino en la tierra; porque su reino es sobrenatural en todo aspecto —es un ámbito sobrenatural gobernado por un rey sobrenatural—. La revelación progresiva de Dios nos lleva *"de gloria en gloria"*: *"Por tanto, nosotros todos, mirando a cara descubierta como en un espejo la gloria del Señor, **somos transformados de gloria en gloria** en la misma imagen, como por el Espíritu del Señor"* (2 Corintios 3:18).

Lo sobrenatural ofende a la gente religiosa porque
opera más allá del razonamiento humano.

Vivir un estilo de vida sobrenatural

Jesús fue pionero de la restauración de lo sobrenatural en la tierra. Manifestó el poder eterno de Dios al tomar dominio sobre la naturaleza, el pecado y la muerte. Caminó sobre las aguas, echó fuera demonios, convirtió el agua en vino, sanó a los enfermos, levantó a los muertos e hizo otros milagros, señales y prodigios. Ahora nosotros, los miembros de su cuerpo, somos los pioneros que debemos continuar su ministerio sobrenatural en la tierra.

De cierto, de cierto os digo: el que en mí cree, las obras que yo hago, él las hará también; y aun mayores hará, porque yo voy al Padre.

(Juan 14:12)

Donde terminó el ministerio de Jesús en la tierra, comenzó la vida y el ministerio de la iglesia.

Hay un milagro escrito en cada capítulo del libro de los Hechos. ¡Los milagros eran la norma en el tiempo del Nuevo Testamento! Como hemos visto, la iglesia se ha retirado gradualmente del estilo de vida sobrenatural —si bien ha habido periodos cortos de resurgimiento—. Muchas congregaciones dicen que lo sobrenatural no es para hoy. Si bien creen que Dios obró milagros en el pasado, no creen que pueda hacerlos en el presente; por lo tanto, su fe se ha convertido en religión. El intelectualismo y el humanismo han llevado a las personas a reemplazar lo sobrenatural con teologías naturalistas. En la actualidad, sólo un pequeño número de creyentes operan en el poder sobrenatural. Cuando la gente ve una demostración de lo sobrenatural, gran parte de ella la critica, la juzga y la rechaza.

El ser humano, por lo general, critica lo que no puede producir.

Si la iglesia no regresa a su punto original, lo sobrenatural se perderá, junto con su esencia y propósito. La gente considerará que Jesucristo es sólo un mito o una legenda. Pero Dios está levantando hombres y mujeres capaces de demostrar su reino sobrenatural aquí y ahora, especialmente entre los que creen que los milagros son para hoy, y tienen fe para recibirlos. ¿Desea contarse entre estos últimos? Es natural para nosotros tener un apetito por lo sobrenatural porque el ser humano fue creado para vivir y caminar en el poder de Dios. Debemos redirigir nuestras vidas cristianas y apropiarnos de lo sobrenatural, trayendo la realidad del reino a nuestro mundo, hoy.

Esto fue lo que le sucedió a María Teresa, una ginecóloga de Cuba que creció con un trasfondo católico. Ella asistía a la iglesia, cantaba en el coro, participaba en otras actividades y estaba comprometida con sus creencias.

De joven se fue a estudiar a España, pero encontró que la iglesia católica allí era aún más religiosa que en Cuba. Cansada de no ver cambios en su vida, comenzó a buscar intensamente el verdadero poder. He aquí el resto de su historia en sus propias palabras.

"Comencé a practicar diversas filosofías, incluyendo la hermetismo, el esoterismo y otras religiones, buscando dioses egipcios, leyendo todo lo que podía acerca de estos temas. Me gradué de médica en España y me fui a vivir a Miami. Allí, por más de quince años, seguí mis investigaciones en espiritismo, Santería y Nueva Era. Aunque tenía amistades cristianas, nunca me hablaron de Jesús, y yo pensaba que su religión era igual a la católica, excepto que los sacerdotes no se pueden casar.

"Pasado el tiempo, me sentía más vacía, frustrada, decepcionada, engañada y burlada, y sin esperanzas de, algún día, encontrar a Dios. Me metía de lleno en cada faceta que exploraba, porque quería descubrir la verdad; pero nunca la encontré. Lo único que hallé fueron malas caricaturas de lo mismo y muchas mentiras disfrazadas de verdad. Desesperada y sin saber dónde buscar, un día me encerré en mi cuarto a llorar, caminando de lado a lado y gritando: 'Señor Jesús, ¡muéstrame la verdad porque ya no sé dónde buscarla!'. Instantáneamente, sentí paz y pareció que algo comenzaba a quitarme el velo. Después de esta experiencia, un amigo me llevó a aceptar a Jesús como mi Señor y Salvador. Desde ese momento en adelante, el Señor me ha ido dando revelación y, poco a poco, mi vida ha comenzado a cambiar. Mi testimonio y los cambios que he vivido han sido el instrumento para llevar también a mi esposo a aceptar a Jesús. Hoy, soy libre de toda atadura y me siento feliz, llena de vida y disfruto la paz abundante. ¡Encontré la verdad!".

Sólo cuando María clamó al verdadero Dios recibió la respuesta que había estado buscando. Nada de lo que había tratado pudo llenar el vacío en su corazón ni darle propósito a su vida.

Dios está sacando a la gente de la superstición y el misticismo para introducirla a su poder sobrenatural. La está sacando de la tradición, la religión, patrones viejos, estructuras rígidas y muchos otros sustitutos para llevarlas a su presencia genuina y a su poder. ¿Está cansado(a) de los sustitutos? ¿Desea algo nuevo y fresco de Dios?

> *La iglesia de Cristo es la única entidad legal que puede operar el poder sobrenatural de Dios en la tierra.*

Cada uno de nosotros debe tomar la decisión de caminar de acuerdo al reino sobrenatural de Dios. En resumen, debemos dar los siguientes pasos: (1) reconocer al Dios todopoderoso como un ser sobrenatural que sobrepasa la razón y el mundo natural; (2) renunciar a las influencias ejercidas por el espíritu del anticristo y el exagerado énfasis de la cultura en la mentalidad griega; (3) arrepentirnos de haber permitido que los sustitutos de lo sobrenatural reinen en nuestra vida, familia y ministerio; (4) reconocer nuestra necesidad de lo sobrenatural y pedirle a Dios que nos llene con su presencia y poder; (5) comprometernos a caminar en lo sobrenatural, no como un evento aislado sino como un estilo de vida.

Cuando los creyentes damos estos pasos, entonces, juntos y como iglesia, podemos proclamar el evangelio del reino, sanar a los enfermos, liberar a los cautivos, levantar a los muertos, manifestar los dones del Espíritu Santo, y mostrarle al mundo un Cristo vivo y real.

Tome un tiempo para buscar a Dios y la revelación del Espíritu Santo, de modo que pueda demostrar que Jesús vive hoy. ¡Vaya y salve almas! ¡Sane a los enfermos! ¡Eche fuera demonios! ¡Levante a los muertos! ¡Lleve el reino de Dios a todas partes!

7

Un dominio de reyes y sacerdotes

Como ciudadanos del reino de Dios, no sólo somos residentes de este ámbito sino que también reyes y sacerdotes bajo la autoridad de Cristo, nuestro Rey y Sumo Sacerdote. (Vea Apocalipsis 1:5–6; 5:9–10). Nuestra doble función delinea el dominio que Dios nos dio en la tierra.

La intención de Dios siempre fue empoderar a su pueblo para que desarrollara una relación cercana e íntima con Él, y que fuera su instrumento escogido para cumplir su propósito y expandir su reino en la tierra. Veamos cómo Dios desea que cumplamos estos dos ministerios de reyes y sacerdotes, aquí y ahora. Comenzaremos explorando la conexión entre pacto y reino: entre nuestra relación con Dios y nuestra manifestación de su presencia y poder en la tierra.

La conexión de pacto y reino

La conexión entre los pactos de Dios con su pueblo y la función de este último en el reino es un denominador común en el Antiguo y Nuevo Testamentos. Dios les dijo a los israelitas:

*Ahora, pues, si diereis oído a mi voz, y guardareis mi pacto, vosotros seréis mi especial tesoro sobre todos los pueblos; porque mía es toda la tierra. Y vosotros me seréis **un reino de sacerdotes**, y gente santa.*
(Éxodo 19:5–6)

La nación de Israel, bajo el liderazgo de Moisés, fue precursora de la iglesia, con sus roles de reinado y sacerdocio. Dios le dijo que sería un *"reino de sacerdotes"* y que bendeciría al mundo. Su meta principal cuando la redimió de la esclavitud de Egipto y la llevó al Monte Sinaí fue establecer un pacto con ella, presentarla a sí mismo y establecer una relación eterna. Para realizar el propósito de Dios, fue necesario que Israel cumpliera las siguientes condiciones: (1) obedecer su voz y (2) guardar su pacto.

Hoy, estas condiciones todavía son las que distinguen a un verdadero hijo de Dios. La clave para nosotros es que, mientras los israelitas nunca pudieron cumplir su parte del pacto, Cristo nos ha capacitado para cumplir el nuevo pacto con Dios. (Vea Hebreos 9:13–15). Por medio de su sacrificio en la cruz y su resurrección, recibimos al Espíritu Santo para que viva en nosotros y podamos amar a Dios, obedecerlo y servirle. El pacto que Jesús proveyó con nuestro Padre celestial es similar al pacto anterior, de sacrificio, que Dios hiciera con Abraham; porque, aunque requirió la fe de Abraham, fue cumplido por Dios, unilateralmente. (Vea Génesis 15). El ser humano nunca hubiera sido capaz de cumplir el pacto con Dios por su propia fuerza y esfuerzo.

El requisito más importante en cualquier pacto
es el compromiso de sacrificio.

En el Nuevo Testamento leemos,

…Al que nos amó, y nos lavó de nuestros pecados con su sangre, y nos hizo reyes y sacerdotes para Dios, su Padre.… (Apocalipsis 1:5–6)

Dios nunca desarrolló una relación permanente ni personal, con nadie, a menos que fuera a través de un pacto de compromiso. *"Juntadme mis santos, los que hicieron conmigo pacto con sacrificio"* (Salmos 50:5). Todas las partes involucradas en el pacto deben guardar las condiciones de la promesa y ser leales a ella y entre sí. Lo mismo es cierto para todas las áreas de la vida. Por ejemplo, no podemos desarrollar relaciones familiares ni de ministerio sin un compromiso entre todos sus integrantes. Por eso Dios demanda obediencia al pacto, la cual puede resumirse en una palabra: *lealtad.*

Debemos tener en mente que sólo la redención de Cristo y su gracia nos permiten mantenernos en una buena posición ante Dios. (Ver, por ejemplo, 1 Tesalonicenses 5:23–24).

---

*Es imposible tener una relación permanente y
bíblica con Dios sin un pacto de compromiso.*

Imagine nuestro pacto con Dios como si fuera una cruz: el poste vertical indica nuestra relación con Él y el horizontal, nuestra relación con los creyentes y con los demás. Si la relación vertical se daña, la relación horizontal es afectada y viceversa. Entonces, cuando nuestra relación con nuestro vecino no está bien, nuestra relación con Dios también se resiente. (Ver, por ejemplo, Mateo 5:22–24).

Cuando Dios liberó a los israelitas de la esclavitud, les presentó una oferta tripartita para convertirlos en tesoros; un reino de sacerdotes y una nación santa. Las partes de esta oferta son inseparables; una no puede ser sin la otra. Sin embargo, a través de los años, el interés de Israel en el pacto vino a ser más por la Tierra Prometida y las bendiciones que Dios les ofreció que por Dios mismo. Desafortunadamente, lo mismo podemos decir de la iglesia de hoy; sin contar que también nos es difícil deshacernos de la mentalidad de "esclavos", tanto como le fue a los israelitas. Nuestro destino es vivir como reyes y sacerdotes; en cambio, muchos creyentes viven como esclavos de la enfermedad, la depresión, el temor, rechazo, pecado, alcohol, drogas, sexo ilícito, pornografía, comida y más. Son reyes en teoría, pero esclavos en la práctica. Debemos renovar nuestra mente, de modo que podamos entender nuestro reinado y sacerdocio, y rendirnos a Dios por medio de un pacto de compromiso, para recibir nuestra herencia completa en Él y experimentar la vida de su reino. ¿Quiere vivir como un rey o sacerdote con Cristo, o prefiere vivir como esclavo bajo la condenación y acusación del enemigo?

---

*Los creyentes tienen dos únicas opciones:
vivir como esclavos o vivir como reyes y sacerdotes.*

Cristo nos redimió para hacernos un reino de reyes y sacerdotes.

Te pondrá Jehová por cabeza, y no por cola; y estarás encima solamente, y no estarás debajo, si obedecieres los mandamientos de Jehová tu Dios, que yo te ordeno hoy, para que los guardes y cumplas.

(Deuteronomio 28:13)

La diferencia entre ser la cabeza o la cola es que la cabeza decide, inicia y da dirección, mientras que la cola simplemente sigue o es llevada. ¿Dónde está usted en este momento, delante de sus circunstancias o detrás de ellas? ¿Toma sus propias decisiones con la guía de Dios o simplemente está siguiendo o siendo arrastrado por la voluntad de otras personas? ¡No hay término medio!

El resultado de ser reyes y sacerdotes —de ser cabeza y no cola— es que "recogemos" la gente para Dios. *"El que no es conmigo, contra mí es; y el que conmigo no recoge, desparrama"* (Mateo 12:30). Hay un mundo esperando que vayamos y le demostremos que nuestro supremo Rey y Sumo Sacerdote vive hoy, y que somos reyes y sacerdotes del reino de Dios. Mucha gente se da cuenta de que sus posesiones materiales finalmente no la satisfacen y sus vidas no están funcionando bien; espera que le mostremos soluciones prácticas y que manifestemos el poder y autoridad que tenemos en Cristo para gobernar sobre todas las obras del diablo; de modo que se vea que el evangelio del reino no es sólo teología, teoría o palabras sino que el poder de Dios puede salvar a la gente, sanar sus aflicciones y liberarla de las ataduras.

Somos representantes de Dios, llamados a traer el cielo a la tierra dondequiera que vamos y en medio de cualquier situación que podamos estar pasando. Tengo un hijo espiritual, que hoy vive en Francia, quien sufrió una situación muy angustiante para él y su familia, pero esto no le impidió manifestar el poder de Dios. Su respuesta a las circunstancias demostró que su declaración de fe no era sólo palabras. Hace unos cinco años atrás, él y su esposa eran mentores en nuestra iglesia en Miami. Un día, recibieron un aviso del Servicio de Ciudadanía e Inmigraciones de los Estados Unidos, notificándoles que tenían que salir del país, voluntariamente, o serían deportados. Ellos habían construido una vida aquí, pero tenían que irse porque no eran ciudadanos estadounidenses. Con tristeza en sus corazones, se mudaron a Francia. Allí, comenzaron un ministerio de cero, pero su fe y entrenamiento espiritual estaban intactos. Establecieron una Casa de Paz y comenzaron a manifestar el poder de Dios en su nuevo país. Hoy, José Murillo y su esposa, Rosa María, pastorean una iglesia en crecimiento en la ciudad de Toulouse.

"Nos fuimos a Francia y comenzamos a hacer lo que usted hace", me dijo el Pastor José. Rosa María era miembro del coro en nuestro ministerio; ahora, entrena el equipo de adoración, y abre el edificio de su iglesia para la oración de la madrugada, a las 5:00 a.m. El Pastor José testificó que, "...los enfermos se sanan, el dinero aparece milagrosamente en las cuentas bancarias. Un joven que planeaba quitarse la vida, tirándose frente a un tren la noche antes de navidad, conoció a los jóvenes de nuestra iglesia, en una salida de evangelismo, y tuvo un encuentro sobrenatural con Dios. Ellos le dieron palabra de conocimiento, él sintió el poder sobrenatural de Dios y le entregó su vida a Cristo. Al siguiente día, estaba en la iglesia dando su testimonio".

El líder del equipo de evangelismo es un hombre franco-asiático que creció en el Budismo y vivía según esa religión, hasta que fue invitado a un servicio donde el Espíritu Santo lo tocó y lo transformó. Ahora, todos los sábados, va con los jóvenes a los centros comerciales, bares y aun iglesias católicas para impactar al pueblo francés con el amor de Jesús.

Otra integrante de su congregación testificó que había llegado a un servicio en su iglesia embarazada y muy deprimida. El padre de su bebé la había abandonado y, para empeorar las cosas, recibió la noticia que su bebé no iba a sobrevivir por un problema en el cordón umbilical, que le estaba impidiendo recibir la nutrición. Ella recibió a Jesús y comenzó a interceder, evangelizar y orar. En su siguiente cita al médico, los exámenes revelaron que el bebé estaba creciendo y, unos meses después, ¡nació saludable!

La familia Murillo pudo llevar el entrenamiento que recibió en nuestro ministerio junto con su pasión por Dios, y dejar que Él obrara en su situación. (Vea Romanos 8:28). Por su fidelidad, a pesar de las circunstancias, ¡cientos de personas están siendo alcanzadas para el reino de Dios en Francia! Ellos se levantaron por encima de su situación y el Señor se glorificó en sus vidas con su poder sobrenatural.

Ahora, vamos a explorar nuestras dos funciones en el reino. Comenzaremos con el oficio de sacerdote; porque no podemos ser reyes hasta que hayamos entendido nuestro llamado sacerdotal y hayamos entrado en él. Las dos funciones siempre están interconectadas.

---

*Si no ha cumplido sus responsabilidades como sacerdote,
no podrá ejercer sus funciones como rey.*

¿Quién es un sacerdote?

Vosotros... sed edificados... sacerdocio santo, para ofrecer sacrificios espirituales aceptables a Dios por medio de Jesucristo. (1 Pedro 2:5)

Nuestra cultura ve el sacerdocio como un llamado especial sólo para unos cuantos escogidos. La mayoría piensa que un sacerdote es un hombre que usa una túnica negra con un cuello blanco, que está fuera del alcance de la persona común; que tiene prohibido casarse, que debe dedicarse al servicio de Dios por completo y que esta vida lo separa del resto de la gente.

Como esta imagen de lo que es un sacerdote está tan grabada en nosotros, por la tradición, para muchos creyentes es difícil verse como sacerdotes. Por lo tanto, debemos poner a un lado nuestras ideas tradicionales y volver a lo que dice la Biblia. Para ser un sacerdote, no necesitamos ser ordenados ni usar ropa especial; no es necesario convertirnos en reclusos ni evitar todo contacto con el mundo secular. En el Nuevo Testamento, el concepto de un sacerdote es el de alguien que presenta sacrificios espirituales a Dios. La obra de Jesucristo es para todo aquel que crea en Él y lo confiese como Señor y Salvador de su vida. El sacerdocio de cada creyente está incluido en su obra. Somos sacerdotes del Dios todopoderoso, capaces de ofrecer sacrificios espirituales a Él, gracias a la obra de su Hijo.

Es importante reconocer que también hay sacerdotes en el reino de las tinieblas —brujas, hechiceros, y magos— que sacrifican animales (y a veces seres humanos) para obtener poder de Satanás y dominar, controlar a la gente y las situaciones. Ciertas personas, en posiciones de gobierno, buscan a estos "sacerdotes" para ganar poder; se prestan a estas prácticas que ofenden a Dios. Como sacerdotes y reyes del reino de Dios, estamos en guerra contra las entidades espirituales malignas que están detrás de estos sacerdotes satánicos, que luchan por obtener el dominio sobre todos los territorios de la tierra.

El ministerio del sacerdocio de Cristo

Tú [Jesucristo] *eres sacerdote para siempre, según el orden de Melquisedec.*   (Hebreos 5:6)

Melquisedec viene del nombre hebreo *MalkiTsedéc*, que significa "rey de justicia" (STRONG, G3198, H4442) o "justicia" (NASC, H6664). En el Antiguo Testamento, Melquisedec fue un *"Rey de Salem"* y *"sacerdote de Dios"* a quien Abraham le dio el diezmo de todo lo que tenía. (Vea Génesis 14:18–19).

Melquisedec fue un tipo, o antecedente, de Jesucristo, el Rey justo, quien también es nuestro Sumo Sacerdote. Los oficios que operaban juntos en Melquisedec fueron separados en Israel con la ley de Moisés; el reino le fue dado a la tribu de Judá y el sacerdocio le fue investido a la tribu de Leví. En esos días, al rey de Israel no le era permitido ofrecer sacrificios o quemar incienso en el altar del templo. Estas labores eran llevadas a cabo únicamente por los sacerdotes designados —aunque otros líderes espirituales, como Samuel, también ofrecían sacrificios ocasionalmente—. Los que no observaban esta regla eran castigados. Por ejemplo, ésta fue la razón por la cual Saúl perdió su reino (vea 1 Samuel 13:7–14) y a Uzías le dio lepra (vea 2 Crónicas 26:16–21).

En Jesucristo, el reino y sacerdocio fueron unidos nuevamente. Jesús sirvió como Rey y Sacerdote en la tierra, después de su resurrección y ascenso, fue exaltado por Dios Padre como Rey de reyes y Señor de señores. Partiendo de su sacerdocio, Jesús les ofreció pan y vino a sus discípulos en la Última Cena, como símbolo de su cuerpo, que sería presentado en sacrificio vivo. (Vea, por ejemplo, Mateo 26:26–29). Él ofreció oración, intercesión y se ofreció a sí mismo (vea Hebreos 5:7; 9:14), ante su Padre celestial, por medio del Espíritu Santo; constituyéndose como el Sacerdote que ministraba el sacrificio y como el sacrificio mismo. Después de hacer la expiación por nosotros, entró al lugar Santísimo en el cielo, en nuestro lugar y como nuestro predecesor (vea Hebreos 6:19–20), de manera que ahora nosotros también podemos entrar a la presencia de Dios. Dado que hemos sido llamados a ser como Él en el mundo, somos sacerdotes y reyes que extienden su ámbito en la tierra.

"*Considerad al apóstol y sumo sacerdote de nuestra profesión, Cristo Jesús*" (Hebreos 3:1). En este versículo, vemos los dos títulos del Señor: Apóstol —aquel enviado por Dios a cumplir una misión específica— y Sumo Sacerdote —el mediador entre Dios y los hombres—. Jesús ha sido nuestro Sumo Sacerdote por más de dos mil años, y sigue siendo nuestro Sumo Sacerdote hoy. Él es Sumo Sacerdote "*para siempre*" (Hebreos 5:6). Su obra continúa activa porque nadie se puede acercar a Dios, comunicarse con Él o traerle ofrendas sin la mediación del Sumo Sacerdote. Así que, dependemos totalmente de Cristo. (Vea Hebreos 7:24–25; 8:6).

El rol del sacerdote en el reino de Dios, en el ahora

Porque todo sumo sacerdote tomado de entre los hombres es constituido a favor de los hombres en lo que a Dios se refiere, para que presente ofrendas y sacrificios por los pecados. (Hebreos 5:1)

Como hemos visto, el Antiguo y el Nuevo Testamento describen al sacerdote como aquel que ofrece sacrificios. Los creyentes que gobiernan y ejercen dominio en la tierra han aprendido a servir como sacerdotes del Dios todopoderoso. Este ministerio sagrado funciona en la presencia de Dios —el Lugar Santísimo celestial— donde se encuentra su trono.

Las siguientes son las responsabilidades específicas a las cuales somos llamados como sacerdotes en el reino de Dios:

1. Presentar nuestros cuerpos a Dios, en sacrificio vivo

Así que, hermanos, os ruego por las misericordias de Dios, que presentéis vuestros cuerpos en sacrificio vivo, santo, agradable a Dios, que es vuestro culto racional. (Romanos 12:1)

Un sacrificio vivo es diferente a los sacrificios de animales muertos que eran ofrecidos en el altar del tabernáculo o en el templo, en el Antiguo Testamento. Además, este sacrificio es nuestro *"culto racional"*, que damos de voluntad propia pero que fue hecho posible por Dios. Es algo que nosotros somos capaces de dar.

Como el sacrificio de Jesús se completó cuando ofreció su cuerpo en la cruz, y como Él ya hizo la obra de redención, reconciliación y restauración, lo único que nos queda por hacer es ofrecer nuestros cuerpos en sacrificio vivo. El altar sobre el cual sacrificamos no es un objeto sino nuestro corazón, y el sacrificio somos nosotros mismos.

Presentar nuestros cuerpos a Dios es un acto sencillo y práctico; no hay nada místico en esto. Significa que desde este momento en adelante, ya no seguiremos la vieja naturaleza o lo que el "yo" quiera, sienta o piense; sino que entregaremos nuestro cuerpo al servicio de Dios. Ya no lo ofreceremos a la droga, al sexo ilícito ni a los placeres carnales egoístas, sino que viviremos por propósitos eternos, cumpliendo la perfecta y buena voluntad de Dios. ¡Este sacrificio nunca será en vano! Al ofrecernos a Él y ser transformados por la renovación de nuestra mente, comprobaremos *"cuál sea la buena voluntad de Dios, agradable y perfecta"* (Romanos 12:2). Esto significa que uno de los beneficios de presentar nuestro cuerpo al Señor y renovar nuestra mente es que Él cumplirá su voluntad en nuestra vida.

Cuando nos ofrecemos a Dios como sacrificio vivo, santo y agradable a Él estamos siguiendo el patrón de Jesús, nuestro predecesor. Un día, venía llegando de un viaje a Centro América donde había ministrado toda la semana, y me sentía realmente cansado. Sin embargo, entendiendo este principio, decidí presentar mi cuerpo en sacrificio santo a Dios y fui directamente a la iglesia a ministrar en un servicio. De repente, oí la voz de Dios decir: "Números 23:19". Así que tomé el micrófono y prediqué, brevemente esta palabra: "Porque *Dios no es hombre…*". Esta frase fue suficiente para desatar los milagros más impresionantes. El Espíritu Santo comenzó a darme nombres de personas que yo no conocía y sus condiciones de salud. Las llamé al frente e instantáneamente fueron sanadas. El poder sobrenatural de Dios era tan continuo e intenso que se desató una ola de sanidad.

Entre los que fueron sanados, recuerdo especialmente a Gloria Sánchez. Ella es de Colombia, donde fuera campeona de pista y de campo en eventos de salto alto y salto largo. Sin embargo, el costo de la demanda del ejercicio físico que había practicado a través de los años le había dañado los meniscos de las rodillas, y se los habían extraído. Esto le lesionó las rótulas y otros huesos de las rodillas, lo cual la llevó a someterse a otra cirugía. Más adelante, le dijeron que su única opción era implantarse rodillas de titanio; pero ella se negó. Tuvo que retirarse de la pista y el campo, con la consecuente frustración que esto le causó. Le resultaba difícil flexionar las rodillas o arrodillarse, pero lo peor era el dolor continuo que experimentaba.

Cuando Gloria pasó al frente, el fuego de Dios cayó y cubrió su cuerpo. De repente, ella comenzó a correr, a brincar y a doblar sus rodillas sin dolor ni impedimento alguno. ¡El poder de Dios le había creado meniscos nuevos y había restaurado sus ligamentos, rótulas y otros huesos! Los médicos la examinaron y confirmaron la restauración de sus rodillas. ¡Ése fue un milagro visible y tangible! La iglesia explotó en celebración a Dios.

Aquí presento testimonios adicionales de ese servicio. Un hombre de veinticuatro años, Juan López, habían pasado una cirugía de meniscos y ligamentos dañados; no podía correr y, a menudo, también le costaba caminar. Su condición de salud lo llevó a deprimirse; pero el fuego de Dios descendió sobre él, creando meniscos y ligamentos nuevos. Corrió por todo el altar, regocijándose por su sanidad. Además, Abedel Metellus, una jugadora de basquetbol, recibió una sanidad total, del mismo problema, por el poder de Dios.

Más tarde, otra ola de milagros se manifestó en los que padecían sordera. Hice el llamado y varias personas corrieron al altar. Marializ Sosa había perdido su oír desde su infancia debido a una severa infección de oídos. La dosis de antibióticos que le recetaron los médicos fue tan excesiva que le deterioró los dos oídos. Mientras yo ministraba, ella sintió que un fuego rodeaba todo su cuerpo y que un calor llenaba sus oídos. Al instante, comenzó a oír. ¡Este milagro causó un gran impacto! Gracias a su sanidad, otras personas con el mismo problema también fueron sanadas. Carolina González, de veintinueve años, había quedado sorda de su oído izquierdo cuando era niña, por una negligencia médica. A los siete años, le practicaron una cirugía, pero su audición no mejoró. Durante la ministración, ella sintió un fuego y que una descarga eléctrica entraba por sus manos y brazos y subía hasta llegar a su oído izquierdo. ¡De inmediato comenzó a escuchar! Lo que la ciencia no había podido hacer en años, el poder de Dios lo hizo posible en un instante.

Otra manifestación de sanidad le ocurrió a una mujer de veintiocho años, llamada Nayda Mercado, que tenía cáncer en el útero. Le habían hecho exámenes trimestrales y todos habían resultado positivos. Los tratamientos no estaban funcionando, así que ella había decidido someter todo al Señor. Cuando hice el llamado al altar, ella pasó y recibió la impartición. Luego, dijo que había sentido un fuego recorrer todo su ser. Días más tarde, regresó al médico para una revisión y los exámenes dieron negativos. Todas las células cancerosas habían desaparecido y ¡ella estaba completamente libre de la enfermedad!

Si no hubiera entregado mi cuerpo en sacrificio vivo a Dios ese día, esos milagros no se hubieran manifestado. Cada vez que entregamos nuestro cuerpo en sacrificio vivo, Él se glorifica a través de nosotros.

El fuego de Dios siempre cae donde hay sacrificio.

2. Ofrecer sacrificios de alabanza y adoración

Así que, ofrezcamos siempre a Dios, por medio de él, sacrificio de alabanza, es decir, fruto de labios que confiesan su nombre.

(Hebreos 13:15)

Uno de los sacrificios más importantes que un creyente puede ofrecer es alabar al Señor, en todo tiempo y en todo lugar, sin importar las circunstancias ni cómo se sienta. Eso mantendrá al diablo lejos de nosotros; y además, afirmaremos a Dios y sus obras con nuestro sacrificio. ¿Por qué debemos alabarlo en todo momento, dando gracias a su nombre y a todo lo que éste representa? Porque Él es absolutamente digno de recibir nuestra honra y adoración. Cuando no le ofrecemos sacrificios de alabanza, descuidamos nuestra función como sacerdotes fieles en su reino.

Si adoramos a Dios de acuerdo a nuestros sentimientos,
no hemos aprendido a alabarlo.

3. Hacer el bien y compartir con los demás

Y de hacer bien y de la ayuda mutua no os olvidéis; porque de tales sacrificios se agrada Dios. (Hebreos 13:16)

A menudo, compartir lo que tenemos con otra gente, es un sacrificio. Sin embargo, después podemos probar que trae grandes bendiciones a nuestra vida. Si beneficiar a otras personas nos resulta costoso o inconveniente, o nos saca de nuestra zona de comodidad, es señal de que estamos presentando nuestro cuerpo en sacrificio vivo a Dios.

Yo he llegado a comprender que el sacrificio es una de las características del ministerio apostólico. La gente cercana a mí conoce los muchos sacrificios que mi familia y yo hemos ofrecido. Saben de la sangre, sudor y lágrimas que se han derramado. Estos sacrificios son presentados en oración, dinero, tiempo y desgaste físico. Muchos quizá deseen la corona apostólica de gloria pero no el sacrificio, porque cuesta. Las veces que voy a predicar, físicamente exhausto, son las que, por lo general, producen los milagros, salvaciones y liberaciones más poderosos. Lamentablemente, en lugar de pagar el precio o sacrificar algo, gran parte de la generación de hoy busca gratificación y poder instantáneos. Sin embargo, ¡Dios honra nuestro sacrificio!

La unción y el poder que yo ministro salen de las áreas que le he entregado a Dios y a su voluntad; donde he muerto al "yo" y he crucificado mi carne. ¿Estamos dispuestos a dejar de comer para que otros coman?, ¿a dejar de dormir para que otros duerman?, ¿a sacrificar nuestra comodidad y conveniencia para que otros se salven, sean liberados y sanados? Servir a otros y compartir lo que tenemos con ellos son funciones esenciales de un sacerdote de reino.

Dios nos empodera en las áreas que hemos rendido a Él.

4. Presentarle regalos materiales y ofrendas a Dios

Bajo la ley de Moisés, el sumo sacerdote le presentaba regalos y sacrificios a Dios en lugar del pueblo. (Vea Hebreos 5:1). Esas mismas personas —llamado a ser un reino de sacerdotes— debía traer estos regalos y

214 El Reino de Poder: Cómo Demostrarlo Aquí y Ahora

sacrificios de sus propias posesiones. De igual manera, Jesús, como nuestro Sumo Sacerdote, recibe nuestros diezmos y ofrendas y los presenta a Dios. (Vea Hebreos 7:8). Conozco a muchos líderes cristianos que no diezman ni ofrendan de su salario ni de sus posesiones. Han olvidado sus responsabilidades sacerdotales; como resultado, el ministerio de su sacerdocio está fallando. ¿Cómo puede Dios bendecir a la iglesia si el sacerdote principal es un ladrón? (Vea Malaquías 3:8). El mismo principio puede ser aplicado al ámbito de la familia o los negocios.

Todo sacerdote es llamado por Dios para ofrecer regalos y sacrificios.

Las ofrendas monetarias presentadas por los creyentes son sacrificios de adoración a Dios. Por esto, recoger los diezmos y las ofrendas en la iglesia no debe ser tomado livianamente, ni tratado como un simple anuncio más; debe hacerse con reverencia. Creo que Dios está levantando una nueva generación de sacerdotes que lo adorará con sus ofrendas. Yo nunca voy a un servicio sin llevar una ofrenda, porque entiendo el poder de este principio. Por consecuencia, Dios me ha prosperado, a mí y a mi familia, a mis hijos e hijas espirituales y a mi ministerio.

Donde Dios no es honrado con los diezmos y las ofrendas,
siempre habrá necesidad.

---

5. Ofrecer oración e intercesión

Por lo cual puede también salvar perpetuamente a los que por él se acercan a Dios, viviendo siempre para interceder por ellos.
(Hebreos 7:25)

El ministerio presente de Jesús en el cielo es interceder por nosotros. En la tierra, Él ofreció oración, intercesión y se ofreció a sí mismo; ahora, vive para ser nuestro mediador. Si somos la extensión de su ministerio en la tierra, también deberíamos priorizar la oración y la intercesión por otros. Muchos planes y propósitos de Dios no se cumplirán hasta que los demos a luz en oración. Por lo tanto, debemos alinear nuestras oraciones con las de

Cristo. ¿Por qué intercede Jesús ante el Padre "en el ahora"? ¿Cuáles son sus prioridades de oración? Yo creo que son la expansión de su reino en la tierra, la salvación de las almas y la manifestación de los hijos de Dios, entre otras. ¡Qué honor y privilegio ser parte de su ministerio!

La intercesión fue el sacrificio terrenal de Jesús mientras estaba en el mundo, y hoy continúa siendo su sacrificio celestial.

Una mujer llamada Rosario, miembro de nuestra iglesia, llevaba alrededor de siete meses de embarazo cuando, durante un examen rutinario, el médico le informó que no tenía suficiente líquido amniótico para mantener a su bebé con vida, y que éste daba señales de anormalidad. Preocupado, el médico le dio la opción de regresar a su casa, aunque corría el riesgo de que ambos, ella y el bebé, murieran o de tener un parto prematuro, y tener que salir de urgencia al hospital. Después de varios exámenes más, le programaron una cesárea para el día siguiente.

El bebé nació muy pequeño y estaba delicado de salud. Lo peor fue que nació con sus intestinos fuera del cuerpo y los doctores tuvieron que realizarle una cirugía de emergencia. De inmediato, Rosario llamó a Rosa López, una mujer de nuestra iglesia, de la cual sabía se movía en el poder de Dios para hacer milagros. Llorando, le pidió que orara por su bebé recién nacido. Sin dudarlo, Rosa comenzó a interceder por él, declarando vida y no muerte. Al mismo tiempo que las mujeres oraban, los doctores enfrentaron una crisis; el bebé murió durante la cirugía. Sus signos vitales desaparecieron. Los doctores hicieron todo lo posible para salvarlo pero no había nada más que pudieran hacer. De repente y sin explicación, ante los ojos de los sorprendidos médicos, los signos vitales del bebé comenzaron a salir en los monitores y él se agitó. ¡La oración de intercesión había activado el poder de la resurrección y le había devuelto la vida al hijo de Rosario! Los médicos lo pusieron en una incubadora y dijeron que la recuperación podría tomar de seis a ocho meses; pero, veinte días después, ya estaba completamente sano y ¡y en los brazos de su madre! Hoy, Rosario testifica del milagro que le sucedió a su hijo por la oración fiel de una intercesora, y no puede contener las lágrimas cada vez que recuerda que su bebé podía haber quedado incapacitado, enfermo o aun muerto, pero que hoy está totalmente sano por el poder de Dios.

Los intercesores gobiernan en la tierra desde el ámbito espiritual.

Le pido al Espíritu Santo que abra los ojos de su entendimiento para que pueda comprender su ministerio como sacerdote; para que se pueda comprometer, ahora mismo, a presentar su cuerpo en sacrificio vivo, dándole a Dios alabanza, diezmos y ofrendas, e intercediendo por otros y sirviéndolos. Le pido que le dé la gracia para cumplir las responsabilidades de su sacerdocio ante Dios de manera agradable.

Ahora hablaremos de nuestra función como reyes. Creo que los únicos que califican para ser reyes en el reino de Dios son aquellos que también son sacerdotes. No podemos ser reyes mientras no cumplamos nuestras responsabilidades sacerdotales. Si no lo hacemos, será un gran obstáculo cuando tratemos de gobernar.

¿Quién es un rey?

Nuevamente debemos dejar de lado nuestras ideas históricas y culturales de lo que es un rey, para descubrir la clase de reyes que somos en el ámbito de Dios. Una imagen tradicional de rey es alguien que vive en un gran palacio en la cima de una colina, sobre un pueblo o ciudad. Otra imagen es la de una persona refinada, orgullosa e inaccesible, sentada en un trono con una corona en la cabeza y un cetro en la mano, rodeada de muchos sirvientes.

Con base en estas características, muchos concluyen que nunca calificarían para la posición de rey. Miran sus empleos en el almacén, el campo, la oficina, etcétera, e inmediatamente concluyen que son inelegibles. Aun la mayoría de las personas que se consideran intelectuales o que han acumulado grandes fortunas no pueden visualizarse como reyes; tal vez nunca se les cruce la idea por la mente. Sin embargo, debemos entender que las descripciones de un rey mencionadas arriba son conceptos humanos. El reino de Dios rompe con estos paradigmas mentales y nos lleva de vuelta al plan original, en el cual cada integrante de su pueblo es rey y sacerdote, creado para tomar dominio sobre su territorio asignado con la autoridad y el poder delegados para extender el reino en la tierra.

El territorio de nuestro "reino" asignado, o esfera de influencia, puede ser nuestra familia, negocio o ministerio. En el capítulo 10, hablaremos con más detalle acerca de cómo funcionar en nuestros territorios específicos. Finalmente, sin importar el tamaño de nuestro territorio, somos reyes sobre éste y necesitamos extender nuestra "vara" y comenzar a gobernar.

Un rey gobierna y ejerce dominio con poder y autoridad sobre cierto territorio.

El rol de rey en el reino de Dios en el ahora

Recuerde que "autoridad" es el derecho legal de ejercer poder, y "poder" es la habilidad de hacer algo. En el caso de nuestra función como reyes del reino de Dios, tenemos la autoridad legal para actuar en la tierra como Dios actúa en el cielo, y de cumplir su voluntad por medio del poder del Espíritu Santo. Vamos a explorar el significado y los parámetros de nuestra función como reyes.

1. Gobernar con la vara de autoridad

Jehová dijo a mi Señor: siéntate a mi diestra, hasta que ponga a tus enemigos por estrado de tus pies. (Salmos 110:1)

En el capítulo 3, aprendimos la diferencia entre el sacerdocio de Cristo y el sacerdocio levítico de Moisés. Cristo se sentó a la diestra del Padre porque su obra estaba terminada por completo, y era suficiente para redimir a la humanidad —pasada, presente y future—, de todo pecado —pasado, presente y future—. Su sacrificio fue eterno y la victoria que obtuvo fue irrevocable. En contraste, el sacerdocio levítico no se "sentaba" porque su trabajo nunca terminaba; los sacerdotes tenían que ofrecer sacrificios por el pueblo, día tras día y año tras año. Un sacrificio nunca era suficiente para expiar el pecado continuo del pueblo.

Jehová enviará desde Sion la vara de tu poder; domina en medio de tus enemigos. Tu pueblo se te ofrecerá voluntariamente en el día de tu poder. (Salmos 110:2–3)

En los tiempos bíblicos, "una vara era señal de autoridad; es decir, un cetro".[8] La vara representa la autoridad de un rey —en el caso del versículo anterior, la autoridad de Jesús—. Después de resucitar, ascender y sentarse en su trono, nos dio autoridad para usar su "vara" sobre las naciones y para expandir su reino, cumpliendo así los propósitos y planes del Padre. (Vea, por ejemplo, Mateo 28:18–20).

La vara es el emblema de la autoridad de un rey.

En el Antiguo Testamento, Dios confirmó la autoridad de la vara de Aarón, el primer sumo sacerdote, y yo creo que su vara fue un símbolo del gobierno de Cristo. El campamento israelita se rebeló contra el liderazgo de Moisés y Aarón; y una forma que usó Dios para lidiar con el problema fue una señal sobrenatural. Hizo que el líder de cada tribu escribiera su nombre en su propia vara. De las doce varas pertenecientes a las tribus, la vara de Aarón fue la única que brotó, floreció y produjo almendras, por el poder sobrenatural de Dios. (Vea Números 17:1–10). Aarón fue confirmado como sumo sacerdote y portador de la autoridad divina. A mi entender, la flor y el fruto simbolizan la resurrección de Jesús. Nosotros gobernamos de acuerdo al nombre de Jesús o de acuerdo a su vara de autoridad.

La autoridad está en el nombre escrito en la vara,
pero no tiene utilidad hasta que se ejerce.

Jesús está en su trono, reinando con autoridad por el Espíritu Santo a través de la iglesia. Nuestro llamado es ser co-gobernadores y co-líderes juntamente con Cristo, desde nuestra morada con Él en lugares celestiales. (Vea, por ejemplo, Efesios 2:6). La responsabilidad de la iglesia es gobernar sobre Satanás y hacer que su reino se sujete a los propósitos de Dios, para que la voluntad de Él pueda ser hecha en la tierra, así como en el cielo. Nuestro rol de llevar los propósitos de Dios y las leyes del reino a su cumplimiento en el mundo, es similar a la de un policía que hace cumplir la ley

---

8. *The Zondervan Pictorial Bible Dictionary*, Merrill C. Tenney, gen. ed. (Grand Rapids, MI: Zondervan Publishing House, 1967), "Rod," 726.

bajo la autoridad del gobierno civil. Nosotros "arrestamos" las fuerzas que se levantan contra la justicia y la paz del reino de Dios. Por ejemplo, cuando oramos por un enfermo y es sanado, estamos ejecutando la voluntad y el gobierno de Dios con respecto a la sanidad.

Lo desafío, como gobernador del reino, a que comience a usar la vara de autoridad que Dios le dio. Cuando recibamos la revelación del Espíritu Santo de que nuestra vara lleva el nombre de Jesús, comenzaremos a ejercer nuestra autoridad espiritual sobre las naciones. Como representantes de Dios en la tierra, podemos demostrar su autoridad con milagros, señales, prodigios y expulsión de demonios; sin embargo, repito, no será sin antes cumplir nuestras responsabilidades sacerdotales.

Ejerza su vara de autoridad en su propio ambiente. Tome autoridad sobre la enfermedad en su cuerpo, la escasez en su economía, la depresión en su alma y todo ataque de Satanás. Recuerde que es ungido y que Dios le ha dado la autoridad para hacer esto. ¡Use la vara ahora mismo! Ésta tiene el poder para liberarlo a usted, a su cónyuge, a sus hijos e hijas naturales y espirituales, y a su ministerio.

Jesús tiene todo el poder y la autoridad,
pero demostrarlos nos toca a nosotros.

2. Gobernar por medio de la oración

Gobernar por medio de la oración es una de las maneras en que las funciones de sacerdote y rey se superponen. Básicamente, este mundo no es gobernado por presidentes, primeros ministros, dictadores, senadores, congresistas, alcaldes y demás. Estos líderes gobiernan en lo natural, pero el verdadero poder en el ámbito espiritual es activado por aquellos que saben cómo orar para establecer el reino de Dios y hacer que su voluntad se cumpla en sus naciones. Pero nos será imposible gobernar a través de la oración si antes no entendemos y cumplimos las siguientes condiciones:

+ *Nuestras oraciones deben estar basadas en la Escritura.* La voluntad de Dios está en su Palabra. Cuando oramos de acuerdo a la misma, Él nos oye. (Vea 1 Juan 5:14).

✦ ***Nuestras oraciones deben coincidir con la jréma de Dios o su palabra revelada aquí y ahora.*** El vocablo griego *logós* casi siempre es usado para referirse a la Palabra escrita de Dios, la cual es la "constitución" de su reino, mientras que el vocablo griego *jréma* se aplica, por lo general, a una palabra de Dios revelada aquí y ahora. Una jréma es dada por el Espíritu Santo para un momento o situación específica. Puede que sea dada textualmente de las Escrituras o no, pero nunca contradice la Palabra escrita de Dios. Es más, la Biblia la apoya, y las manifestaciones sobrenaturales proveen evidencia de la misma.

✦ ***Nuestras oraciones deben ser empoderadas por el Espíritu Santo.*** A través de los siglos, la iglesia ha cometido el gran pecado de ignorar al Espíritu Santo. Como fue establecido anteriormente, lo hemos deshonrado y le hemos faltado el respeto, tratando de reemplazarlo con otros métodos para alcanzar nuestras metas. La iglesia ha buscado sistemas humanos "seguros" para evitar depender del Espíritu de Dios, ¡pero esto es imposible! Necesitamos su guía, dirección y poder. (Vea, por ejemplo, Romanos 8:26). Es más, la Palabra de Dios y el Espíritu Santo siempre trabajan juntos. El Espíritu Santo empoderará nuestras oraciones sólo cuando estén alineadas con la Palabra. Por esta razón, es importante que sepamos lo que dice la Biblia.

Veamos dos ejemplos de la Escritura que muestran cómo el pueblo de Dios ha ejercido gobierno por medio de la oración. En el Antiguo Testamento, leemos que el profeta Elías fue delante de Acab, el rey de Israel, para anunciar el juicio de Dios por la idolatría de la nación y por otras iniquidades. (Vea 1 Reyes 17:1). El Nuevo Testamento se refiere a esta circunstancia en Santiago 5:17–18, donde afirma que la naturaleza humana de Elías era tal como la nuestra. Él oró para que no lloviera en Israel por tres años y medio, y su oración fue escuchada. La lluvia cesó y vino la sequía.

El dominio de este hombre de Dios sobre la naturaleza era impresionante. La lluvia está fuera del control humano; depende del clima y, en última instancia, de la soberanía de Dios. ¿Cuál fue el secreto de Elías para hacer cumplir este decreto? Él sabía aplicar la verdad de la Escritura y oír la voz de Dios. El dictamen de la sequía, incluyendo el tiempo que duraría, no fue idea de Elías. Dios se lo había revelado a través de una jréma para esa situación específica. Además, creo que Elías conocía la advertencia de Dios, escrita en Deuteronomio 11:16–17. Antes de entrar a la Tierra Prometida, Moisés les había dicho a los israelitas que no siguieran a falsos dioses porque, si lo hacían, Dios cerraría los cielos, deteniendo la lluvia y trayendo sequía.

Elías recibió una jréma divina, que revelaba que Israel había probado la paciencia de Dios y que su juicio vendría en un tiempo específico. El profeta basó su oración en las Escrituras y en la jréma que oyó de Dios. Tres años y medio más tarde, Elías volvió a escuchar la voz de Dios y supo que tenía que regresar al rey Acab a declararle que la sequía terminaría. Antes de orar, y antes de que la lluvia descendiera, el profeta Elías le dijo al rey que la lluvia vendría pronto. La revelación de la Palabra y el poder del Espíritu Santo operaban simultáneamente en la vida de Elías. (Vea 1 Reyes 18:1, 15–46).

Por la palabra de Jehová fueron hechos los cielos, y todo el ejército de ellos por el aliento de su boca. (Salmos 33:6)

El universo entero vino a la existencia por la operación conjunta de estas dos entidades: la Palabra y el Espíritu. ¡Dios desató sobre Elías el mismo poder creativo con que creó el mundo! En base a esto, ¿quién gobernaba Israel: Acab o Elías? La solución para terminar la sequía era el arrepentimiento del pueblo y, además, Elías tuvo que orar antes de que la lluvia regresara. El rey Acab no tenía poder para desafiar la soberanía de Dios. Claramente, Elías estaba a cargo a través de sus oraciones. ¿Quién gobierna su vida: usted o sus circunstancias?

En el Nuevo Testamento, vemos cómo las oraciones de los creyentes gobernaban sobre una situación de persecución por la que el rey Herodes había encarcelado a Pedro. Herodes había matado a Santiago, el hermano de Juan, así que la vida de Pedro corría peligro.

Así que Pedro estaba custodiado en la cárcel; pero la iglesia hacía sin cesar oración a Dios por él. (Hechos 12:5)

Mientras que Pedro estaba en la cárcel por predicar al Cristo resucitado, la iglesia en Jerusalén oraba unánime. Sus oraciones abrían el camino para que Dios enviara un ángel a liberar a Pedro de la prisión, de forma sobrenatural. (Vea Hechos 8:6–17). A veces, las oraciones de una persona no son suficientes, y el Espíritu Santo guiará a un grupo de gente a orar en unidad hasta que el rompimiento espiritual ocurra.

Poco después de ser puesto en libertad, Herodes murió bajo el juicio de Dios.

> *Y un día señalado, Herodes, vestido de ropas reales, se sentó en el tribunal y les arengó. Y el pueblo aclamaba gritando: ¡Voz de Dios, y no de hombre! Al momento un ángel del Señor le hirió, por cuanto no dio la gloria a Dios; y expiró comido de gusanos.* (Hechos 12:21–23)

¿Quién estaba a cargo: Herodes o la iglesia? Herodes estaba resistiendo los propósitos de Dios y tomando para sí la gloria que sólo le pertenecía al Señor. Un ángel lo hirió y sufrió una muerte terrible. Un día Herodes estaba en su trono y al siguiente, en su tumba. El gobierno de la iglesia fue superior gracias a la oración. Su intercesión en el Espíritu hizo que Pedro fuera puesto en libertad de la cárcel y, también, pudo haber sido la causa de que su perseguidor fuera removido del poder. ¿Quién gobierna en su vida: usted o su circunstancia? ¿Quién gobierna en sus pensamientos: usted o el enemigo? ¿Quién gobierna en su cuerpo: usted o la enfermedad?

En Venezuela, una doctora llamada Betty Martínez fue diagnosticada con un tumor canceroso en la glándula tiroides, de dos centímetros y medio (aproximadamente una pulgada) de largo, y tuvo que pasar por dos cirugías. La primera mostró que el cáncer había hecho metástasis en los nódulos linfáticos de su nuca. La segunda, la cual debía durar apenas una hora y media, duró ocho horas debido a las complicaciones que presentó. Las cirugías no produjeron los resultados deseados y, peor aún, afectaron ciertos nervios en su espina dorsal. En consecuencia, no podía levantar su brazo izquierdo y estaba perdiendo aceleradamente toda sensibilidad en el lado izquierdo de su rostro. Pasaba horas de torturantes sesiones de terapia, muy dolorosas, que la dejaban sintiéndose terrible y de las cuales le tomaba mucho tiempo recuperarse. Para empeorar el cuadro, le aparecieron tres tumores más. ¡Necesitaba más cirugía y quimioterapia!

La Dra. Betty decía: "¡Dios mío!, no voy a ser capaz de soportar esto". Su corazón no pudo más y sufrió un paro cardíaco. Después de recuperarse de ese ataque, mientras se preparaba para la siguiente cirugía, fue invitada a una Casa de Paz afiliada a nuestra iglesia, donde le dijeron que le ministrarían sanidad. A esto, ella dijo: "Tengo que ver para creer". Sin embargo, estaba tan cansada de sentirse enferma y de no encontrar solución médica a su condición, que aceptó la invitación.

El grupo entero de la Casa de Paz se unió en oración por ella, y el poder de Dios la cubrió por completo. ¡Sintió que los tres tumores nuevos desaparecían al instante! ¡Estaba rebosante de gozo! Su vida fue radicalmente transformada y ahora les testifica a sus pacientes y ora por ellos en su oficina. También les predica a sus colegas con su testimonio personal. Muchos médicos están viniendo al Señor y están impartiendo lo que reciben a sus pacientes. ¡Milagros espectaculares están sucediendo! Por ejemplo, pacientes de cáncer y personas en terapia intensiva están siendo sanadas por el poder de Dios.

¿Podemos gobernar sobre nuestras circunstancias hoy? ¡Claro que sí! Somos reyes con la autoridad y el poder de Dios para tomar dominio. ¡Reciba esta palabra por fe! Debemos aprender a gobernar, sobre la enfermedad y todo mal, a través de la oración.

Responda al llamado para ser un rey y sacerdote

*Mas vosotros sois **linaje escogido**, real sacerdocio, nación santa, pueblo adquirido por Dios, para que anunciéis las virtudes de aquel que os llamó de las tinieblas a su luz admirable.* (1 Pedro 2:9)

En este versículo, Pedro afirmó el propósito de Dios para la iglesia de Jesucristo. Todo aquel, sin excepción, que se haya arrepentido de corazón y entrado en el reino de Dios, es llamado a ser rey y sacerdote. Dios, no el hombre, nos escogió de acuerdo a su propósito y gracia (vea 2 Timoteo 1:9), y vendrá el tiempo en que debamos responder a su llamado. Si no hubiésemos sido llamados, no tendríamos que dar una respuesta; pero Jesús murió precisamente por este propósito. Su sangre nos limpió, justificó y redimió para hacernos reyes y sacerdotes con poder, con el fin de que continuáramos su ministerio en la tierra. Somos su herencia (vea, por ejemplo, Deuteronomio 32:9), y todos

224 El Reino de Poder: Cómo Demostrarlo Aquí y Ahora

somos escogidos para ser *"real sacerdocio"*. ¡Debemos responder a este llamado! De nuestros corazones, debe fluir justicia, paz y gozo al mundo a nuestro alrededor.

En un reino de reyes y sacerdotes, los únicos con permiso para entrar son los reyes y sacerdotes.

Debemos estar conscientes de que Satanás ataca al sacerdocio espiritual de la iglesia porque, si éste cae, no habrá quien ofrezca sacrificios a Dios ni reyes que ejerzan dominio y extiendan el reino de Dios en la tierra, manifestando su presencia. Amigo lector, lo desafío a tomar su lugar en el reino y en este mundo, como sacerdote del Dios todopoderoso, y como rey, sobre el territorio que Él le ha dado.

Si usted presenta sacrificios de alabanza, adoración, ofrendas, servicio e intercesión a través de Jesús, nuestro Sumo Sacerdote, el fuego de Dios descenderá sobre el altar de su vida y experimentará la transformación que trae la llenura de su gloria y su poder.

Una vez que establezca su sacerdocio, comience a gobernar como rey sobre el territorio que le fue asignado, desde su posición en Cristo, sentado juntamente con Él en lugares celestiales. Gobierne en su hogar, negocio, ministerio, iglesia, vecindario, ciudad y nación. Usted tiene un territorio y una esfera de influencia sobre los que puede reinar, desde el ámbito del Espíritu, con la vara de autoridad que lleva el nombre de Jesús. Desde allí, usted puede traer el reino de Dios a la tierra, manifestando milagros, señales y prodigios para destruir las obras del diablo y desterrar el reino de las tinieblas. Usted puede ejercer dominio, a través de la oración, declarando su territorio santo, libre de pecado, enfermedad, maldición, injusticia y muerte.

Con este conocimiento, podemos soñar con vivir en una ciudad libre de crímenes, derramamiento de sangre, brujería y muerte, gracias a las oraciones de intercesión de los reyes y sacerdotes que han tomado sus posiciones en el reino de Dios y han ejercido su poder. Si usted acepta este desafío, lo invito a hacer la siguiente oración de compromiso para sellar su decisión. Por favor, repítala en voz alta, de todo corazón y con fe.

Jesucristo, tú eres el Señor, el Hijo de Dios y el único camino al cielo. Moriste en la cruz por mis pecados y, al tercer día, fuiste levantado de la muerte. Pagaste por mis pecados y me redimiste con tu preciosa sangre. Me rindo a ti una vez más, Señor, y presento mi cuerpo a Dios en sacrificio vivo. Me pongo a tu disposición. Haz conmigo lo que quieras. Envíame adonde quieras que vaya. Desde hoy en adelante, te pertenezco. ¡Gracias por aceptarme! Úngeme con tu autoridad y poder para poder cumplir mi llamado como uno de tus reyes y sacerdotes que gobiernan para expandir tu reino en la tierra, ¡hoy! Tomo mi vara de autoridad y comienzo a usarla ahora mismo. ¡Amén!

8

Fe: La moneda del reino

La fe es para el reino de Dios lo que la moneda es para una nación. En la sociedad de hoy, las monedas más fuertes del mundo están perdiendo su fuerza, el poder de adquisición está fluctuando y la mayoría de las personas no se sienten financieramente seguras. Sólo el reino de Dios es inconmovible. Su moneda siempre es fuerte y nos permite adquirir todo lo que necesitamos del ámbito eterno. Sin embargo, para recibir lo que hay en la eternidad, debemos entender qué es la fe, cómo funciona y cómo caminar de acuerdo a la misma.

La fe es la moneda de lo sobrenatural en el ahora.

El origen de la fe

Sin fe es imposible agradar a Dios (vea Hebreos 11:6); y si no lo agradamos, no recibiremos nada de su reino. Claro que la fe no es lo único que agrada a Dios; la obediencia, santidad, reverencia, adoración, ayuno y oración también le agradan, pero nada de esto tiene valor si se practica sin fe.

Muchas personas piensan que la fe comienza en ellas; por eso, se desaniman cuando sienten que no tienen la suficiente fe y no pueden generar más para recibir de Dios. Permítame compartir con usted una verdad espiritual indispensable: *el origen de la fe es el cielo,* y opera desde allí. Para tener fe, debemos nacer del Espíritu de Dios, el cual nos da acceso al ámbito celestial. (Vea Juan 3:1–8).

Es imposible nacer de nuevo y no ser activado en lo sobrenatural.

Cuando recién venimos al Señor, la mayoría de nosotros sólo tiene una fe sencilla para salvación. Escogemos a Cristo después de escuchar el mensaje del evangelio, lo confesamos como Señor y creemos que Dios lo levantó de los muertos. (Vea Romanos 10:9–10). En ese momento, cruzamos del reino de las tinieblas al reino de luz y recibimos una medida de la fe de Dios. (Vea Romanos 12:3).

Aquí está el meollo de la cuestión: La medida de fe que recibimos es una porción de la fe de Dios, la cual es sobrenatural. En Marcos 11:22, Jesús les dijo a sus discípulos, *"Tened fe en Dios"*. Una traducción más literal de esta declaración es "tengan la fe *de* Dios". Jesús nos estaba diciendo que Dios nos concede una porción de su fe. Entonces, todos comenzamos nuestras vidas cristianas con una medida de fe potente ya otorgada. Sin embargo, como la fe no es una moneda tangible, como el dinero, quizá usted se pregunte: "¿Cómo la 'gastamos' para recibir lo que necesitamos?".

La fe se origina en el cielo; opera por encima
y más allá del mundo natural.

Cómo se "gasta" la fe

La fe se "gasta" o se "pone en circulación" por medio de nuestras palabras. La Biblia dice que la vida y la muerte están en el poder de la lengua. (Vea Proverbios 18:21). Cada vez que hablamos, activamos un intercambio espiritual. Si no hablamos las palabras de vida de Dios, existe el peligro de que nuestras palabras puedan traer algo perjudicial.

Por ejemplo, las palabras "no puedo" activan una imposibilidad. Cuando hablamos de acuerdo a esta mentalidad, nuestra mente, cuerpo y espíritu se alinean a nuestra afirmación. Ésta no es una expresión de fe de Dios, sino, más bien, una declaración fundada en el temor, que viene de una mentalidad originada en el mundo natural y en nuestra mentalidad carnal. Si decimos, "no se puede hacer", básicamente, estamos comiendo del árbol del conocimiento del bien y del mal porque lo imposible vino como resultado de la caída del hombre.

Por otro lado, cuando decimos, por ejemplo, de acuerdo a la Palabra de Dios, *"Todo lo puedo en Cristo que me fortalece"* (Filipenses 4:13), activamos vida y posibilidad. (Vea Mateo 19:26). Si creemos en Cristo, todo es posible. (Vea Marcos 9:23; Lucas 1:37). Cuando nuestra mente es renovada en la fe, le quitamos las limitaciones que le hemos puesto a Dios y se nos hace fácil pensar como Él.

¿Sus palabras producen vida o muerte?

La verdadera atmósfera de la fe es el cielo. La fe está anclada en el ámbito invisible, el cual es superior a todo lo visible.

Hable fe desde su posición en el ámbito celestial

La fe de Dios es en el ahora porque el poder de la resurrección es en el ahora. No servimos a un Cristo muerto sino a un Cristo vivo, y ¡estamos sentados con Él en lugares celestiales! Basándonos en la fe de Dios en nosotros, podemos hablar, declarar, decretar y orar desde una posición de certeza absoluta. La obra de Cristo ya proveyó aquello por lo que estamos ejerciendo nuestra fe. Esto hace posible que los nuevos creyentes —no sólo los cristianos maduros— hagan milagros. Muchos nuevos creyentes pueden caminar de acuerdo al reino sobrenatural de Dios porque no conocen una razón por la que algo no sea posible. No están bloqueados por la religión ni la formalidad, porque la obra de Jesús en la cruz y su resurrección están frescas en su corazón. Tienen la pasión de su primer amor, creen lo que Dios ha dicho y están dispuestos a usar la fe que han recibido. Los cristianos "experimentados" pueden tener la seguridad de que lo que creen existe en la eternidad, pero muchos no tienen la fe en que eso pueda manifestarse en la tierra, porque se han conformado a la religión o se han vuelto apáticos o escépticos.

Cuando hablamos la Palabra de Dios de acuerdo a la fe del "ahora", nuestras palabras tienen "peso" o "materia" espiritual. A veces, necesitamos la persistencia; sin embargo, en la presencia de Dios, una palabra es suficiente para traer a la existencia lo que Él ha pronunciado y terminado en la eternidad.

Dios nos dio la fe porque es la entrada legal a lo sobrenatural.
La fe "piensa", "escucha" y "ve" lo que hay en el cielo.

Debemos declarar lo que Dios ha prometido, para que pueda materializarse. La familia Calderón, miembro de nuestra iglesia, ejerció su fe en la Palabra de Dios y sobrepasó una crisis financiera. El esposo trabajaba en el área de la construcción, en Miami, pero le redujeron las horas de trabajo, y esto provocó que les fuera imposible pagara su hipoteca. Por eso, el banco comenzó el proceso para desalojarlos y poner su propiedad en subasta. "Estábamos muy tristes porque se trataba de nuestro hogar; pero comenzamos a declarar un milagro de Dios", dicen ellos. Habían escuchado muchos testimonios de milagros financieros que varias personas en la iglesia habían experimentado y estaban resueltos a recibir su propio milagro. Durante el servicio de las primicias, en el cual la congregación presenta sus ofrendas a Dios, ellos presentaron su pacto por una casa, seguros de que el Señor les iba a proveer. Poco tiempo después, una amiga de la familia que oraba por ellos, escuchó a Dios decir: "No se quedarán sin casa porque tú les darás una". Esta persona los llamó para compartir con ellos lo que Dios le había dicho y les dio $95.000 para comprar su casa —con la única condición de que deberían comprarla sin deuda—. Hoy, la familia Calderón está feliz porque ha visto la mano de Dios obrar en su vida. Experimentaron, de primera mano, su gran provisión y su fidelidad al pacto. Sus declaraciones acerca de su milagro financiero tuvieron un gran peso espiritual porque estaban llenas de la fe del "ahora".

Declarar por fe, desde la eternidad, trae las cosas a la existencia.

La Palabra de Dios alimenta nuestro espíritu y edifica una atmósfera de fe a nuestro alrededor. Jesús dijo: *"Escrito está: No sólo de pan vivirá el hombre, sino de toda palabra que sale de la boca de Dios"* (Mateo 4:4). Cuando declaramos su Palabra en fe, estamos haciendo transacciones con la moneda del reino de Dios.

Permítame advertirle que no debe confundir la fe con el acto de confesar las promesas de Dios. En la iglesia de hoy, a menudo, se cambia la fe por una fórmula; así, algunos cristianos tienen la tendencia a creer que encontrarán la solución a sus problemas simplemente repitiendo versículos bíblicos. La fe es reducida a una "confesión positiva" en lugar de ser la Palabra de Dios, *"viva y eficaz"*. (Vea Hebreos 4:12). Recuerde que confesar lo que Dios dice alimenta nuestra fe, pero no es fe.

Exploremos en más detalle el significado de la fe y cómo ésta funciona.

¿Qué es la fe?

Es, pues, la fe la certeza de lo que se espera, la convicción de lo que no se ve. (Hebreos 11:1)

La palabra *"fe"*, en este versículo, es traducida del vocablo griego *pístis*, que significa, entre otras cosas, "creencias", "convicción moral (de verdad religiosa u honradez de Dios o de un maestro religioso); especialmente, dependencia de Cristo para la salvación", "seguridad", "creencia", "fe" y "fidelidad" (STRONG, G4102). *Pístis* viene de la raíz *peídso*, la cual significa "persuadir" y "tener confianza" (NASC, G3982). Cuando nos movemos en el ámbito espiritual, no hay evidencia natural ni tangible. Operamos por discernimiento espiritual interno, más que con pruebas físicas o entendimiento intelectual.

Dios arriesga su reputación e integridad en cada palabra que ha hablado. Esto significa que cuando ponemos nuestra fe en algo que Él ha dicho, la responsabilidad de cumplirlo descansa en Él, no en nosotros. Nuestro acercamiento a Dios debería ser simplemente: "Señor, ¡tú lo dijiste y yo lo creo!". Dios nos responderá: "Será hecho. ¡Amén!".

Dios nos dio la fe como el camino del mundo visible al mundo invisible.

La gente muchas veces define la eternidad como un periodo de tiempo largo, pero la eternidad es esencialmente un estado de ser; razón por la cual podemos existir en el ámbito eterno, en Cristo Jesús, y tener acceso a sus tesoros.

Todo lo hizo hermoso en su tiempo; y ha puesto eternidad en el corazón de ellos....   (Eclesiastés 3:11)

Mientras que todo en la eternidad ya está terminado y en estado de madurez, en la tierra todo debe ser declarado antes de manifestarse. A medida que nos acercamos al tiempo final, este proceso se está acelerando; podemos declarar algo por fe y recibirlo instantáneamente. Cuanto más declaremos lo que necesitamos, menos tiempo tendremos que esperar para recibirlo de Dios. De esta manera, el futuro se convierte en el ahora. Entonces, si continuamos con nuestra mentalidad tradicional de escuchar la Palabra, procesarla, razonarla y analizarla, para eventualmente poder creerla y quizá actuar en base a ella, puede que sea demasiado tarde. ¡Responda y reciba su milagro ahora!

El ámbito de la fe existía desde antes de la creación del tiempo; es la eternidad en el ahora.

Después de estudiar Hebreos 11:1, exhaustivamente, desarrollé lo siguiente como un resumen de lo que creo es su significado esencial:

Ahora, la fe es, y es la realidad del fundamento principal donde la esperanza está, la convicción de todo lo que verdaderamente existe, y el control de las cosas que no vemos.

Permítame exponer esta declaración de acuerdo a sus diferentes partes, a medida que continuamos explorando la pregunta, "¿Qué es fe?".

1. "Ahora..."

El hombre ha puesto en el futuro lo que Dios puso en el presente. En la mente y en el ámbito de Dios, el presente y el futuro existen juntos y la fe es la moneda con la cual obtenemos el futuro *ahora*. No creo que Él haya querido que hubiera demora entre la voluntad del cielo y la manifestación de esa voluntad en la tierra —*"Venga tu reino. Hágase tu voluntad, como en el cielo, así también en la tierra"* (Mateo 6:10)—. Dios no "trató" de crear la luz en la tierra diciendo cien veces: *"Sea la luz"* (Génesis 1:3). Él sólo lo dijo una vez y hubo luz.

Por la fe entramos en el "meridiano o huso horario" del reino, en el "ahora" de Dios.

Cuando Jesús manifestó lo sobrenatural, su fe obró de acuerdo a la guía del Espíritu Santo y la *jréma* de Dios para ese momento. (Vea Mateo 4:4). Él dijo:

> No puede el Hijo hacer nada por sí mismo, sino lo que ve hacer al Padre; porque todo lo que el Padre hace, también lo hace el Hijo igual- mente.   (Juan 5:19)

Asimismo, debemos depender de Dios a diario para que nos muestre lo que hace en el cielo, de modo que podamos hacerlo también en la tierra. (Vea Romanos 8:14). Así es como recibimos manifestaciones inmediatas del ám- bito eterno y evitamos meternos en problemas, tratando de declarar algo por nuestra cuenta. Note que cuando Cristo ministró en la tierra, no había demora entre la palabra declarada y su manifestación. Vemos ejemplos de esto en la liberación de la hija de la mujer sirofenicia (vea Marcos 7:29–30), la liberación del hombre poseído por demonios (vea Marcos 9:25–27), cuando Jesús calmó la tormenta en el mar (vea Marcos 4:38–39), y en la resurrección de Lázaro (vea Juan 11:43–44).

Cristo operó en la fe revelada del aquí y ahora. Cada milagro que hizo fue en el ahora.

Jesús no confesó cien veces: "¡Lázaro, sal fuera!". Sólo lo llamó una vez y el hombre, que llevaba muerto cuatro días, salió vivo de la tumba. Jesús recibió una *jréma* del Espíritu Santo acerca de esta situación y el tiempo en que Lázaro resucitaría. Note también que Jesús nunca oró por los en- fermos ni por los endemoniados cuando los curó —en ninguna parte de la Biblia dice que Él oró por ellos—. Tampoco le dijo a nadie: "En algún momento del futuro serás sano". Más bien, Jesús declaró a los enfermos sanos y ¡ellos fueron sanados! Sólo hizo declaraciones como *"Queda sana de tu azote"* (Marcos 5:34), *"Levántate, toma tu lecho, y anda"* (Juan 5:8), y

"Recíbela, tu fe te ha salvado". (Vea, por ejemplo, Lucas 18:42). De la misma manera, echó fuera a los demonios y ¡ellos huyeron de inmediato!

Jesús habló basado en la verdad y no en los hechos como se ven en el mundo natural. Cada milagro que hizo se cumplió porque Él habló con fe desde el ámbito eterno, como resultado de una palabra revelada en el presente. Si Jesucristo hizo esto, nosotros también podemos hacerlo. (Vea Juan 14:12). Lea el libro de los Hechos y verá que no hay lapso de tiempo entre las declaraciones de los apóstoles y las manifestaciones visibles del poder de Dios. En mi propio ministerio, los milagros más poderosos que he visto se han manifestado en el instante en que la palabra sale de mi boca. Veremos los milagros más extraordinarios de todos los tiempos, cuando recibamos y practiquemos la revelación de que la fe es ahora. A medida que nuestra vieja mentalidad va siendo renovada, todo lo que digamos, declaremos y oremos ya no será para el futuro sino en el ahora.

En Cristo, todo es en el ahora.
Fuera de Él, todo está sujeto al tiempo.

Melina García, de Colombia, sufría de Alopecia Areata (pérdida de cabello) desde los doce años. Los médicos no podían encontrar la causa ni la cura. Pensaban que su condición había sido producida por el estrés o una deficiencia de vitaminas, pero ningún tratamiento funcionaba. Cada vez que se peinaba, perdía una cantidad significativa de cabello. La gente la miraba y eso la incomodaba, así que trataba de arreglarse el pelo para cubrir las partes calvas. Finalmente, esta condición había causado que su autoestima se deteriorara.

Melina asistió a una CAP (Conferencia Apostólica y Profética) en Colombia, patrocinada por el Ministerio El Rey Jesús, y oró por un milagro. Durante una de las sesiones, mientras declaraba salud sobre diferentes enfermedades, el Espíritu Santo me guio a declarar que crecía cabello en la gente calva. Instantáneamente, Melina sintió un peso sobrenatural descender sobre ella y cayó al suelo. Cuando se levantó, se examinó la cabeza y ¡sintió cabello nuevo! ¡Cada lugar en donde antes había calvicie ahora estaba cubierto de cabello! Luego, regresó a ver al médico, quien no podía explicar qué había sucedido. Su milagro no fue para el futuro sino en el ahora.

El futuro es el presente eterno, pospuesto.

Yo veo milagros como el de Melina dondequiera que voy, y toda la iglesia de Jesucristo puede presenciar milagros similares, multiplicados por mucho más, si seguimos expandiendo el reino de Dios en la tierra. La única condición es que ejerzamos constantemente la medida de fe que Él nos ha dado. Cuando hagamos esto, nuestra fe aumentará de modo exponencial porque cuanto más usamos nuestra fe, más fe recibiremos.

Porque yo soy Dios, y no hay otro Dios, que anuncio lo por venir desde el principio.   (Isaías 46:9–10)

Muchos de nosotros fuimos entrenados para orar y esperar un tiempo indefinido hasta que algo suceda; pero Dios es un Dios del aquí y ahora. Él anuncia *"lo por venir desde el principio"*. Por lo tanto, si declaramos que algo se manifestará en una semana, mes o año, lo que hacemos es demorar la manifestación o materialización en el presente. Cuando creemos que los milagros tomarán lugar en "algún" momento, son como aviones estancados, sobrevolando el aeropuerto en círculos, sin poder aterrizar. Sin embargo, podemos eliminar todas las demoras si vivimos en el ahora, de modo que los milagros puedan "aterrizar" y los podamos recibir.

La gente a menudo prefiere creer por sanidad en lugar de milagros porque la sanidad es casi siempre progresiva (vea, por ejemplo, Marcos 16:18) y demanda menos riesgo de nuestra fe. En contraste, los milagros suceden instantáneamente; así que requieren una respuesta inmediata de quienes los reciben. Si no respondemos al instante, podemos perderlos. Algunas bendiciones en nuestra vida están detenidas porque hemos establecido una fecha futura para su llegada. Cuando combinamos una jréma con la fe del "ahora", podemos recibirlas hoy.

La fe toma algo del "futuro" eterno y lo materializa en el presente.

2. "La fe es…"

Antes de nacer en la tierra, existíamos en la eternidad. En Dios, primero "somos" en el ámbito espiritual y después nos manifestamos en el ámbito físico. Esto es porque Dios determina el propósito de algo antes de crearlo, y lo termina antes de comenzarlo. Nuestro trabajo es descubrir lo que "hay" en el ámbito eterno de Dios para poder traerlo a nuestro ámbito físico por medio de la fe.

En la cultura occidental, la mayoría de la gente invierte este proceso. En lugar de comenzar con quienes son, "hacen" cosas para tratar de ganar la aceptación de otros y entonces poder "ser" alguien. Así es como la gente se hace esclava de la opinión pública y nunca llega a saber quién realmente es.

La Escritura dice:

Porque cual es su pensamiento en su corazón, tal es él.

(Proverbios 23:7)

Para operar en el reino de Dios, comenzamos con quienes "somos" en la eternidad. Cuando sepamos que somos hijos amados de Dios, escogidos desde antes la fundación del mundo (vea Efesios 1:4) y descubramos la persona que Él nos creó para ser, pensaremos y actuaremos desde esa perspectiva. Todo se desarrolla desde nuestra identidad y nuestra existencia en Él. Nuestro "ser" nos llevará a nuestro "hacer", y no al revés. ¡No podemos aspirar a "ser" algo porque ya lo "somos"!

Usted es un hijo de Dios con un propósito único; y como está en Cristo, recibe toda bendición espiritual de Él. (Vea Efesios 1:3). Dios lo diseñó para que fuera salvo, justo, santo, en paz, gozoso, feliz, bendecido, saludable, libre, próspero y más. No tiene que esperar un día en el futuro para ser salvo, próspero y todo lo demás, porque ¡ya "es" todo eso! ¡Recíbalo ahora!

La fe nos permite permanecer en un estado de "ser"
sobrenaturales, en el ahora.

3. "La realidad del fundamento principal donde la esperanza está..."

Esta frase refleja la siguiente porción de Hebreos 11:1: *"la certeza de lo que se espera..."*. El vocablo griego traducido como "certeza" es *jupóstasis*, que significa "sentarse debajo de (respaldo)". En términos figurativos, significa "esencia" o "seguridad". Entre otros también es "confianza" y "sustancia" (STRONG, G5287).

Básicamente, ejercer fe significa "sentarse" en la palabra que Dios nos dio; descansar en ella; someternos a ella sabiendo que Dios la cumplirá. Cuando descansamos, estamos en fe. Cuando nos preocupamos, no estamos en fe; como resultado, nuestra esperanza —en el sentido de una expectativa segura— no tiene sustancia. La fe es la seguridad de que lo que creemos es real y legalmente nuestro. Nadie puede tener una escritura legal de una propiedad que no existe. La fe es la prueba auténtica o fiable que garantiza la existencia de lo que creemos. Aunque todavía no lo hemos visto con nuestros ojos naturales, es una realidad porque Dios lo prometió.

La fe "es"; y no tenemos esperanza en algo que "es" sino en algo que será. (Vea Romanos 8:24–25). La esperanza es para el ámbito del tiempo, la fe es para ahora. Si la salvación, sanidad y liberación existen ahora, entonces ¿por qué todavía esperamos que lleguen? Esperar es aplicar la esperanza a asuntos donde debería operar la fe. Por ejemplo, la esperanza nos habilita para esperar la segunda venida de Cristo en gloria, pero la fe nos habilita para esperar y recibir salud, salvación, prosperidad y milagros, aquí y ahora.

La fe actúa y se afirma en lo que Dios ha predeterminado, generando expectativa.

Dios está desatando una expectativa sobrenatural en los creyentes. Durante una conferencia de líderes en Argentina, conocí a Oliver Inchausti, un niño de siete años, sordo de nacimiento de su oído derecho, porque éste no se había desarrollado apropiadamente y estaba deforme, no tenía orificio. La sordera de Oliver afectaba, considerablemente, su habilidad para interactuar con su entorno y desarrollar la capacidad del habla. Su madre había consultado varios médicos, los cuales le dieron diferentes consejos. Algunos decían que ni siquiera podían saber si Oliver tenía tímpano porque era demasiado pequeño; un especialista le sugirió llevarlo a Cuba para someterlo a una cirugía, mientras, unos médicos brasileños dijeron que podían hacerle una cirugía que le permitiría oír a través del hueso, y otros cirujanos plásticos opinaban que no podían hacer nada hasta que fuera adulto.

Oliver y su madre asistieron a la conferencia de líderes; cuando llamé a todos los sordos al frente para demostrar la fe en el ahora, ellos pasaron al altar. Este niño llevaba años anhelando un milagro, así que estaba a la expectativa de que algo sucediera. Puse mi mano sobre su oído sordo y declaré el milagro. Luego, su madre puso su mano sobre el oído bueno y uno de mis médicos lo probó hablándole al oído sordo desde atrás. Apenas el médico dijo una palabra, Oliver la repitió claramente y sin dudar. ¡Podía oír perfectamente! El doctor lo examinó y vio que el pequeño orificio había crecido.

¿Puede imaginar lo que pasaría si toda una congregación estuviera a la expectativa de recibir algo de Dios? En mis viajes ministeriales, a menudo experimento la demanda de fe, sobre el manto de milagros que Dios me ha dado, de gente con gran expectativa. Cuando esto sucede, se desatan milagros, señales y maravillas entre ella.

4. "La convicción de todo lo que verdaderamente existe…"

Esta parte del resumen de Hebreos 11:1 se refiere a *"la convicción de lo que no se ve"*. El vocablo griego traducido como *"convicción"* es *élenjos*, entre cuyos significados están "prueba", "convicción" (STRONG, G1650), y "muestra" (NASC, G1650).

La duda demuestra que no estamos convencidos o persuadidos de la realidad del ámbito sobrenatural invisible. La verdadera fe es un "saber" que se origina en el corazón; es una convicción ardiente de la realidad eterna del mundo invisible. Cuando experimenta problemas, ¿qué "sabe"? ¿Puede pararse como Job y decir: *"Yo sé que mi redentor vive"* (Job 19:25)?, ¿o como Pablo y decir: *"Yo sé a quién he creído"* (2 Timoteo 1:12)? Muchas personas poseen conocimiento mental de Dios y del ámbito espiritual, pero no están persuadidas al punto de actuar basadas en ese conocimiento. Cuando somos persuadidos, nos movemos en una mayor dimensión de fe. Quienes no se muevan en fe, morirán en el mismo lugar.

No podemos pensar como Dios a menos que poseamos un "conocimiento" interno. La fe "ve" lo invisible, cree lo increíble y recibe lo imposible.

5. "Y el control de las cosas que no vemos"

Lo sobrenatural gobierna lo natural, y la fe en el ahora determina lo que veremos manifestado en el mundo físico. La fe ejerce dominio, señorío y autoridad sobre la creación desde el ámbito invisible del reino de los cielos. Tenemos la habilidad para controlar aun la naturaleza y la muerte con una palabra hablada en fe. Levantar los muertos será algo común si recibimos esta revelación. Su fe es el controlador o el guardián de lo que necesita. ¡Comience a ejercer su fe y abra las puertas!

La fe afirma lo invisible como la realidad a la que pertenece.

Una vez que entendamos el significado de la fe como la he descrito, nuestras ideas y argumentos preconcebidos de lo que Dios puede hacer o no, quedarán a un lado. "Ahora, la fe es…". Lo único que nos queda por hacer es actuar en el dominio que Dios nos ha dado. Reciba su identidad como hijo e hija de Dios. Asido del conocimiento de que usted le pertenece a Él, active su medida de fe y traiga el ámbito invisible a su vida, a su familia, iglesia y otras personas ¡ahora mismo! Declare un límite de tiempo para la respuesta a su necesidad o circunstancia, de acuerdo con la guía del Espíritu Santo. Por ejemplo, declare que recibirá una llamada telefónica de un empleador; el contrato de un cliente; sanidad, salvación, transformación o lo que sea que espere.

La fe es la continuación del ámbito invisible en el mundo visible.

Cómo vivir y moverse en la fe del "ahora"

Si está estancado en su fe, significa que ha hecho todo lo que está en su poder o conocimiento pero que se le han acabado los recursos personales. Necesita fuentes nuevas, las cuales Dios le provee hoy. Paso a paso, puede ir *"de fe en fe"* (Romanos 1:17). Dios quiere moverlo a la dimensión de la fe que es en el aquí y ahora, para manifestar milagros, señales, prodigios y aceleración en el avance de su reino.

Lo que estoy a punto de enseñarle son principios y revelaciones que he observado y experimentado en el transcurso de más de veinte años en el ministerio. Si los cree y los practica, le prometo que hará lo mismo que yo he estado haciendo y aun mayores cosas. Caminar, vivir y moverse en la fe del "ahora" requiere los siguientes pasos:

1. Opere su fe desde un lugar de justicia

He aquí que aquel cuya alma no es recta, se enorgullece; mas el justo por su fe vivirá. (Habacuc 2:4)

Fuimos salvos y justificados por la fe, y sólo por ella podemos funcionar y vivir en el reino de Dios. La justicia es el fundamento de la fe. Podemos tener fe para creer y declarar una manifestación desde el ámbito eterno, pero si no estamos bien con Dios en algún área de nuestra vida, nuestra fe puede ser anulada. Por ejemplo, si no diezmamos u ofrendamos a Dios, nuestra fe para las finanzas o un trabajo no funcionará, aunque creamos con gran celo; porque le estamos robando a Dios. No tendremos acceso a los beneficios que Dios les ha prometido a los que diezman. En la familia, si un cónyuge abusa del otro, su fe será ineficaz. (Vea 1 Pedro 3:7).

Este principio es aplicable a toda área de nuestra vida y ministerio. Aunque Dios desee apoyar nuestras creencias y declaraciones, no puede hacerlo porque estaría yendo en contra de su Palabra y su justicia.

El reino de las tinieblas, ¿sabe cuando no andamos en justicia? ¡Claro que sí! Los demonios saben si no estamos ejerciendo nuestra fe correctamente porque ellos viven en el ámbito espiritual y pueden ver cuando nuestra fe tiene sustancia o si le falta la integridad de la justicia. Debemos detenernos en este instante y preguntarnos si hay injusticia en algún área de nuestra vida. Si es así, debemos arrepentirnos y dejar que la sangre de Cristo nos limpie. Esto activará la justicia del reino en nosotros y Dios podrá bendecirnos según lo que ha prometido.

La ley de la justicia hace operativa la fe;
la injusticia la vuelve inoperante.

2. Ande por fe y no por vista

Porque por fe andamos, no por vista. (2 Corintios 5:7)

La *"vista"* representa las limitaciones de nuestro ambiente natural, nuestro entorno, circunstancias, dificultades, obstáculos, enfermedades, escasez, imposibilidades y más; todo lo cual es opuesto a la fe. Para levantarnos por encima de esto, debemos adquirir una perspectiva y realidad diferentes. Si nuestros pensamientos están consumidos por una situación, problema u obstáculo difícil, no estamos viviendo por fe. El mundo natural es inestable; es inseguro y temporal, mas Dios no cambia. Cuando caminamos por fe y no por vista, nuestra realidad ya no depende de nuestro medio ambiente o circunstancias, sino de la realidad eterna de Dios, y nos convertimos en todo lo que Él nos ha llamado a ser.

Todo lo que no es eterno está sujeto a cambio.

Alguna gente camina en un "optimismo neutral" en lugar de hacerlo por fe. Por ejemplo, dicen: "Si sucede un milagro, es la voluntad de Dios, pero si no sucede, no es su voluntad". Jesús no predicaba ni actuaba de acuerdo con esta mentalidad, pero gran parte de la iglesia parece haberla adoptado, y por ende, haberse conformado a una mentalidad de "probabilidad". Si oramos por sanidad y nada sucede, está bien. Si oramos por provisión y nada sucede, eso también está bien. Esta actitud desconectada revela nuestra apatía y demuestra nuestra falta de expectativa para recibir de Dios.

Otras personas caminan de acuerdo a la confianza, en lugar de la fe. A veces, estos términos son usados de forma intercambiable. Sin embargo, por lo general, la confianza es un sentimiento que opera en las relaciones, mientras la fe es una sustancia celestial que opera en el ámbito espiritual y no depende de emociones ni circunstancias. La confianza opera desde nuestro conocimiento mental, y experiencia emocional, de la fidelidad y competencia previas de una persona; pero la fe opera desde el conocimiento revelado en el ahora, dado por el Espíritu Santo a nuestro espíritu. Entonces, en los asuntos espirituales, nuestra confianza no va a operar mas allá de lo que conocemos o hemos experimentado personalmente de Dios; no nos llevará a creer en lo que todavía no hemos recibido de Él. Se necesita fe para moverse de lo que ya hemos visto, oído o sentido, a lo nuevo que el Espíritu Santo revela.

La fe es un caminar continuo y sobrenatural, con Dios, en el ahora.

Ahora mismo, decida levantarse por encima de los lugares, la gente y las cosas que evitan que camine y crezca en fe. Comience a edificar una nueva atmósfera de fe en su vida y en su hogar. No se conforme a lo temporal; entre al ámbito espiritual donde la fe puede cambiar su realidad. La enfermedad, los problemas, la adversidad y las pruebas nunca fueron destinados a ser permanentes; sin embargo, hemos aprendido a tolerarlos y los hemos convertido en algo permanente al decir: *"mi* enfermedad, *mi* cáncer, *mi* dolor, *mi* depresión…"*. Hablamos de estas cosas como si nos pertenecieran, pero ¡no nos pertenecen! ¡Repréndalas ahora mismo!

Todo aquello a lo que nos conformemos se convertirá en nuestra realidad y mentalidad.

3. **Levántese por encima del razonamiento humano a través del Espíritu y la Palabra**

Todo lo que es posible en el cielo es rechazado por el razonamiento humano, porque está fuera de nuestra experiencia natural. No encontraremos la fe hasta que nos levantemos por encima de la razón, porque Dios nos pedirá, continuamente, hacer cosas que no tienen sentido para nuestro intelecto finito. Los milagros, señales y prodigios van más allá de la habilidad de nuestra mente natural para comprender, porque su propósito es demostrar y manifestar lo sobrenatural.

Si usamos la razón para evaluar una enfermedad, situación, adversidad o calamidad, esto puede tornarse en algo mortal. ¿Qué hace un médico cuando debe explicarle a un paciente que tiene una enfermedad terminal? Trata de convencerlo de que se adueñe de la enfermedad y de que saque lo mejor de ella, porque no hay nada más que hacer. El médico puede tener las mejores intenciones con el paciente, pero está debilitando su fe. Si el doctor le dice a alguien que le queda poco tiempo de vida, la fe del paciente es lo único que puede romper esa palabra, porque la fe puede entrar en la eternidad y sacar de allí lo que se necesite en el ahora. Yo respeto a los médicos y a la medicina; son útiles a la humanidad. También se que la enfermedad es un hecho. No le digo a la gente que niegue los hechos, pero afirmo que hay verdades eternas, como la sanidad divina, que están por encima de los hechos temporales como la enfermedad.

La verdad que existe por encima de la realidad presentada por el médico es que la muerte de Jesús en la cruz proveyó nuestra sanidad. Sabiendo esto, debemos decidir a quién le vamos a creer. ¿Le creeremos al médico o a Dios? ¿Al diagnóstico o a su Palabra? ¿A la enfermedad o a la fe?

La fe es la habilidad de creer lo que la razón encuentra sin sentido.

El Espíritu Santo nos capacita a pasar por encima de nuestra razón y sentido común. Cuando recibimos el bautismo del Espíritu Santo, recibimos el don de hablar en lenguas espirituales o en lenguas que nuestra razón no entiende. (Vea, por ejemplo, Hechos 10:44–47; 1 Corintios 14:2). Dios nos dio las lenguas para hacerle un circuito alterno a nuestra mente, de modo que podamos comunicarnos con Él y recibir de Él en el ámbito espiritual. Si todavía no ha sido bautizado con el Espíritu, pídale a Dios que le dé este don de su poder y presencia sobrenaturales; luego, deje de prestarle atención a las circunstancias y comience a declarar y a obedecer, por fe, la *jréma* que recibe del Espíritu. Además, no pierda la bendición simplemente porque es difícil de entender. Entender no es un requisito para obedecer a Dios; vivir por fe siempre conlleva cierto porcentaje de riesgo.

En consecuencia, nuestra realidad debe ser determinada por la verdad —la Palabra de Dios— la cual opera por encima del razonamiento humano como el nivel más alto de realidad. Mi trabajo, como maestro de la Palabra, incluye lidiar con la incredulidad de las personas que tratan de "razonarlo todo". Trabajo junto al Espíritu Santo y la verdad de las Escrituras para demostrarle a la gente que su razonamiento no tiene sentido para las leyes del ámbito sobrenatural. Entonces, a medida que sus ojos espirituales se abren, hacen a un lado la razón y llenan el vacío con la lógica de Dios, lo sobrenatural comienza a tener sentido, porque ven desde el punto de vista de Dios.

El Pastor David Alcántara, de Honduras, uno de mis hijos espirituales, reportó que "un hombre llamado Manuel, chofer del presidente de nuestro país, sufrió un terrible atentado contra su vida. Un día, después de dejar al presidente, unos asesinos a sueldo lo siguieron, creyendo que era el presidente, y balearon el auto. Manuel fue llevado al hospital al borde de la muerte. Su esposa, desesperada, llamó a un líder de nuestro ministerio, para pedirle oración. Una de las piernas de Miguel estaba tan mal que los médicos habían decidido amputarla. Su esposa hizo un pacto con Dios y, esa noche, mientras ministraba en el poder sobrenatural, el Espíritu Santo puso en mi corazón enviar la palabra de sanidad a la vida de Manuel. Declaré que Dios haría huesos, piel, arterias, venas, nervios y más en su pierna. Al siguiente día, los doctores tenían listos los instrumentos necesarios para la amputación, pero cuando le quitaron las vendas de la pierna, para su sorpresa, encontraron una pierna completamente sana. ¡Incluso tenía piel nueva!".

Cuando la razón está presente, la fe está ausente y lo imposible nunca será posible. Pero cuando la fe está presente, la razón está ausente y ¡lo imposible se hace posible!

4. Renuncie al espíritu de religión y actívese en la fe de Dios

Hemos visto cómo la religión nos esclaviza levantando fortalezas mentales, estructuras de pensamiento rígidas, duras como el cemento, que evitan que lo nuevo de Dios entre en nuestra mente y corazón. Cuando dejamos de fluir en la revelación, nuestra mente se puede cerrar por las reglas y tradiciones hechas por hombres, y corremos el riesgo de volvernos legalistas. En este estado, podemos entristecer al Espíritu Santo, haciendo que se aleje.

Para la gente es muy difícil liberarse del espíritu de religión. Si trata de liberarse de esa atadura, otras personas religiosas a menudo la llaman problemática, transgresora en incluso traidora. Para quebrar el dominio de la religión, debemos cortar con las reglas y tradiciones del hombre que nos atan, y permitir que el poder del Espíritu Santo destruya todas las fortalezas mentales, sin importar la crítica que podamos sufrir de otros.

Usted, ¿está sólo observando tradiciones o viviendo de acuerdo a la fe en el ahora? Si no ve el poder de Dios manifestarse en su vida y ministerio, probablemente no esté caminando por fe. Debe aprender a esperar en el Espíritu Santo y escuchar lo que dice. En esa espera, la *jréma* vendrá, indicándole lo que debe hacer en una situación o momento en particular. Dios le dio fe para que usted pueda seguirle el ritmo y nunca se pierda la siguiente ola del movimiento de su Espíritu.

> *En la fe hay movimiento y vida; en cambio,*
> *en la religión hay estancamiento y muerte.*

Muchos líderes y creyentes creen que apenas se dan cuenta de que tienen un espíritu de religiosidad y lo rechazan ya son libres de él. Sin embargo, el simple hecho de que le hayan dado la espalda a la religión no significa que la religión los haya dejado por completo. Moisés fue criado en la casa del Faraón, donde abundaba la brujería, la magia, la sabiduría egipcia, el control y la manipulación. Este futuro líder de Israel tuvo que pasar cuarenta años como pastor de ovejas, en el desierto, para poder sacar las tradiciones y religión egipcia de su mente y de su corazón. Moisés salió de Egipto en un día, pero tomó cuarenta años sacar a Egipto de Moisés para llevarlo a depender totalmente del poder de Dios. Sólo cuando este proceso terminó, Dios lo llamó y lo envió de vuelta a Egipto a liberar a su pueblo.

Lo invito a renunciar al espíritu de religión en su vida, orando las siguientes palabras. Recuerde que la oración debe salir de su corazón.

Amado Jesús, me arrepiento de seguir las reglas y las tradiciones que anulan el efecto de tu Palabra y me impiden conocerte íntimamente y pasar a mayores niveles de fe. Perdóname y límpiame con tu sangre. Renuncio y echo fuera, por voluntad propia, todo espíritu religioso de tradición. Me declaro libre y recibo el espíritu de fe en el ahora. A través de ti, soy bautizado en la de fe Dios. ¡Amén!

Puede ser que la religión lo haya desactivado de la fe genuina, pero hoy, como apóstol de Dios, lo reactivo en la fe de Dios para recibir su milagro, ahora mismo. Siga renovando su mente cada día; rechace la tradición y la religión ¡y aprópiese de la verdadera fe!

5. Camine de continuo en el conocimiento revelado de Dios

Así que la fe es por el oír, y el oír, por la palabra de Dios.

(Romanos 10:17)

No podemos operar en la fe del "ahora" sin conocimiento del "ahora". La revelación o conocimiento revelado lleva nuestra fe a otro nivel, y nuestra fe aumentada nos lleva a otra revelación. Este ciclo no se puede detener porque si alcanzáramos el fin de nuestro conocimiento espiritual o revelación, también alcanzaríamos el fin de nuestra fe. No quedaría nada más en qué creer ni qué manifestar. Nuestra fe debe mantenerse en continuo movimiento; por eso es que vamos *"de fe en fe"* (Romanos 1:17).

La fe se basa en el conocimiento. Las únicas partes de la Biblia que nos funcionarán son las que conocemos.

Debemos recibir, de continuo, conocimiento fresco por medio de la *jréma* del Espíritu que ilumina nuestro corazón con la verdad espiritual. Dado que la fe trabaja con el conocimiento, experimentaremos dificultades en las áreas de nuestra vida donde no hayamos aplicado la Palabra de Dios en fe. No podemos reclamar una promesa en la fe del "ahora" si no sabemos que existe o que nos pertenece. Entonces, si no recibimos una palabra de Dios, no tendremos conocimiento presente para desarrollar nuestra fe. Yo he descargado cientos de pasajes y enseñanzas bíblicas a mi iPod, las cuales escucho continuamente para alimentar mi fe y mi espíritu.

Los líderes no pueden llevar a sus discípulos más allá del nivel de su conocimiento ni capacitarlos para creer por encima de su nivel de fe.

---

6. Párese firme en la verdad, no en hechos

Y conoceréis la verdad, y la verdad os hará libres. (John 8:32)

Los hechos tienen que ver con condiciones, medio ambientes y situaciones, pero tales cosas están en cambio constante. Por otro lado, la verdad es absoluta; es una realidad que nunca cambia. (Vea Hebreos 13:8). En medio de los hechos —y después de ellos—, ¡la fe se aferra a la verdad!

Los hechos son temporales, pero la fe es eterna.

Puede ser un hecho que usted no tenga trabajo en este momento, que esté enfermo, que esté pasando por problemas familiares o experimentando otras dificultades. Sin embargo, la verdad es que Dios suple todas sus necesidades *"conforme a sus riquezas en gloria en Cristo Jesús"* (Filipenses 4:19); que por las llagas de Cristo fue sanado (vea 1 Pedro 2:24); que Dios es el restaurador de las relaciones (vea, por ejemplo, Efesios 2:14–18); y que nuestra dificultad *"produce en nosotros un cada vez más excelente y eterno peso de gloria"*, mientras pongamos nuestros ojos en lo eterno (vea 2 Corintios 4:17–18). La decisión es suya: ¿Aceptará los hechos o la verdad?

La fe se basa en la verdad. Mientras crea que tiene otra opción o alternativa, no podrá comprometerse a creer.

Cuando los tiempos se ponen difíciles, algunos creyentes comprometen la verdad. Sin embargo, Dios no tiene un plan "B" en reserva, porque si lo tuviera, ya no sería soberano ni eterno, y su reino no sería inconmovible. Debemos permanecer firmes y creer lo que Dios dice. En medio de una crisis o problema, podemos estar seguros de que Él nunca cambia sus pensamientos, sus planes o su poder hacia nosotros y nuestro propósito, provisión, sanidad y liberación. Dios no cambia en estas cosas y ¡nosotros tampoco deberíamos cambiar!

Si el médico declara enfermedad o muerte sobre usted, no lo acepte. Use la fe de Dios y aprópiese de su sanidad. Si acepta las palabras del médico, se está conformando al deseo de enemigo de destruirlo. Lo que el médico dice es verdad y es un hecho temporal, pero no es la *verdad* de Dios para su vida. Nuestra herencia en Cristo es la salud del reino. Por lo tanto, cancele la influencia de esas palabras con el poder de la fe de Dios. Use la moneda del reino para apropiarse del milagro y dígale al médico: "No acepto este diagnóstico".

Cuando los hechos cambian, los sentimientos también cambian; pero la fe está firmemente plantada en la verdad.

Vene Labans, de Sudáfrica, había sido diagnosticada con VIH hacía seis años atrás. Unos días antes de nuestra conferencia acerca de lo sobrenatural, en East London, Sudáfrica, un amigo la invitó a la reunión. Ella estaba reacia pero, al fin, decidió ir. El domingo prediqué acerca de "El evangelio del ahora", diciendo que si usted cree, recibirá su milagro. Hice el llamado al altar para todos los que eran VIH positivo o tenían cáncer. Vene se acercó al altar, dispuesta a usar su fe para ser sana. Uno de mis ministros declaró sanidad sobre ella, y esta mujer sintió un calor fluir por todo su cuerpo. Al día siguiente, tenía una cita en la clínica para recibir sus medicamentos mensuales, pero una amiga le insistió que se hiciera los exámenes nuevamente, para confirmar su sanidad; así que Vene pidió que le practicaran nuevos exámenes. Para la gloria de Dios, ¡los resultados dieron negativos!

En un día, la vida de Vene fue transformada por completo. Su enfermedad era temporal; llegó a su fin cuando se encontró con el poder de Dios. "Esta conferencia ha cambiado mi vida por completo. ¡Me ha dado gozo, salud y todo lo que necesitaba!", dijo Vene.

La fe es donde comienza lo sobrenatural.

Si nos conformamos a lo que dice el mundo natural, terminaremos aceptándolo como si fuera la última palabra y esto nos gobernará. Cuando esta clase de pensamientos se establece en nuestro corazón, no podemos recibir lo sobrenatural, y nos convertimos en imanes para la enfermedad, la pobreza, la escasez, la depresión y el dolor. Debemos establecer, en nuestro corazón, la verdad que sobrepasa la realidad temporal. Reciba todo lo que Jesús proveyó en la cruz, ¡ahora mismo!

La verdad es lo único que puede desafiar los hechos, porque es el nivel más alto de realidad y opera más allá de los hechos.

---

7. Discierna y mantenga el "ritmo" de su fe

Dios estableció que todo en la vida debe tener un ritmo continuo. La tierra gira alrededor del sol y la luna alrededor de la tierra según unos patrones perpetuos; las plantas y los animales llevan ciertos ciclos de vida; cada año se compone de cuatro estaciones; las cosechas necesitan un ciclo de plantío, cuidado y siega. El ser humano tiene ritmos biológicos en su cuerpo; por ejemplo, inhalamos oxígeno y exhalamos dióxido de carbono con regularidad; el corazón humano late a un ritmo constante, bombeando sangre a todas las partes del cuerpo. Estos ritmos no se pueden interrumpir si queremos mantener la vida del cuerpo.

De forma similar, creo que nuestra fe tiene un "ritmo" que debe mantenerse en movimiento. Si ese ritmo cesa, la vida del reino de Dios se obstruye. Por ejemplo, cuando recibimos revelación o guía del Espíritu Santo pero no la implementamos, rompemos el ciclo de revelación. (Vea, por ejemplo, Santiago 1:22). La fe se detiene y la palabra muere porque está por encima de nuestro nivel de obediencia. Cada vez, recibimos una revelación fresca, por lo tanto debemos ponerla en práctica y experimentarla. Tenemos que mantener el ritmo de la fe en todas áreas de nuestra vida.

8. Ejerza su fe a través del amor

> *Porque en Cristo Jesús ni la circuncisión vale algo, ni la incircuncisión, sino la fe que obra por el amor.*   (Gálatas 5:6)

El vocablo griego traducido como *"obra"* es *energéo*, lo cual significa "ser activo, eficaz" (STRONG, G1754), o "trabajar, obrar, hacer" (NASC, G1754). Mientras que la justicia hace a la fe operativa, el amor le da energía y la activa. La fe obra por medio del amor porque funciona de acuerdo con el carácter de Dios. La fe que no nace del amor es como un címbalo que retiñe —puro ruido sin sustancia—. (Vea 1 Corintios 13:1).

El amor de Cristo es inconmensurable (vea Efesios 3:18–19), y está disponible para todos nosotros por medio del Espíritu Santo (vea Romanos 5:5). Cuando actuamos en nuestra fe, podemos correr el riesgo de ir más allá de lo que parece razonable según el mundo natural, nuestro intelecto, trasfondo religioso y motivaciones egoístas, basados en nuestro amor por Dios, su reino y la gente que necesita ver su poder manifestado.

Cada milagro y sanidad que Jesús hizo fue motivado por la compasión.

9. Comprométase a usar, ejerce e invertir su fe

Cada uno de nosotros ha recibido una medida de la fe de Dios con la salvación, pero tenemos que ejercerla activamente. Permítame sugerirle que comience creyendo por cosas pequeñas; asígnele algo específico a su fe. Por ejemplo, crea por una pequeña cantidad de dinero, la sanidad de un dolor de cabeza o algo más que necesite. Si su fe es madura, vaya más allá de estas pequeñas peticiones y arriésguese a orar por milagros creativos, liberación, contratos de negocio que den ganancias, salvación de almas, corazones transformados, la multiplicación de los dones del Espíritu Santo, favor sobrenatural con la gente en autoridad, etcétera. Lo más importante es vivir por fe y ejercerla continuamente para mantener su ritmo y seguir pasando a mayores niveles de la misma.

No trate la fe como si fuera un kit de emergencia, usándola sólo cuando se presentan los problemas, porque estará "fuera de práctica". Cuando apenas le queda un mes de vida, cuando su negocio está en bancarrota o cuando su matrimonio está destrozado, ya no es hora de aprender cómo funciona la fe y ¡no puede esperar que venga la ayuda en el futuro! La fe es "ahora" para proveer soluciones prácticas a los problemas que enfrentamos todos los días. Debemos tomar la decisión de emplear nuestra fe con propósito, ahora mismo.

Entre en la dimensión de la fe, en el ahora

Si nunca le ha pedido a Jesucristo que sea el Señor y Salvador de su vida y no ha recibido su medida de fe, o si se ha apartado de Dios y necesita reconciliarse con Él, lo invito a repetir esta oración, en voz alta, para que pueda habitar en el ámbito donde vive la fe:

> Padre celestial, yo reconozco que soy un pecador, y que mi pecado me separa de ti. Hoy creo que Jesús murió por mí en la cruz, y que tú lo resucitaste de entre los muertos. Me arrepiento de todos mis pecados y, voluntariamente, confieso a Jesús como mi Señor y Salvador. Renuncio a todo pacto que he hecho con el mundo, con mi carne y con el diablo, y hago un pacto contigo. Le pido a Jesús que entre a mi corazón y cambie mi vida. Si muriera hoy mismo, al abrir mis ojos, sé que me recibirías en tus brazos. ¡Amén!

Tal vez, usted ha estado ejerciendo su fe y ha visto el poder de Dios hasta cierto punto, pero quiere entrar en la dimensión de la fe del aquí y ahora, para revolucionar su medio ambiente. Lo invito a orar la siguiente oración, en voz alta:

> Padre celestial, yo confieso que Jesucristo es mi Señor y Salvador. Creo que está sentado a tu diestra y que yo estoy sentado juntamente con Él en lugares celestiales, y que he recibido su fe. Por lo tanto, de hoy en adelante, vivo y camino en lo sobrenatural de Dios. Tengo acceso legal al ámbito invisible y lo sobrenatural es normal para mí porque tengo tu perspectiva, en la cual todo es posible. Las señales, milagros y maravillas son mi estilo de vida. Declaro que soy un embajador del reino de Dios y, por la fe, traigo tu reino a la tierra. ¡Llamo al ámbito eterno para que venga al ámbito físico! Sano a los enfermos, echo fuera demonios, desato la palabra profética, libero a los cautivos y predico el evangelio del reino, con poder. Padre, hago un pacto de compromiso contigo, ahora mismo, sabiendo que tú me das la gracia para hacer todo esto hasta que Jesús vuelva a la tierra. ¡Amén!

9

Demostraciones del poder del reino, aquí y ahora

Jesús les enseñó a sus discípulos a orar, *"Porque tuyo es el reino, y el poder, y la gloria, por todos los siglos. Amén"* (Mateo 6:13). Él vino a la tierra a revelar a Dios como nuestro Padre celestial, además del reino, el poder y la gloria le pertenecen.[9] Aunque cada faceta del dominio de Dios es distinta, siempre trabaja en conjunto con otras: el reino es el gobierno del cielo, el poder es la habilidad del cielo y la gloria es la atmósfera del cielo. Dios nos llama a ejercer el gobierno de su reino, a demostrar su poder y a manifestar su gloriosa presencia en la tierra, ¡aquí y ahora!

Nuestro modelo para demostrar el reino es Jesús. Mientras estuvo en la tierra, llevó la presencia de Dios dondequiera que fuera y anunció la llegada del reino de dos formas fundamentales, las cuales se leen en Hechos 1:1: *"En el primer tratado, oh Teófilo, hablé acerca de todas las cosas que Jesús comenzó a hacer y a enseñar"*.

+ *"Hacer"*: Jesús hizo las obras del reino.

+ *"Enseñar"*: Jesús enseñó acerca del reino.

Si no le enseñamos a la gente acerca del reino, éste no avanzará. Y si no hacemos las obras del reino, no será demostrado con poder. Hasta el

---

9. Para ampliar la lectura sobre el poder y la gloria de Dios, vea *Cómo Caminar en el Poder Sobrenatural de Dios* y *La Gloria de Dios* de Guillermo Maldonado, publicados por Whitaker House.

momento, tenemos muchos maestros pero pocos "hacedores". ¿Por qué existe tal discrepancia entre enseñar y hacer? Muchos creyentes están doctrinalmente correctos y son precisos en lo que enseñan, pero rechazan las manifestaciones de lo sobrenatural. Declaran las verdades pero no viven de acuerdo a la fe de Dios, la cual trae su poder en el ahora. El dicho "el conocimiento es poder" es una verdad a medias. Si el conocimiento no se usa, no trae cambio y su poder potencial se pierde.

Tenemos una generación de jóvenes que buscan una experiencia con algo superior a ellos; algo que no han encontrado en la religión, educación, deportes, música, negocios, tecnología, sexo, fama y más. En realidad, buscan una experiencia con el Dios viviente. En busca de esta experiencia con Dios, muchos se han metido en drogas, brujería, se han envuelto en prácticas perjudiciales y el enemigo termina destruyéndolos. ¿Puede la iglesia ofrecerles a estos jóvenes, y a la gente de todas las generaciones, un encuentro personal con Dios y su reino? Sí puede, cuando los creyentes tienen una experiencia continua con el Señor y con su reino. Podemos hacer esto cuando pasamos de un simple conocimiento mental a conocer a Dios y su poder, por medio del Espíritu Santo.

En cierta ocasión, nuestro ministerio presentó una conferencia acerca de lo sobrenatural en Chile, donde un pastor llamado Ulises compartió su testimonio. Él explicaba que en años previos, había decidido abandonar el ministerio porque se sentía cansado de lidiar con los problemas en su congregación y frustrado por la falta de fruto —no se veían milagros, salvaciones ni otra evidencia espiritual que justificara seguir en el ministerio—. Por ese tiempo, tuve una conferencia en Argentina, a la cual el Pastor Ulises asistió. Allí, recibió la palabra profética; el Señor le dijo que no dejara la congregación porque una ola de milagros sin precedencia estaba a punto de suceder. Dos años más tarde, durante una CAP, en Miami, le profeticé diciéndole que sería nombrado presidente de la asociación de pastores en su ciudad. Cuatro meses después, esa palabra se cumplió. Desde entonces, el Señor lo ha usado para manifestar todo tipo de milagros, de los cuales los más impresionantes han sido tres resurrecciones.

La primera resurrección ocurrió cuando la hija del Pastor Ulises sufrió un ataque fulminante al corazón. Cuando él vio morir a su hija, comenzó a orar con angustia y desesperación. El Espíritu Santo lo llevó a reprender la muerte y declarar el espíritu de vida sobre ella. Para la gloria de Dios, cuando él hizo esto, ella abrió sus ojos y comenzó a respirar normalmente. Sobrecogido de emoción, abrazó a su hija y le dio gracias a Dios por su poder y misericordia. Este milagro lo llenó de fe y lo llevó a creer en un nivel más alto.

La segunda resurrección sucedió durante una celebración bautismal en el río. Una joven que asistía a la ceremonia se ahogó. Cuando la sacaron del agua, su cuerpo estaba hinchado y su piel azul, y fue declarada muerta. Cuando el Pastor Ulises llegó al lugar, le dijeron que no había nada más qué hacer. Sin embargo, el oyó el mismo mandato del Espíritu Santo que había escuchado el dia que su hija resucitó. Así que, sin importar lo que la otra gente dijera, comenzó a declarar vida sobre la joven, en el nombre de Jesús, y ¡ella regresó a la vida! Se veía como si acabara de despertar de un sueño profundo. Su piel había recobrado su color saludable porque la sangre circulaba nuevamente por todo su cuerpo. ¡Todos los presentes se regocijaron y le dieron la gloria a Dios!

La tercera resurrección sucedió en un centro comercial, donde una niña había sufrido un ataque al corazón. Una vez más, el pastor oyó el mandato del Espíritu Santo y sin dudarlo, convencido de que Dios haría el milagro, comenzó a orar por ella, declarando vida y salud. Inmediatamente, sus signos vitales regresaron y se recuperó en tan sólo unos minutos.

El Pastor Ulises no puede parar de darle gracias a Dios por la impartición del Espíritu Santo que Dios le dio; la cual ha transformado su corazón y su mente. Había estado a punto de darle la espalda al ministerio cuando el poder sobrenatural del reino vino a su vida. Hoy, es un hombre de guerra espiritual que establece el reino por la fuerza, arrebatando las almas de las garras de la muerte.

El conocimiento espiritual viene por experiencia

Aunque es importante enseñarle a la gente acerca del reino, es aun más poderoso demostrar ese mensaje. Si no actuamos en lo que predicamos, entonces no somos sinceros con nosotros mismos ni con los demás. Jesucristo demostró el reino enseñando y obrando con poder, y nos dio la habilidad de hacer lo mismo por medio del Espíritu Santo.

Según la mentalidad hebrea, el conocimiento verdadero viene por experiencia. Por lo tanto, no podremos entender muchas de las verdades de Dios hasta que tengamos una experiencia con ellas. El conocimiento no viene sólo por estudiar la Biblia. Si esto fuera cierto, los teólogos serían los instrumentos más efectivos para manifestar el reino. Sin embargo, una buena cantidad de ellos parece estar atrapada en estancamiento espiritual. Estudian la Biblia de tapa a tapa pero no llegan a obtener un entendimiento preciso de Dios, porque rechazan la idea de que su poder opera en nuestro mundo hoy. Si convertimos a Dios en un concepto teológico —limitado por el razonamiento humano— nunca lo conoceremos íntimamente.

El Señor no nos ha llamado a ser cristianos religiosos o apáticos, sino verdaderos hijos e hijas capaces de manifestar su presencia y poder en la tierra. Debemos presentar un evangelio con pruebas sobrenaturales, ¡demostrando que Jesús vive y que el poder de su resurrección es para hoy! Muchas personas no están interesadas en nosotros, nuestro gran conocimiento o las lindas palabras que hablamos, sino en el resultado final: nuestras palabras, ¿nos llevan a las obras sobrenaturales?; nuestro conocimiento, ¿nos lleva a una experiencia con Dios?; nuestra revelación, ¿produce una manifestación de su poder?; nuestra teoría, ¿trae sanidad al enfermo, liberación al oprimido, prosperidad al pobre y arrepentimiento al pecador?; nuestro testimonio, ¿transforma vida?

Mucha gente no quiere escuchar el mensaje, lo quiere ver.

El conocimiento debe llevar a una experiencia sobrenatural

Nuestra experiencia con Dios debería llevarnos a obtener un verdadero conocimiento o una relación íntima con Él. Lo contrario también debería ser verdad. Cuando recibimos información o conocimiento de Dios, sea por medio de la Palabra o de una *jréma*, esto debería resultar en un encuentro con Él. Dios quiere que cada vez que nos da conocimiento o revelación, tengamos contacto personal con su reino y su poder. Por lo tanto, cuando recibimos una palabra que nos inspira, desafía y anima a buscar más de Él, no es para quedarnos donde estamos, sino para que demos el próximo paso y experimentemos la realidad de esa palabra —la cual siempre nos lleva a Él—. El propósito de renovar nuestras mentes es transformar nuestras vidas. La gente que acumula conocimiento sin practicarlo se vuelve simplemente religiosa.

El conocimiento revelado es la iluminación divina para demostrar la presencia y el poder del reino.

Cuando alguno oye la palabra del reino y no la entiende, viene el malo, y arrebata lo que fue sembrado en su corazón. Éste es el que fue sembrado junto al camino. (Mateo 13:19)

"*La palabra del reino*" es como una semilla. Cuando recibimos una revelación de Dios, y permitimos que sea plantada en nuestro interior, ella nos imparte el poder que nos permite obedecerla. Pero cuando no entendemos ni aceptamos una palabra de Dios, ésta no puede ser implantada en nuestro interior. En cambio, es como una semilla que cae junto al camino; cae en tierra poco profunda y queda expuesta a ser comida por los pájaros y animales que pasan. En un sentido espiritual, esto es lo que sucede cuando el enemigo viene y nos roba la Palabra.

La palabra "*entiende*", en el versículo de arriba, viene del vocablo griego *suníemi*. Literalmente significa "juntar" e indica "una comprensión mental que lleva a vivir piadosamente" (STRONG, G4920). En otras palabras, es un entendimiento del conocimiento de Dios que lleva a una vida transformada.

Un creyente con mentalidad de reino es aquel que obedece la voz de Dios, practicando las verdades que aprende acerca del reino. Esto lo lleva a tener experiencias con Él y lo capacita para entender con más profundidad las implicaciones de esas verdades espirituales.

Debemos conocer a Dios para demostrar sus obras.

El cual asimismo [Dios] nos hizo ministros competentes de un nuevo pacto, no de la letra, sino del espíritu; porque la letra mata, mas el espíritu vivifica. (2 Corintios 3:6)

Cuando no tenemos una experiencia con Dios basada en lo que hemos aprendido en su Palabra o de una *jréma* que hemos recibido, entonces lo único que tenemos es la *"letra"* de la Palabra, y no el *"Espíritu"* que *"vivifica"*. Sólo tenemos conocimiento de algo que debe o puede ser pero que no ocurre. Sin embargo, cuando tenemos una experiencia con ese conocimiento, nuestra perspectiva cambia. Obtenemos mayor profundidad espiritual y podemos explicar la Palabra de Dios con mayor claridad y entendimiento. Ya no describimos a Dios ni sus verdades como observadores externos; es casi como si estuviéramos dentro de la verdad, o fuéramos parte de ella. Por otro lado, la gente que está atrapada en la religión no pasa por la transformación ni obtiene tanta claridad de conocimiento, porque la religión está vacía de experiencia. Desarrollan una insensibilidad espiritual que los lleva al auto-engaño. Como consecuencia, el poder del reino no se manifiesta en sus vidas. (Vea Santiago 1:21–25).

El conocimiento revelado es el fundamento para manifestar lo sobrenatural.

Permítame balancear lo que acabo de decir con esta advertencia: No debemos basar nuestras vidas espirituales sólo en las manifestaciones, porque seguramente caeremos en error. Podemos llegar a salirnos del orden y rehusarnos a escuchar el consejo espiritual sabio, porque creemos que las mismas manifestaciones son evidencia de que estamos bien con Dios y de que tenemos su perspectiva. En cambio, debemos vivir —e igualmente importante, debemos discipular a otros cristianos— sobre el fundamento de la revelación de la Palabra de Dios combinada con las demostraciones que respaldan su enseñanza.

El reino, el poder y la gloria de Dios no son sólo ideas teóricas ni hechos históricos para recordar. Cuando son experimentados en la tierra por medio de las manifestaciones sobrenaturales, traen como resultado ¡vidas transformadas! Dado que la mentalidad occidental es tan preponderante en nuestra cultura, debo insistir nuevamente en la importancia de liberarnos del conocimiento teórico para que podamos avanzar en esto de experimentar el poder de Dios. La mente humana es muy limitada; no puede abarcar la grandeza de Dios. Debemos permitirle demostrar en forma visible lo que creemos y proclamamos.

La realidad que usted dice haber experimentado en el ámbito invisible debe tener manifestaciones físicas.

Como escribí antes, Dios puede escoger dar una revelación fresca, no sólo del conocimiento espiritual sino también del conocimiento natural; en áreas como la ciencia, la ingeniería o las artes. Muchas de los inventos científicos, avances médicos y desarrollos tecnológicos han venido de gente con temor de Dios, una mente santificada y la comprensión de que todo conocimiento es para servir a la humanidad. Si deseamos ser gigantes intelectuales, debemos comenzar con la revelación de Dios, dada por el Espíritu Santo. (Vea, por ejemplo, Efesios 1:17–19).

Permítame repetir que yo no me opongo a la mente; pero debemos recuperar el correcto orden espiritual para que nuestro espíritu, guiado por el Espíritu Santo, pueda dirigir nuestra alma y cuerpo. El Espíritu está por encima de la mente y nos puede llevar a lugares en Dios donde la razón no puede entrar. La mente debe seguir, no guiar. Cuando la mente es renovada por una experiencia con Dios, puede seguir la dirección del Espíritu Santo.

Todo conocimiento y sabiduría procede del conocimiento y la sabiduría de Dios.

La gente que está bajo la influencia de una mentalidad occidental pone demasiado énfasis en el intelecto, pierde su agudeza espiritual y encuentra muy difícil aceptar y recibir milagros. Sin embargo, he descubierto que a la gente en África, Sudamérica y el Caribe le es más fácil ver y recibir milagros porque todavía cree en el ámbito espiritual.

En una reunión de una asociación de pastores, en mi ciudad de Miami, un pastor me contó un milagro extraordinario que Dios había hecho en su vida. El Pastor Favio había estado en un servicio de una iglesia en West Palm Beach, donde yo había ministrado. Él dice que yo declaré que muchos milagros sucederían, incluyendo la pérdida de peso sobrenatural. Él se apropió de esa palabra porque pesaba 300 libras (136 kg.) y le había sido imposible perder el peso por su cuenta. Verdaderamente, sufría por su obesidad; tenía dificultad para doblarse, caminar y respirar al hablar, además de otros problemas de salud.

Tres días después de la reunión, el Pastor Favio se estaba vistiendo en la mañana cuando su esposa exclamó: "Mira tus pantalones. ¡Se te caen!". Él se miró y quedó sorprendido al ver lo holgados que le quedaban los pantalones y la camisa. Entonces, decidió probarse unos trajes viejos, de diferentes medidas, que había guardado pero que no había podido usar, durante años, debido a su aumento de peso. Comenzó con un traje de talla 48 y continuó hasta llegar a uno de talla 38. ¡Ese traje le quedó bien! Cuando se subió a la balanza, vio que había perdido setenta libras.

Pero el milagro no paró ahí. Continúo perdiendo peso y ahora sólo pesa 185 libras (84 kg.). Su transformación fue tan radical que la gente se sorprendía y le preguntaba si había estado enfermo. ¡Su madre le preguntó si se había hecho una liposucción! Cuando le compartió su milagro, ella no lo podía creer. Hoy, el Pastor Favio es un hombre saludable, buen mayordomo del milagro que Dios le dio; comparte su testimonio dondequiera que va y ora por las personas obesas, declarando el mismo milagro sobre sus vidas.

El Pastor Favio no perdió el peso con dietas ni tratamientos médicos; de hecho, ninguno de estos métodos funcionó con él. Fue el poder de Dios que tocó su vida y lo transformó. Ésta es una demostración de una realidad espiritual manifestada en el mundo natural.

No puede haber demostraciones del poder del reino sin el conocimiento revelado fresco, del Espíritu Santo, acerca de cómo manifestarlos.

El balance entre la Palabra y el Espíritu

Jesús pudo enseñar y demostrar el mensaje del reino de Dios porque estaba en continuo contacto con el Padre. Sus palabras y acciones tenían la vida de Dios. El patrón divino en la Escritura es enviar al Espíritu Santo antes de enviar la Palabra porque la Palabra sólo tiene poder en la tierra si se origina en la atmósfera de su presencia; de otra forma, no tiene vida.

Repito, es la diferencia entre la *"letra"* y el *"Espíritu"* (2 Corintios 3:6) de su Palabra. Por ejemplo, cuando un creyente da una palabra "profética" que no se originó en la presencia de Dios, los que acepten esa palabra pueden ser sacados del ámbito de su presencia y secarse espiritualmente. Sin embargo, cuando el Espíritu Santo está en la ecuación, trae vida y provoca un movimiento espiritual.

Algunas personas viven en aguas estancadas. Las aguas pueden ser profundas, pero no hay movimiento en el Espíritu en ellas. Dios no comenzó a crear nada en la tierra hasta que el Espíritu Santo se movió sobre las aguas. (Vea Génesis 1:2–3). No hay nada peor que una persona sumergida en su propio conocimiento, sin movimiento espiritual. Si predicamos pero el Espíritu Santo no se mueve, estamos dando un conocimiento mental que todavía no hemos experimentado. Nuestro conocimiento no tiene revelación; por lo tanto, no tiene vida espiritual.

La gente se secará y morirá espiritualmente a menos que el Espíritu Santo se mueva en ella.

Jesús respondió la pregunta de unos líderes religiosos preguntándoles: *"¿No erráis por esto, porque **ignoráis las Escrituras, y el poder de Dios?"*** (Marcos 12:24). La Palabra de Dios y su Espíritu obran juntos; los dos son esenciales. Cuando uno falta, hay un desequilibrio. La Palabra de Dios opera cuando Él habla (sea por medio de la Palabra escrita o de una jréma) y el poder de Dios operara cuando Él actúa. Si sólo ponemos el énfasis en la Palabra e ignoramos al Espíritu Santo, nos arriesgamos a cometer errores. La gente que hace énfasis únicamente en la Palabra, por lo general, no reconoce la presencia de Dios cuando ésta llega.

Todos los creyentes podemos demostrar el reino, aquí y ahora. Sin embargo, para hacerlo, debemos ir mas allá de la "letra" de la Palabra de Dios, al Espíritu que le da vida y poder a la palabra. Los fariseos conocían muy bien la letra de la ley, pero cuando la máxima revelación de Dios vino a ellos —Jesús, el Verbo hecho carne— no lo recibieron. (Vea, por ejemplo, Juan 1:1–14). Una palabra de Dios no demuestra el reino hasta que nosotros recibimos una revelación del mismo.

Las palabras bíblicas, por sí solas, no producen manifestaciones sobrenaturales; deben ser combinadas con la revelación del Espíritu Santo.

Las manifestaciones de Dios son una revelación que puede ser discernida por los sentidos naturales, de modo que podamos ver o escuchar una evidencia tangible de su reino, poder y gloria, aquí y ahora. El Espíritu Santo es el portador de estas manifestaciones.

> *El viento sopla de donde quiere, y oyes su sonido; mas ni sabes de dónde viene, ni a dónde va; así es todo aquel que es nacido del Espíritu.*
>
> (Juan 3:8)

Dios, Espíritu Santo, es un ser invisible que habita en nuestros corazones. Si bien puede haber muchas obras del Espíritu sucediendo hoy que no podemos percibir, ver o sentir, el Espíritu Santo revela a Dios Padre y a Dios Hijo de muchas maneras. Como lo indica el versículo de arriba, nadie ha visto nunca el viento pero sabemos cuándo sopla porque vemos a los árboles moverse, el polvo arremolinarse y más. El viento es invisible, pero su influencia es perceptible. De la misma forma, nadie ve al Espíritu Santo habitando dentro de un creyente, pero sus manifestaciones en la vida de ese creyente y a través de él sí, son perceptibles.

El Espíritu Santo se manifestó en las vidas de los discípulos en el día de Pentecostés, poco después de la resurrección y ascenso de Jesús:

> *Y hecho este estruendo* [los discípulos hablando en otras lenguas], *se juntó la multitud; y estaban confusos, porque cada uno les oía hablar en su propia lengua.*
>
> (Hechos 2:6)

Nadie puede argumentar ni dudar que estas lenguas fueron una manifestación del Espíritu Santo porque atrajeron una multitud de gente a escuchar el sermón de Pedro acerca de Jesús, y ¡más de 3.000 personas fueron salvas en un día! (Vea versículo 41). Sin esta manifestación, al igual que el sonido del *"viento recio que soplaba"* y la vista de las *"lenguas repartidas, como de fuego"* (versículos 2–3), la gente no se hubiera dado de cuenta de que el Espíritu Santo había llegado, porque él se da a conocer a través de sus manifestaciones. Los dones del Espíritu Santo, incluyendo las lenguas, son su medio principal para manifestarse a nuestros sentidos naturales: *"Pero a cada uno le es dada la manifestación del Espíritu para provecho"* (1 Corintios 12:7).

Podemos reconocer el movimiento del Espíritu en las formas mencionadas y más; podemos vivir en su poder aquí y ahora, con la habilidad de levantarnos y pasar por encima de los problemas o conflictos, y expandir el reino de Dios en la tierra.

Los propósitos para demostrar el reino de Dios aquí y ahora

Ahora pasemos a los propósitos para demostrar el reino de Dios, de modo que podamos estar seguros de entender las razones principales por las que Él desea manifestar su ámbito eterno en la tierra, y por qué es vital que busquemos primeramente su reino. (Vea Mateo 6:33).

1. Para fundamentar nuestra fe en el poder de Dios

Ni mi palabra ni mi predicación fue con palabras persuasivas de humana sabiduría, sino con demostración del Espíritu y de poder.

(1 Corintios 2:4)

Pablo produjo grandes resultados para el reino, no por la elocuencia o la educación, sino por las demostraciones visibles de la obra del Espíritu Santo en su ministerio. Nuestra fe debe estar fundada en el poder de Dios, no en teorías abstractas o capacidades humanas. Ni los sermones, entrenamiento bíblico, títulos universitarios, argumentos teológicos ni nada por el estilo, pueden lograr lo que una experiencia con Dios puede lograr.

Experimentar a Dios y ver sus manifestaciones cambian nuestra mentalidad, nuestra actitud y forma de actuar. Ni la doctrina ni la teología, por muy bien que suenen, son suficiente base para nuestra fe. Es difícil vivir en victoria, a menos que caminemos en el poder de Dios. Esto no es un lujo para nosotros, ¡es una necesidad absoluta! Lo insto a tomar hoy la decisión de experimentar lo sobrenatural en su vida. Oro para que el poder del reino sea desatado en usted y se manifieste a sus sentidos físicos. ¡Recíbalo, ahora mismo!

Podemos demostrar a Dios sólo cuando lo hemos experimentado.

---

2. Para establecer un contexto de reino para el poder de Dios

En el primer capítulo de los Hechos, vemos que Jesús les enseñó a sus seguidores *"acerca del reino de Dios"* (Hechos 1:3) durante las seis semanas que pasaron entre su resurrección y su ascenso al cielo. En el segundo capítulo, el Padre derramó su prometido *"poder desde lo alto"* (Lucas 24:49) sobre los discípulos de Jesús, en Pentecostés (vea Hechos 2:1–4), y los llevó a ser bautizados por el Espíritu Santo y a que miles de personas entraran al reino de Dios. En el tercer capítulo, cayó la gloria o presencia de Dios, manifestándose en la sanidad de un hombre paralítico de nacimiento. (Vea Hechos 3:1–9).

Jesús sabía que tenía que preparar a sus seguidores para recibir el derramamiento del Espíritu. Si éste hubiera descendido *antes* de que Jesús les diera la revelación del reino a sus discípulos, les hubiera faltado el contexto espiritual para el poder que recibieron. El poder de Dios siempre viene con estos propósitos: edificar y expandir el reino. Igualmente, debemos entender y enseñar el contexto del poder que Dios quiere derramar en nuestras vidas. Si ignoramos la razón por la cual el Espíritu Santo viene sobre nosotros, nos podemos secar o quemar a nivel espiritual, mental y emocional. Sin embargo, si operamos en el poder de Dios desde su trono en el ámbito celestial, con la motivación correcta, nunca nos secaremos ni nos quemaremos. Su presencia es el ámbito del descanso y la *"plenitud de gozo"* (Salmos 16:11).

El poder sin propósito trae confusión y agotamiento.

Otra de las razones por las cuales Jesús les enseñó a sus discípulos acerca del reino, después de su resurrección, fue que Él conocía el ambiente gubernamental y cultural de su tiempo. Los fariseos y saduceos religiosos siempre lo habían cuestionado y perseguido durante su ministerio en la tierra, y Él sabía que desde el momento de su resurrección, se desataría una gran persecución sobre su iglesia, por parte de los establecimientos religiosos, y sus discípulos necesitarían poder para tener osadía y ser efectivos en el ministerio. Los mismos líderes religiosos tratarían de eliminar toda evidencia de la resurrección de Jesús, para destruir su credibilidad. Sin embargo, la prueba de haber sido levantado de los muertos vendría de sus discípulos, investidos con el Espíritu Santo, quienes harían milagros y maravillas en su nombre y en el poder de su resurrección.

Hoy en día, en muchos círculos cristianos, se le enseña a la gente que el único propósito de ser llenos con el Espíritu Santo es poder *"hablar en lenguas"* (Hechos 2:4). Las lenguas son el lenguaje del cielo y son una señal de lo sobrenatural; sin embargo, para abrir los ojos ciegos, destapar los oídos sordos y fortalecer a los paralíticos se requiere mucho más que simplemente hablar en otras lenguas —si bien podemos recibir fortaleza espiritual, guía y ser empoderados a medida que oramos en nuestro lenguaje celestial—. Debemos entender que el propósito de ser bautizados en el Espíritu Santo es recibir poder. (Vea Hechos 1:8). Cuando la gente no logra entender esto, sigue enferma, deprimida y atormentada por demonios, aunque haya sido bautizada con el Espíritu Santo.

El propósito de ser bautizado con el Espíritu no es magnificar la señal de hablar en otras lenguas, sino recibir el poder de Dios.

Dios nos dio el poder del Espíritu Santo para derrotar al diablo y todas sus obras, para vencer la tentación, gobernar la naturaleza carnal y triunfar en medio de circunstancias adversas. Yo creo que la sociedad acepta el pecado como algo normal porque la iglesia no ha manifestado el poder del Espíritu para liberar a la gente. Esto quiere decir, por ejemplo, que los homosexuales y las lesbianas deben acostumbrarse a vivir en pecado porque pocos creyentes están demostrando que Dios verdaderamente los puede cambiar.

Odalis Lozano había practicado el lesbianismo toda su vida. De niña, llevaba el cabello corto, se vestía con ropa de hombre y usaba una billetera de varón. A los dieciocho años, comenzó a tener relaciones con mujeres. Ella rechazaba a los hombres porque le daban asco.

Según Odalis, su vida era un infierno en vida. Su corazón estaba lleno de ira, odio, amargura y rencor contra sus padres, porque ellos nunca le enseñaron que su estilo de vida era perjudicial. Además, bebía demasiado y estaba atrapada en la adicción; practicaba la masturbación y pasaba mucho tiempo en los casinos, obsesionada con los juegos de azar. Les tenía terror a los doctores porque pensaba que le tocaban sus partes sexuales sin causa médica. Su falta de identidad personal la llevó a vivir con una compañera durante once años, a pesar de ser infeliz. Tenían una pelea constante por dinero. La situación se tornó tan mala que su compañera la echó de la casa y Odalis quedó indigente.

Desesperada, comenzó a clamar a Dios, gritando: "¡Señor, ayúdame! ¡No puedo seguir con mi vida!". Entonces vino al Ministerio El Rey Jesús y el amor de Dios la ministró. Asistió a un retiro, dirigido por mi esposa, donde recibió sanidad interior y liberación. Cuando reprendieron al espíritu de lesbianismo, Odalis gritó y vomitó, pero también experimentó, lo que ella describe como, un fuego quemándole en el abdomen. Desde ese día, el Espíritu Santo ha cambiado su vida por completo —espiritual y físicamente—. Hoy por hoy, se siente una mujer; usa ropa de mujer y se dejó crecer el cabello. Tiene más confianza en sí misma y no ha vuelto a derramar ni una sola lágrima de dolor. Odalis es feliz porque ahora tiene paz interior.

Unos meses después de su liberación, su antigua compañera vino a uno de nuestros servicios y también fue liberada del espíritu de lesbianismo, que la había tenido atada por cuarenta años. Hoy, se siente como una hija de Dios, con identidad y propósito. ¡El amor del Padre la transformó! Ahora, Odalis usa su propio testimonio para ayudar a otras mujeres a abandonar el lesbianismo y a ser liberadas por el poder de Dios.

La derrota de Satanás se puede entender sólo desde una perspectiva de reino.

Para vivir victoriosos en tiempos difíciles y expandir el reino, trayendo transformación a la sociedad, necesitamos poder de verdad. Cuando el Espíritu Santo viene sobre nosotros y nos llena, somos capacitados para "explotar" el poder dinamita de Dios, por medio de las manifestaciones que vienen del mundo invisible al mundo visible, para suplir las muchas necesidades de la gente a nuestro alrededor.

Si Pentecostés ha venido sobre nosotros, ¡manifestar el poder de la resurrección, todos los días, debería ser nuestra norma! Todos podemos tener una experiencia permanente de Pentecostés. En nuestro ministerio, si un demonio se manifiesta, lo echamos fuera; si alguien está enfermo, lo sanamos con el poder de Dios. Usted puede hacer lo mismo.

Recibir el "Pentecostés" sin el poder del reino es sólo una experiencia cristiana más.

Los discípulos de Jesús fueron gente común y corriente que hizo obras extraordinarias por el poder que recibieron en el Aposento Alto. La venida del Espíritu Santo no fue sólo un evento histórico del primer siglo. Puede suceder aquí y ahora si tenemos la fe para recibirlo. Dios no busca líderes religiosos ni grandes "eruditos bíblicos" para edificar su reino. Él busca gente común y corriente, cuya mentes esté abierta a la realidad de su poder y gloria, y que pueda traer estas facetas de su dominio desde el ámbito invisible al aquí y ahora; gente que crea en su Palabra y actúe en ella.

"Pentecostés" es el reino en moción, aquí y ahora.

---

3. Para establecer el orden

Otro propósito para demostrar el reino es restaurar el "territorio" de una persona o lugar al diseño original de Dios. Suponga que alguien sufre de escoliosis y el poder de Dios lo sana, enderezando su columna vertebral; con este acto, Dios ha restaurado su espalda a la forma que originalmente debía ser. Él ha restablecido el orden de la creación. El siguiente testimonio es de una mujer por quien Dios hizo este tipo de restauración.

Mafe Regetti no tenía el sentido del olfato desde hacía, aproximadamente, veintiún años. Le habían disparado en la cabeza y la bala se había alojado en su lóbulo frontal, afectando su funcionamiento neurológico y su habilidad para detectar los olores. En cierta oportunidad, Mafe asistió a una CAP, en Miami, con la convicción de que el poder sobrenatural de Dios se manifestaría en su vida. Durante una ministración, la gloria de Dios descendió sobre el lugar y, de repente, ella comenzó a detectar los olores a su alrededor. Entonces, confirmó su sentido del olfato con diferentes perfumes y aromas. ¡Dios le había restaurado lo que estaba dañado! La ciencia médica no tenía solución para su problema, pero Dios la restauró por completo con su poder sobrenatural.

4. Para establecer la estructura del reino

Yo defino la palabra *estructura* como el proceso por el cual algo se lleva a cabo o la manera en que es edificado. El Espíritu de Dios establece una estructura para nosotros, dentro de la cual cumplir la obra de Dios y edificar su reino. Sin estructura no hay orden ni restauración de los propósitos divinos. La estructura primero debe ser establecida por el poder de Dios, para entonces ser usada correctamente. Cuando su poder es desatado sobre los creyentes, antes de que haber sido establecidos en la estructura y el contexto del reino, o cuando viene sobre creyentes que han olvidado el propósito del mismo, ese poder puede convertirse en algo difícil de manejar y, por lo tanto, peligroso de tener. Creo que ésta es la razón por la que los avivamientos mueren al pasar el tiempo. Por ejemplo, algunos de ellos terminan porque la gente envuelta entra en conflicto y división; otros terminan porque los líderes caen en pecado.

¿Qué estructura usa el Espíritu Santo para establecer y edificar el reino? Una estructura de relaciones, no de reglas, tradiciones ni estatutos establecidos por denominaciones o iglesias. El cristianismo no es una religión, pero a menudo la hemos convertido en una dejándonos llevar por el criterio humano, en lugar del Espíritu Santo.

Cuando la iglesia nació era un organismo, no una organización. ¿Cuál es la diferencia? El diccionario define *organización* como una "asociación", "sociedad" o "estructura administrativa y funcional (como un partido político o un negocio)". Un *organismo* se define como "una estructura compleja de elementos interdependientes y subordinados cuyas relaciones y propiedades son determinadas, en gran parte, por su función en el todo". No tiene nada de malo establecer una organización, siempre y cuando esté basada en relaciones.

Los miembros de la iglesia —el cuerpo de Cristo— deben ser interdependientes en su ejercicio de la mayordomía del poder y la presencia del reino de Dios en la tierra. Sin embargo, casi siempre, la iglesia se ha fragmentado en múltiples partes independientes; por lo tanto, opera más como organizaciones diversas que como un organismo. Esta fragmentación impide que el Espíritu Santo se mueva como lo hacía en los días de la iglesia primitiva. Hoy, cuando una manifestación espontánea de la gloria de Dios desciende sobre una congregación, primero debe "someterse" al voto de los ancianos y los diáconos para ver si será bienvenida o no. Es increíble que Dios tenga que "pedir permiso" para manifestarse en su propia iglesia. Esto es como si un mayordomo citara a una reunión de empleados domésticos para decidir si deben dejar entrar al dueño de la casa o qué le pueden permitir hacer en su propiedad.

Cuando Jesús ministró en la tierra, enseñó y estableció una estructura flexible para el reino, basada en relaciones. Él dijo que el Padre estaba en Él y que Él estaba en el Padre. (Vea Juan 17:21). Él le dijo a sus discípulos: "*Yo soy la vid, vosotros los pámpanos*" (Juan 15:5), "*Si permanecéis en mí, y mis palabras permanecen en vosotros, pedid todo lo que queréis, y os será hecho*" (versículo 7), y "*Vosotros le conocéis [al Espíritu Santo], porque mora con vosotros, y estará en vosotros*" (Juan 14:17). Jesús oró "*para que todos [sus discípulos] sean uno; como tú, oh Padre, en mí, y yo en ti*" (Juan 17:21). Y Pablo escribió: "*Porque así como el cuerpo es uno, y tiene muchos miembros, pero todos los miembros del cuerpo, siendo muchos, son un solo cuerpo, así también Cristo*" (1 Corintios 12:12). El reino de Dios se trata de relaciones.

El Espíritu Santo, como administrador del reino, siempre se está moviendo. Él no adhiere a estructuras rígidas. La iglesia de hoy está llena de estructuras estrictas que llevan a la gente a actuar en independencia, en lugar de desarrollar relaciones por medio de las cuales el poder de Dios pueda obrar. Por ejemplo, el espíritu de independencia puede hacer que los líderes traten a la gente con dureza en lugar de cuidarla; puede insensibilizarlos al dolor de los demás, o peor aún, a la voz de Dios.

Yo creo que la paciencia y la compasión escasean en la actualidad. Hágase las siguientes preguntas: "¿Puedo trabajar con gente difícil?" y "¿Puedo amar a las personas, aun cuando mis sentimientos hacia ellas son negativos?". Si no establecemos una estructura de relación por medio del Espíritu Santo, vamos a rechazar a nuestros hermanos creyentes en lugar de trabajar en unidad con ellos. En ocasiones, parece que lo único que mantiene a los creyentes unidos, a pesar de sus problemas, es la organización de una iglesia o ministerio, no el reino y sus propósitos eternos. Cuando tenemos una mentalidad de reino, reconocemos el valor de cada uno y su aporte al cuerpo de Cristo; recibimos a las diversas personas que Dios ha enviado a nuestras vidas.

Cuando Jesús ministró en la tierra, enseñó y estableció una estructura flexible para el reino, basada en relaciones.

Por lo tanto, debemos promover una estructura flexible para el reino de Dios en la tierra, basada en relaciones, para poder mantener el orden que Él ha establecido. Dicha estructura incluye líderes que puedan apoyar a otros pastores y creyentes, ofreciéndoles los beneficios y bendiciones que vienen por medio de la paternidad y la cobertura espiritual. Sé que hay iglesias que no funcionan en base a relaciones y que no tienen cobertura espiritual. Su resultado es que los líderes se sienten solos y desprotegidos; les falta la visión, el entrenamiento y las herramientas que les ayudarían a establecer el reino en su territorio. Éste fue el caso del pastor en el siguiente testimonio.

El Pastor Guillermo Rubalcaba, de México, ha servido a Dios desde muy joven. Unos años atrás, comenzó una pequeña iglesia en el patio de su casa, con sólo seis personas, y la congregación creció a 120. "Mi esposa y yo servíamos con el deseo de agradar a Dios, pero nos faltaba visión e identidad. No sabíamos nada de la paternidad espiritual ni del ministerio apostólico y profético. Nos faltaba conocimiento para discipular a la gente y aumentar nuestra membresía.

"Nuestra iglesia estaba fundada sólo sobre buenas intenciones. Deseábamos lo sobrenatural pero nos habíamos conformado con servicios de alabanza, adoración y prédica, y nada más allá de eso. Se iba más gente de la que se quedaba. Nos sentíamos solos y sin apoyo. Éramos una iglesia de bajo recursos; nuestro edificio tenía una débil estructura metálica y nos sentábamos en sillas de plástico. Un día, mi esposa soñó que ascendía al cielo a pedir un pago y le preguntaban: '¿Con qué nombre está registrada?'. ¡Como no estábamos registrados, no nos podían dar nada! ¡Necesitábamos cobertura espiritual!

"En ese tiempo, veíamos al Apóstol Maldonado por televisión y admirábamos su ministerio, pero pensábamos que era demasiado lejos. Por una conexión divina, fuimos invitados a una reunión de su red apostólica. Al llegar, él nos profetizó y nos aceptó como hijos espirituales. A partir de ese día, nuestras vidas personales comenzaron a cambiar. Dios sanó viejas heridas, y ya no nos sentíamos solos. Las enseñanzas que recibimos impactaron nuestra vida. Recibimos identidad y comenzamos a implantar la visión en la iglesia. Después de esto, la congregación creció a 2.000 personas. Establecimos un gobierno apostólico y, ahora, les damos cobertura espiritual a dos iglesias en México y a una Casa de Paz en España. La Pastora Ana Maldonado profetizó que Dios nos daría un terreno para la iglesia y, poco después, ¡nos donaron dos terrenos!

"Además, se desató un poder sobrenatural para milagros, y los testimonios son demasiados para contar. Por ejemplo, Mario González tenía una deuda de medio millón de dólares porque su contador no había pagado sus impuestos. Oramos y creímos por la cancelación de esa deuda y ¡el milagro sucedió! Primero, le notificaron que la deuda había sido reducida a la mitad. Un mes más tarde, recibió la noticia de que el resto había sido cancelado. No tuvo que pagar nada.

"También está el testimonio de Joel, que había nacido con un defecto en su corazón. A los quince años, ya no podía caminar y le era muy difícil respirar. Le practicaron una cirugía a corazón abierto y después le dijeron que ya no había más qué hacer; así que fue conectado a un tanque de oxígeno, el cual debía usar las 24 horas y, además, necesitaba una silla de ruedas para moverse. ¡Así fue su vida por diez años! Un día, me escuchó predicar en la radio y vino a una cruzada de milagros. Después de orar por él, sintió un calor y comenzó a temblar. Entonces, se desconectó del tanque de oxígeno y sintió que el aire entraba en sus pulmones. ¡Se paró de la silla de ruedas y caminó! Fue sanado, para la gloria de Dios. Hoy, Joel lleva una vida normal; sirve en la iglesia y ha regresado a la escuela.

"Otro caso es el de una mujer llamada Guadalupe. Fue al médico por un dolor de estómago, quien le diagnosticó peritonitis y la internó de inmediato. Después de hacerle algunos exámenes, los médicos le dijeron que su condición era peor de lo que habían anticipado. Sus intestinos estaban tan inflamados que sobresalían de la piel. Pero entonces, su estómago explotó por la presión de los intestinos. Cuando los médicos la operaron, descubrieron que tenía cáncer y le tuvieron que quitar aproximadamente cinco pies (1,5 m., aprox.) de intestino. Estuvo en coma por quince días y tuvo que pasar cuatro cirugías más y una colostomía. En la última cirugía, los médicos notaron que sus órganos se veían negros, como si se estuvieran pudriendo. La condición de Guadalupe era terminal. Los médicos le cerraron el abdomen con grapas y la enviaron a su casa a morir.

"En un servicio de milagros, ungimos retazos de tela con aceite. La tía de Guadalupe le llevó uno a su sobrina y, aunque ésta estaba inconsciente, la ungieron con él. Cuando Guadalupe despertó, testificó que sentía paz y bienestar. En pocos días, la inflamación de su abdomen se había reducido, las grapas cayeron por sí solas y la herida cicatrizó milagrosamente. ¡Dios la había sanado! ¡Éste es un milagro poderoso! Cuando entró caminando al hospital para hacerse nuevos exámenes, los médicos no lo podían creer. Según sus cálculos, ya debía estar muerta. ¡La revisaron y confirmaron que todos sus órganos internos estaban saludables y que no tenía cáncer! Además, Guadalupe era estéril, no tenía ovarios; pero Dios le creó ovarios nuevos, y hoy, acuna a su bebé en sus brazos".

El fruto del ministerio del Pastor Rubalcaba habla por sí solo. Todo lo que antes estaba detenido fue activado al establecer una estructura de reino bajo la cobertura de un padre espiritual y organizar las relaciones en su iglesia de acuerdo a los principios del reino. Hoy, pastorea una congregación viva, próspera y llena del poder sobrenatural.

Conozco iglesias y ministerios que tienen estructuras fuertes basadas en reglamentos y leyes pero carecen de poder. Esto es porque elevan el orden, fundado en ideas y propósitos humanos, como su meta suprema. Si una estructura es rígida nos llevará a los extremos que impiden que el Espíritu Santo se mueva. Ahí es cuando Dios se va y lo único que queda es la formalidad. Toda manifestación del reino debe ser demostrada dentro de una estructura de orden y propósito relacionales.

Es peligroso quedarse donde Dios ya no está.

5. Para confrontar y atar al diablo y a sus demonios

Cada vez que echamos fuera a un demonio, atamos al enemigo. Cuando el poder del reino viene a un lugar y toma el territorio que Satanás ocupaba ilegalmente, este último es derrotado. Algunos cristianos confunden el poder de Dios con danzar y gritar; pero si un demonio se manifestara en alguien cerca, no tienen la más mínima idea de cómo echarlo fuera. ¡Su percepción del poder de Dios que habita en ellos, por medio del Espíritu, es muy limitada! De hecho, algunos cristianos tienen la impresión de que si reprenden a un demonio, éste les saltará encima y los lastimará, como les sucedió a los exorcistas ambulantes judíos, según lo que registra Hechos 19:13–16. Este temor hace que muchos rechacen la práctica de echar fuera demonios. Básicamente, algunos cristianos han tomado un incidente del libro de los Hechos donde los demonios tomaron una ventaja, y lo han establecido como si fuera una norma para los creyentes. El caso es que aquellos exorcistas ambulantes judíos no eran creyentes. Estaban actuando movidos por su propia iniciativa, no por el poder de Cristo.

La mayoría de los cristianos que no acepta la práctica de echar fuera demonios cree que debe hacerse en servicios especiales de la iglesia, encabezados por pastores u otros líderes preparados espiritualmente. Es posible que no sepan o no recuerden que la Biblia dice que *ellos* tienen poder y autoridad sobre el enemigo. (Vea, por ejemplo, Lucas 10:19).

La subyugación de Satanás siempre ocurre en conjunción con el arribo del reino de Dios. Cuando no entendemos el propósito del reino, pasamos por alto nuestra capacidad para derrotar al enemigo y no expulsamos a los demonios. ¡La iglesia está en la posición de echar fuera demonios porque Jesús ya ganó la victoria! No tenemos que presentar una cruzada de milagros anual y traer predicadores especiales para liberar a la gente de los demonios. El poder de Dios está dentro de nosotros. Aunque al principio los demonios traten de resistirnos, cuando los expulsamos en el nombre de Jesús y el poder de su Espíritu, tienen que huir.

6. Para traer juicio y misericordia

Las demostraciones del reino de Dios pueden traer juicio o misericordia, dependiendo de si la gente las acepta o las rechaza. (Vea, por ejemplo, 2 Corintios 2:15–16). Cuando Moisés liberó a los israelitas de la esclavitud, el poder de Dios trajo juicio sobre Egipto y misericordia para Israel —destrucción para uno y libertad para el otro—. Es importante que las motivaciones de nuestro corazón sean puras y que estemos abiertos a Dios cuando se mueve entre nosotros, porque queremos su misericordia, no su juicio. E incluso, cuando estamos en Cristo, hay misericordia aun cuando nos corrige. Sus misericordias son nuevas cada mañana. (Vea Lamentaciones 3:22–23).

7. Para confirmar que somos testigos legítimos de Cristo

Los creyentes somos creíbles si podemos producir el mismo fruto espiritual que la iglesia primitiva. Dios confirmó el testimonio que daba la iglesia del Cristo resucitado con demostraciones poderosas de su poder. Podemos llevarle salvación a la gente cuando nosotros hemos sido salvos. Del mismo modo, creo que también podemos liberar a las personas cuando nosotros hemos sido liberados; podemos sanar a otros cuando nosotros mismos hemos sido sanados. Nuestro fruto convalidará nuestro testimonio dondequiera que estemos —en la oficina, la escuela, la tienda, en cualquier parte—. Si no hemos sido liberados o sanados de algo, no seremos testigos creíbles; pero cuando desatamos el mismo poder por medio del cual nosotros hemos sido liberados o sanados, podemos generar una revolución espiritual.

Permítame animarlo a comenzar desde el principio: cuéntele a la gente lo que le pasó el día que nació de nuevo. Después, nárrele cómo ha cambiado desde entonces. Nadie más puede compartir su testimonio como usted. Yo no puedo testificar de su experiencia porque no me sucedió a mí. Sólo usted puede hablar con absoluta certeza de cómo ha sido transformado. Cuando lo haga, el poder de Dios se manifestará, porque usted es un testigo legítimo. Decídase a compartir su testimonio, hoy, ¡ahora mismo!

Cuanto más responda en fe a la revelación que Dios le da, experimentando su presencia y poder, más crecerá en su habilidad para testificar con las manifestaciones del reino que apoyarán sus palabras. Niéguese a conformarse con compartir testimonios ineficaces. ¡Muéstrele a la gente el poder de Dios que habita en usted para que ella también pueda ser transformada, sanada y liberada!

8. Para establecer la expansión del reino por la fuerza espiritual

El reino no puede ser establecido sin demostraciones contundentes del poder de Dios. Como hemos visto, ese poder es necesario para desarraigar y echar fuera el reino de las tinieblas de una persona o de un lugar. En el capítulo 10, veremos más de cerca cómo establecer la expansión del reino por la fuerza espiritual. Entonces, cada vez que nos encontremos con alguien en necesidad, ¡Dios podrá hablarnos y guiarnos a manifestar su poder transformador, aquí y ahora!

Si usted quiere comprometerse a demostrar el reino de Dios, por favor, haga la siguiente oración:

Señor Jesús, te reconozco como mi Señor y Salvador. Estoy dispuesto y disponible para ir y demostrar tu reino aquí y ahora. Te pido que me des tu gracia sobrenatural para correr riesgos y ser osado(a) a la hora de demostrar tu poder y gloria. Le pido a tu Espíritu Santo que venga sobre mí y me empodere, ahora, para hacer las obras del reino. Señor Jesús, por fe, dondequiera que vaya —mi colegio, empleo, restaurante, un evento deportivo, el centro comercial, de vacaciones o cualquier otro lado— oraré por los enfermos, los oprimidos y los cautivos, y los liberaré en tu nombre. ¡Los que no han recibido la salvación o el bautismo del Espíritu Santo lo recibirán por tu poder! Te entrego mi voluntad y mi corazón, ahora mismo. En tu nombre, amén.

10

La expansión del reino por la fuerza espiritual

Dios le dio a la humanidad dos mandatos globales. El primero es ejercer dominio sobre la tierra, el cual Adán y Eva no cumplieron. Después de su resurrección, Jesús le dio a la iglesia el segundo mandato, que es la Gran Comisión de expandir el reino de Dios en la tierra, extendiendo sus límites y fronteras, y explorando nuevos territorios, dimensiones y ámbitos. (Vea, por ejemplo, Mateo 28:18–20). A medida que la iglesia cumple la misión del segundo mandato, regresa a ejercer el dominio en la tierra.

Jesús nos dio una visión global

Lo dilatado de su imperio y la paz [de Jesús] *no tendrán límite….*
(Isaías 9:7)

Jesús exhortó a los apóstoles a ir por todo el mundo con el evangelio del reino. (Vea Marcos 16:15). Por medio del poder de Dios, los seguidores de Jesús afectaron muchos aspectos de su sociedad en muy poco tiempo —sin los sistemas de comunicación modernos como la televisión, radio o internet—. Una razón por la cual se esforzaron para expandir el reino fue que creían que Jesús regresaría en poco tiempo. Los apóstoles predicaron cada sermón como si Él fuera a regresar al día siguiente, y lo hacían con el temor de Jehová. Operaban en celo santo y proclamaban el evangelio con justicia y demostraciones del poder del reino. Mucha gente respondió a su mensaje de salvación a través de Cristo, y de todo corazón rindieron sus vidas a Dios.

Si sabemos cómo interpretar las señales de los tiempos, reconoceremos que Jesús vendrá pronto, porque la maldad se ha multiplicado y los corazones de muchos se han endurecido. (Vea Mateo 24:12). ¡Expandir el reino de Dios por toda la tierra es un asunto urgente! El 11 de septiembre de 2001, cuando las torres gemelas de la Ciudad de New York fueron atacadas y destruidas, muchos corrieron a la iglesia, temiendo que el fin del mundo se acercaba. Cuando vemos juicios, terremotos, tsunamis y más, debemos proclamar el reino de Dios con verdadera convicción y demostraciones de su poder. Las manifestaciones del mundo invisible harán que la gente desarrolle hambre por las cosas de Dios —un deseo genuino de adorarlo, buscar santidad, vencer el pecado y convertirse en vasos a través de los cuales Él muestre su presencia y poder en la tierra—. Las personas tendrán pasión por revelar al Cristo vivo de manera tangible.

Debemos tener revelación para ir por todo el mundo

La iglesia primitiva proclamaba el evangelio con resultados notables. Sin embargo, en los primeros años, gran cantidad de creyentes se quedaron dentro de una esfera limitada. Muchos vivían en Jerusalén, creciendo en número y quizás pensando que esto les daría fuerza política ante los ojos de Roma.

¿Qué hacían en Jerusalén, cuando su comisión era ir por todo el mundo? Si miramos su situación desde una perspectiva contemporánea, quizá esperaban madurar un poco más o tener una sesión más de liberación. Quizás pensaban que deberían adquirir más conocimiento espiritual y experiencia, así que tomaban más clases de discipulado y cursos de liderazgo y asistían a conferencias y reuniones. Posiblemente colectaban ofrendas para estar seguros de tener suficientes fondos para cubrir sus gastos de viaje. Quizá esperaban que sus hijos se casaran, o esperaban el tiempo para retirarse con tranquilidad de sus empleos.

Creo que los primeros cristianos se quedaron donde estaban porque les faltaba la revelación para ir —la revelación de que la Gran Comisión era global—. Comenzaría en Jerusalén, pero después tendría que extenderse a Judea, Samaria y al mundo entero. Esa misma falta de revelación es la que hoy detiene a la iglesia de cumplir ese mandato. Los creyentes no se mueven por todas las razones que mencioné arriba —y más—. Aparentemente, muchos de nosotros no nos sentimos espiritualmente listos para proclamar el evangelio del reino con manifestaciones visibles. Mientras tanto, el mundo sigue perdido y la gente se muere y va al infierno.

Puede haber períodos en nuestra vida en los cuales necesitamos tiempo para enfocarnos en edificar el carácter de Cristo en nosotros. Sin embargo, para la mayor parte, el carácter y el ejercicio del poder espiritual crecen juntos. A veces la gente dice, "Le pediré al Señor que me llene de poder cuando mi carácter sea lo suficientemente maduro para recibirlo". Sin embargo, si esperamos hasta ser maduros antes de demostrar el reino, nunca estaremos listos, porque siempre habrá algo más en nuestras vidas que necesita cambiar.

Si espiritualmente estamos en un lugar donde podemos recibir la revelación, poder y gloria de Dios, y demostrarlos con manifestaciones visibles, nuestras vidas ciertamente cambiarán. Lo que realmente necesitamos es una revelación del mandato global de Jesús. Como establecimos en el capítulo anterior, ¡somos bautizados en el Espíritu con el propósito de recibir poder, y recibimos poder para ir y demostrar el reino de Dios en el ahora!

Si espera que su carácter esté completamente maduro, antes de ir al mundo con el evangelio del reino, nunca estará listo para ir.

Somos ciudadanos del dominio de Dios, reyes y sacerdotes que gobiernan la tierra desde el ámbito celestial, representantes y embajadores del reino. Cristo nos mandó a interesarnos por el mundo, no sólo por el círculo inmediato de nuestra familia, amigos e iglesia. Sin embargo, el enemigo quiere mantenernos estancados con el fin de evitar que nos extendamos. Para extender el dominio de Dios, la iglesia como un todo, debe funcionar como una embajada de reino en cada pueblo, ciudad y nación, a medida que vamos a cada tribu, raza y grupo étnico en el mundo.

Cuando usted tiene un encuentro o experiencia con el poder de Dios, éste lo transformará por dentro y por fuera.

Pasando de la ocupación a la expansión

Y Saulo estaba allí, aprobando la muerte de Esteban. Aquel día se desató una gran persecución contra la iglesia en Jerusalén, y todos, excepto los apóstoles, se dispersaron por las regiones de Judea y Samaria.

(Hechos 8:1, NVI)

Muchos creyentes en la iglesia primitiva se quedaron en Jerusalén hasta que llegó la persecución, la cual los obligó a huir de la ciudad. Fue entonces cuando comenzaron a cumplir el plan global que Jesús les había encomendado.

Nunca fue la intención de Dios que sólo "ocupemos" la tierra o existamos en ella. Su plan siempre ha sido que activamente extendamos su reino. En términos espirituales, no es saludable quedarse en un lugar y sentirse cómodo. En el instante que se acomoda, deja de avanzar, porque su pasión disminuye y comienza a morir.

La expansión es vital para el avance del reino de Dios. Y la expansión es un proceso. Dios no les dio a los israelitas toda la Tierra Prometida de una sola vez, porque la gente no podía ocupar todo el territorio inmediatamente. Él les dio todo territorio que tocaran las plantas de sus pies. (Vea Deuteronomio 11:24; Josué 1:3). Así fue como los posicionó para la expansión y Él hará lo mismo con nosotros.

El propósito de la guerra es la victoria. El propósito de la victoria es la ocupación. Y el propósito de la ocupación es la expansión.

Y [Eliseo] le volvió a decir: Toma las saetas. Y luego que el [rey Joás] de Israel las hubo tomado, le dijo: Golpea la tierra. Y él la golpeó tres veces, y se detuvo. Entonces el varón de Dios, enojado contra él, le dijo:

Al dar cinco o seis golpes, hubieras derrotado a Siria hasta no quedar ninguno; pero ahora sólo tres veces derrotarás a Siria.

(2 Reyes 13:18–19)

El profeta Eliseo le dijo al rey de Israel que golpeara la tierra cinco o seis veces, pero él sólo lo hizo tres veces. Como resultado, sólo obtuvo tres victorias temporales sobre su enemigo. Su error le costó un rompimiento completo contra la nación enemiga. El rey Joás no tuvo la suficiente pasión para cargar la unción que Dios le quería dar.

Si un líder pierde su pasión por la expansión, le costará su ministerio, su negocio, su organización; todo lo que él gobierne.

La unción y la pasión van juntas, porque cuando tenemos pasión golpeamos con todas nuestras fuerzas y tomamos riesgos para expandir. Cuando nos movemos en un ámbito nuevo, es normal enfrentar todo tipo de problemas e inconvenientes, y no obtendremos la victoria si sólo estamos confiando en triunfos pasados. Tenemos que pelear con fervor para entrar en todo lo que Dios nos ha dado. *"Es necesario que a través de muchas tribulaciones entremos en el reino de Dios"* (Hechos 14:22).

¡Nacimos para la expansión! Todo imperio humano ha tenido que pelear para conquistar nuevos territorios. ¿Está dispuesto a hacer lo mismo por el reino de Dios? Como hemos visto, cuando dejamos de movernos hacia adelante en Dios, nos estancamos espiritualmente. Nos quedamos en el mismo nivel y con la misma medida de fe; es decir, dejamos de ser transformados *"de gloria en gloria"* (2 Corintios 3:18). ¿Está dispuesto a ir hacia adelante para entrar en una mayor dimensión de unción, gloria, poder, autoridad, provisión financiera y revelación? ¿Está dispuesto a expandir la influencia de su familia, ministerio, negocio u organización a través de la revelación, por el bien del reino de Dios? ¡Decida hoy!

Dios siempre nos pedirá expansión —aun cuando creamos tener un ministerio exitoso o riqueza abundante o una comunidad tranquila donde vivir—. La mentalidad de pobreza dice, "Es suficiente", pero Dios quiere vernos extender y multiplicar el reino sin demora. Un reino que se expande y multiplica glorifica a Dios como *El Shaddai*, "el todopoderoso" (STRONG, H7706).

Todo principio de reino está arraigado en la ley del incremento y la multiplicación.

El Pastor Guillermo Jiménez tenía una congregación de 1,500 personas en Las Vegas. Muchos pastores se hubieran sentido satisfechos con una iglesia de ese tamaño, pero él y su esposa sabían que algo le hacía falta a su ministerio. Después de varios años manteniendo el mismo número de miembros, visitaron nuestro ministerio en búsqueda de ayuda, para vencer su estancamiento.

"Éramos una congregación activa y motivada, pero también muy metódica", dice el Pastor Jiménez. "Cuando conocí al Apóstol Maldonado, lo primero que me dijo fue, 'Usted necesita el poder sobrenatural de Dios'. Después de recibir cobertura espiritual y ser activados en ese poder, la congregación creció a 3,500 en tres años. Había mucho entusiasmo entre la gente para ganar almas y entrenar líderes. Hemos introducido clases para nuevos creyentes, formado mentores con el propósito de discipular, y establecido servicios de milagros, retiros de liberación y una escuela para líderes. Hemos aprendido a orar y a hacer guerra espiritual —tenemos más de 100 intercesores—. En medio de una crisis financiera, decidimos obedecer a Dios y edificar un moderno edificio de 50,000 pies cuadrados. Se pagó por completo, debido a que los diezmos y ofrendas de los miembros de la iglesia se duplicaron.

"Desde que adoptamos esta visión, hemos enfrentado crítica y oposición. Algunas congregaciones se niegan a aceptar lo sobrenatural, pero vale la pena seguir adelante. El ministerio ha ganado cierta reputación. Los pastores de otras iglesias nos visitan para aprender y ser activados en el poder sobrenatural de Dios. La Escuela Sobrenatural del Ministerio Quíntuple y CAP han sido de gran ayuda. Cada vez que llevamos a nuestros pastores asociados y líderes a estas conferencias, regresan en fuego, activados y alineados con la visión de la iglesia y de los pastores. Estamos agradecidos por estos eventos que equipan a los que verdaderamente desean aprender.

¡La ciudad de Las Vegas está siendo impactada por el poder sobrenatural de Dios!".

Todo esto sucedió porque un pastor se negó a conformarse a un número, y decidió salirse de su zona de comodidad, sabiendo que el mandato de Dios es de continua expansión.

Hoy, gran parte de la iglesia parece tener miedo a expandirse a territorios donde nunca antes ha estado. Esta oposición entre los creyentes es un gran reto para los líderes. Pero si un líder quiere que el pueblo vaya a una dimensión mayor, él también debe estar preparado para ir.

Cuando alguien enseña y demuestra una verdad,
es porque él la ha experimentado.

Frecuentemente se dice que la mejor defensa es un buen ataque. Expandir el reino significa estar a la ofensiva —entrar continuamente en territorios que están bajo el dominio del enemigo y comenzar iglesias, ministerios, negocios u otras aventuras que demuestren el poder sobrenatural de Dios—. Significa moverse continuamente hacia adelante, y atacar agresivamente el reino de las tinieblas. Entonces, las puertas del Hades no prevalecerán contra nosotros. (Vea Mateo 16:18). No podemos esperar que el enemigo nos ataque antes de tomar acción contra él. Por el contrario, debemos estar en permanente "modalidad de ataque".

El modo de operar del reino es la ofensiva,
porque continuamente está expandiéndose.

Expandiendo nuestro Edén aquí y ahora

En el mismo instante que Dios bendijo a los primeros seres humanos, Él les dio el mandato de multiplicar y ejercer dominio sobre la tierra: *"Los bendijo [Dios] con estas palabras: Sean fructíferos y multiplíquense; llenen la tierra y sométanla; dominen..."* (Génesis 1:28, NVI). Bendecir significa afirmar y empoderar con la habilidad de tener éxito. Esto quiere decir que la expansión y el dominio son las primeras señales de que Dios nos ha bendecido. El desata sus bendiciones por etapas de crecimiento: treinta, sesenta, y después cien. (Vea, por ejemplo, Marcos 4:8).

Dios le dio a Adán el territorio del Edén, desde el cual tenía que expandirse y llenar la tierra. Él también nos da nuestro propio "Edén", el cual representa el territorio, gracia, unción, favor, medida, ámbito, autoridad, poder, finanzas, dones, talentos, influencia y más, que estamos llamados a ejercer y expandir. Dependiendo de nuestra fidelidad y mayordomía con lo que nos da, Él incrementará nuestras bendiciones o nos las quitará.

Nuestra fidelidad y mayordomía determinan el nivel de incremento de nuestras bendiciones.

¿Cómo saber si necesitamos el incremento de Dios? Cuando Él nos llama a desarrollar una visión que está mas allá de nosotros mismos, que supera nuestro nivel actual de bendición, y que tiene como propósito expandir del reino. Si continuamente estamos a la ofensiva, en términos de crecimiento y movimiento espiritual, Dios nos dará el incremento. Su responsabilidad como Padre es darnos lo que necesitamos. Cuando nos da más de eso, es con el propósito de bendecir a otros. Si la única razón para desear el incremento es, suplir nuestras propias necesidades (o deseos) y nada más, Dios no nos incrementará, porque ese motivo no es suficientemente bueno ante sus ojos —no se alinea con su carácter ni los propósitos de su reino—. A menudo la mentalidad de la iglesia es mantener lo que tiene, pero aquellos que operan conforme a una mentalidad de reino, invertirán y multiplicarán todo lo que Dios les da.

El aumento viene mientras estamos en el proceso de expandir el reino.

Jesús enseñó la siguiente parábola para ilustrar cómo nosotros somos los mayordomos de los recursos que Dios nos da.

Porque el reino de los cielos es como un hombre que yéndose lejos, llamó a sus siervos y les entregó sus bienes. A uno dio cinco talentos, y a otro dos, y a otro uno, a cada uno conforme a su capacidad; y luego se fue lejos. (Mateo 25:14–15)

Un mayordomo es alguien que administra los activos de otro. Esa persona no es el dueño. En la parábola de los talentos, el dinero no le pertenecía a los siervos. Ellos sólo eran los administradores, y su fidelidad y mayordomía fueron probadas. (Vea versículos 16–30). Cada vez que sentimos que somos dueños de nuestros dones, dinero, ministerio o cualquier otra cosa que Dios nos ha dado, por lo general no queremos devolverle los beneficios de lo producido. Sin embargo, cuando reconocemos que sólo somos mayordomos de Dios, es más fácil retornarle sus "beneficios" e invertir en servicios adicionales.

Creo que al expandir el reino, la primera regla del negocio es ser buenos mayordomos de nuestro tiempo. En el pasaje de Mateo 25, el dueño le da a cada siervo un mandato y *"después de mucho tiempo"* (versículo 19), regresa a arreglar cuentas. Dios también regresará en ciertas temporadas de nuestra vida para preguntar: "¿Qué has hecho con lo que te di?". Nuestra responsabilidad es multiplicar y expandir lo que tenemos, *"cada uno conforme a su capacidad"* (versículo 15). Esta frase *"conforme a su capacidad"* no necesariamente significa que haremos menos si tenemos menos habilidades. Los que usan lo que reciben, les será dado más —Dios puede darnos destrezas y recursos adicionales—. Es más, Él no está limitado por nuestras habilidades humanas. Él nos da poder sobrenatural, incluyendo el *"poder para hacer las riquezas"* (Deuteronomio 8:18).

En la parábola, el siervo que recibió un talento no hizo nada con él. Lo enterró, y cuando su amo lo descubrió le dijo, *"Siervo malo y negligente... debías haber dado mi dinero a los banqueros"* (Mateo 25:26–27). El siervo fue improductivo e inútil porque nunca trató de ser un buen mayordomo de lo que había recibido. Ni siquiera trató de ganar interés sobre el dinero. El dueño, además de ser duro con este siervo, también ordenó lo siguiente:

Quitadle, pues, el talento, y dadlo al que tiene diez talentos. Porque al que tiene, le será dado, y tendrá más; y al que no tiene, aun lo que tiene le será quitado. (versículos 28–29)

Debemos multiplicar lo que Dios nos da. De otra forma, lo perderemos.

No deberíamos subestimar lo que el Señor nos ha dado. Si nos limitamos a tomarlo y nunca lo cultivamos ni los incrementamos, lo perderemos. Le será dado a otro que sí lo va a usar y multiplicar. En mis años de ministerio he visto evidencias de este principio. Conozco líderes, ministerio e iglesias que un día tenían unción, revelación, finanzas abundantes, favor, gracia y mucho más, pero luego de un tiempo lo perdieron todo, porque fallaron siendo buenos mayordomos de esas bendiciones. Dios los juzgó y dio sus bendiciones a aquellos que sí estaban dispuestos a invertir e incrementar lo que tenían. No podemos vivir en el reino sin producir ganancia.

Independientemente de cuántas excusas le demos al Señor por no lograr un retorno en lo que Él nos ha dado, el resultado siempre será el mismo. La gente a menudo se esconde detrás de las excusas del miedo, la falta de tiempo, la idea de que Dios demanda mucho de ellos, su insistencia de que los números no lo son todo, y así sucesivamente. Sin embargo, sin importar los diversos llamados y territorios que Dios nos ha dado —podemos ser agricultores, pastores, abogados, médicos, mecánicos, artistas, científicos o empresarios—, siempre debemos producir dividendos para el reino.

El exceso que Dios nos da es para usarlo expandiendo su reino.

Así ha dicho Jehová, Redentor tuyo, el Santo de Israel: Yo soy Jehová Dios tuyo, que te enseña provechosamente, que te encamina por el camino que debes seguir. (Isaías 48:17)

El reino de Dios nunca tiene déficit; siempre tiene ganancias. Si comenzamos un negocio, sólo para terminar con un déficit operacional, no somos empresarios de reino. Esto no significa que no tendremos retos financieros e incluso reveses temporales. Sin embargo, si no tomamos la iniciativa de invertir lo que tenemos y expandirnos, Dios dirá básicamente, "Quítale al que falla en producir y dáselo al que trae dividendos".

Funciona igual en el ámbito ministerial. Continuamente debemos expandirnos, ganar almas, hacer discípulos, sanar enfermos, liberar al oprimido y ayudar a los necesitados. Sin importar el tamaño de su iglesia, ¡nunca es suficiente para el reino! El corazón de Dios es para todo el mundo, para la globalización de su evangelio. Años atrás, la mayoría de mis conferencias operaban en pérdida, hasta que Dios me enseñó el principio de los dividendos, o de la ganancia: Debo producir "ganancias", no sólo financieras, sino también en almas salvas, discípulos entrenados, revelación impartida y unción ejercida, con el fin de continuar invirtiendo en la expansión del reino. Cuando seguí este principio —confiando en el Espíritu Santo para traer resultados moviéndome hacia adelante—, dejé de experimentar pérdida.

> *Los tres niveles de la provisión de Dios son:*
> *suficiencia, abundancia y sobreabundancia.*

Persiga su propósito, y sus necesidades serán provistas

La parábola de las minas (vea Lucas 19:12–27), es otra ilustración acerca de cómo "hacer negocios" en el reino: "[Un hombre noble] *llamando a diez siervos suyos, les dio diez minas, y les dijo: Negociad entre tanto que vengo*" (versículo 13). La gente en el mundo sabe cómo obtener ganancias, y las empresas esperan que sus empleados sean productivos. Paradójicamente, muchos en la iglesia no tienen una mentalidad de incremento, pese a que su misión es de expansión.

La expansión del reino requiere que persigamos nuestro propósito en Dios, en lugar de enfocarnos en nuestras necesidades personales. Cuando la gente se preocupa por sus necesidades, casi siempre desarrolla una mentalidad de limitación y pobreza. Jesús ya pagó por nuestras necesidades físicas, emocionales, materiales y espirituales en la cruz. Dios suple todo lo que necesitamos a través de Cristo, y nos da abundante provisión mientras buscamos su reino.

Cuando encontramos nuestro propósito, hallamos nuestra prosperidad.

Esto me recuerda un testimonio poderoso que ocurrió durante un módulo de la Escuela Sobrenatural del Ministerio Quíntuple, que se dio en nuestra iglesia en Miami. Paul Galindo, de Los Ángeles, había establecido su propia compañía llamada, Go Green Consultants, para proveer formas de usar la energía alternativa por medio de recursos naturales. Su negocio iba bien y sus contratos tenían un valor de varios millones de dólares. Pero cuando alguien en la compañía desfalcó dinero, Paul perdió todo. Se desanimó y quiso abandonar. Al mismo tiempo, su padre, el pastor de una iglesia en California, había sufrido un ataque al corazón y Paul tuvo que ayudar en el ministerio. Una mujer le habló de mi ministerio y le dio libros y enseñanzas en CD. El recibió la impartición del conocimiento revelado por medio de estos materiales y asistió a la Escuela Sobrenatural del Ministerio Quíntuple.

En la conferencia, desaté una palabra de conocimiento. Dije que había personas de negocio entre la audiencia que estaban en proceso de firmar contratos multimillonarios, pero que los abogados estaban demorando el proceso. En ese entonces, Paul estaba negociando un contrato por más de 18 millones de dólares, pero éste había sido cancelado por causa de los abogados. De repente, vi a Paul entre los asistentes y le pedí al Dr. Renny McLean que profetizara sobre él. El Dr. Renny le dijo que estaba en un proceso de transición, y que necesitaba mantener sus manos limpias y que debía cuidarse. Poco tiempo después, Paul recibió una llamada de un inversionista quien le dijo, "¡No sé qué pasa con usted, Paul, pero voy a invertir en su proyecto!". ¡Y firmaron un contrato por un millón de dólares!

Al regresar a Los Ángeles, muchas puertas comenzaron a abrirse para Paul y pudo firmar el contrato multimillonario valorado en ¡más de 18 millones de dólares! Paul dice, "Cuando estás en fuego por Dios, el dinero se hace irrelevante. Si hubiera recibido el rompimiento antes de la conferencia, hubiera dejado el ministerio por el negocio. La palabra profética transformó mi corazón. Estoy más emocionado por lo que Dios hará, que acerca de cuánto dinero voy a ganar". Paul invierte sus ganancias en la expansión del reino, porque entiende que fue con ese propósito que Dios le dio esos maravillosos milagros financieros.

Mucha gente se conforma y se siente feliz sólo con ser miembros de una iglesia, pero el gran propósito de Dios es que seamos sus reyes en la tierra, gobernando y expandiendo territorios nuevos para su reino.

Sabemos cuando estamos operando en el territorio y dominio correctos, porque somos productivos.

El plan del enemigo para contener el reino

Satanás tiene un plan de contención para detener el avance del reino de Dios, y siempre lo está implementando de alguna manera. Esto significa que estamos en una guerra continua contra un espíritu de represión. No debería sorprendernos que cada movimiento que hacemos para avanzar el reino sea contrarrestado por dificultades, obstáculos y persecución. El enemigo tratará de atarnos y detenernos. Nos confinará a un lugar, situación o circunstancia —en nuestra vida personal, nuestro ministerio, nuestro negocio o cualquier otra área donde estamos activamente involucrados extendiendo el reino—. Debemos aprender a contrarrestar esta oposición.

¿Ha estado haciendo girar sus ruedas en un mismo sitio por mucho tiempo? ¿Se siente limitado? ¿Ha perdido su visión? ¿Ha visto disminuir sus finanzas, negocio o ministerio? ¿Se siente estancado? Es peligroso estar donde Dios no está —por eso debemos continuar avanzando sin importar el costo—.

Si ha llegado a un punto en su vida donde ha tropezado con un muro inamovible, quizá está pensando que ha hecho algo malo. Siempre es importante comprobar nuestras motivaciones y pedirle a Dios que nos revele todo aquello de lo cual debemos arrepentirnos. Sin embargo, puede ser que Satanás haya levantado un muro para contener el avance del reino que usted está realizando o está a punto de realizar. Aquí es cuando necesita un rompimiento espiritual.

Primero, usted debe aprender a detectar los esquemas principales del plan de contención de Satanás y cómo desactivarlos. En primer lugar, el enemigo tratará de aislarnos, tentándonos a sucumbir ante la complacencia y la pasividad.

+ *Complacencia* se refiere a la auto-gratificación, complacer los deseos de la carne o buscar ganancias personales con egocentrismo y egoísmo.

✦ *Pasividad* es el estado de ser completamente indiferente cuando la maldad toma dominio. Es una actitud de tolerancia en la cual le permitimos al enemigo ganar terreno para su reino de tinieblas, y nunca hacemos nada al respecto. (Vea, por ejemplo, Apocalipsis 3:16).

Un hermano en nuestra iglesia tuvo que pelear duro contra los planes del enemigo para contenerlo. "Me enfrentaba a la bancarrota y a la pérdida de un millón de dólares", dijo él. "Algunas semanas ni siquiera ganaba un dólar. Me sentía desesperado y hasta pensé acabar con mi vida. Un domingo, lo único que tenía eran cuarenta dólares y los puse como ofrenda en la iglesia. Durante el servicio, el apóstol llamó al altar a los hombres de negocios que lo habían perdido todo. Pase al frente y me profetizó diciendo, 'El Señor dice que al principio del próximo año, Él te regresará todo lo que el diablo te ha robado'. El enemigo quiso detenerme porque sabía que mi deseo era proveer para el avance del reino.

"Pasado el tiempo, fui probado emocional y financieramente. El enemigo siempre me susurraba al oído para no regresar a la iglesia y dejarlo todo atrás. Me tentó para que me quitara la vida, pero perseveré, sirviendo y dando ofrendas —a veces dando lo que no teníamos—. Al principio del año, uno de mis negocios comenzó a crecer sobrenaturalmente. Pasamos de facturar $300 por semana a facturar $15,000 por semana. Poco después, otro de mis negocios, el cual se había secado, aun después de tratarlo todo, comenzó a dar ganancias de $5,000 al mes, sin mucho esfuerzo. Comenzamos a vender vía internet, y de la noche a la mañana, nuestras ganancias llegaron a $10,000 por mes. Constantemente nos quedábamos cortos de inventario, porque el volumen de ventas era mayor que el de las compras. ¡Esto fue totalmente sobrenatural!

"Un año después, mientras oraba por ideas creativas, Dios me dio la idea de formar una compañía que haría negocios entre Estados Unidos y Latinoamérica. Me uní a dos corporaciones y literalmente pasamos de cero a $100,000 en ventas mensuales. Sabemos que éste es un milagro de Dios, porque habíamos tratado todo en nuestras propias fuerzas, sin Él, y gastado mucho dinero sin resultado, y lo perdimos todo". Este hermano traspasó el plan de contención del enemigo, por su fidelidad a Dios, sus pactos, sus oraciones, sus ofrendas y su ardua labor. No se dio por vencido, sino que perseveró hasta que experimentó el rompimiento que necesitaba.

Rompimiento espiritual es la clave de la expansión

Podemos comenzar a desactivar los planes del enemigo y experimentar rompimiento espiritual, descubriendo las respuestas a dos preguntas esenciales: "¿Qué es un rompimiento espiritual?" y "¿Por qué necesitamos un rompimiento espiritual?". Después debemos aprender los pasos para recibir personalmente un rompimiento espiritual.

¿Qué es un rompimiento espiritual?

Un rompimiento es una intervención repentina de Dios que nos lleva a atravesar e ir más allá de todo lo que nos impide cruzar a nuevos territorios en el reino. Recibir un rompimiento requiere una "unción de rompimiento", o un "espíritu de poder" de Dios, el cual nos permite incrementar, multiplicar, expandir o ampliar lo que Él nos ha dado.

> *Por lo demás, hermanos míos, fortaleceos en el Señor, y en el poder de su fuerza.* (Efesios 6:10)

La palabra "*fuerza*" en el versículo de arriba se traduce del vocablo griego *isjús*, que significa "contundencia". Además de "fuerza", isjús también indica "habilidad", "poder" y "fortaleza" (STRONG, G2479). Este concepto puede ser comparado con la fuerza militar y los recursos de una gran nación. La "unción de rompimiento" o el "espíritu de fuerza" utiliza todas las fuerzas del reino del cielo y su Dios todopoderoso, cuyo arsenal, estrategias y fuerzas de avance son desplegadas para destruir el plan de contención del enemigo y extender el territorio del reino, aquí en la tierra.

"*Sansón dijo: '…Con la quijada de un asno maté a mil hombres*'" (Jueces 15:16). Sansón fue un juez y guerrero en el Antiguo Testamento. Cuando el espíritu de fuerza vino sobre él, fue capaz de matar a mil enemigos filisteos solamente con la quijada de un burro; también fue capaz de llevar sobre sus hombros el pesado portón de la ciudad, y de empujar las macizas columnas del templo filisteo, matando a tres mil filisteos más. (Vea Jueces 16:2–3, 21–30). Cuando operaba bajo el poder de Dios, Sansón no podía ser contenido. Dios nos da la fuerza para remover y destruir los muros de enfermedad, pobreza y opresión que tratan de contenernos.

El poder de Dios en el área de la guerra espiritual es llamado "fuerza".

¿Por qué necesitamos un rompimiento espiritual?

Necesitamos un rompimiento espiritual porque sólo Dios puede romper las limitaciones que Satanás nos impone, liberándonos de todo lo que nos ata. El enemigo nos atrapa de tal manera, que, aunque nos movamos, nunca avanzamos —somos como una persona trotando en una caminadora eléctrica o un hámster corriendo sobre una rueda—. Nuestros esfuerzos son en vano y nos sentimos continuamente frustrados. Mientras Dios no intervenga con un evento sobrenatural, no seremos capaces de dar un salto hacia nuevos territorios del reino o ir al próximo nivel de fe.

Nuestra debilidad se pone de manifiesto cuando somos
totalmente inútiles para luchar contra algo.
Sólo Dios puede desarmar aquello que nos ata y nos retiene.

Henry y Claudia González son pastores de una iglesia en Colombia. Cuando asistieron a nuestra Escuela Sobrenatural del Ministerio Quíntuple, su liderazgo era pasivo y se sentían espiritualmente débiles. Parecía que más gente se iba de la que llegaba a la iglesia, así que su congregación no crecía. Tampoco habían podido tener un rompimiento en el área de milagros. En la Escuela Sobrenatural del Ministerio Quíntuple, recibieron paternidad espiritual y cobertura para su iglesia. El resultado de eso fue una transformación radical en su ministerio. Comenzaron con 600 personas y 120 se habían ido de la iglesia. Pero después, la congregación creció a más de 1,000 miembros con la adición de nuevos creyentes. La iglesia continúa creciendo, y los dones espirituales de la congregación se han activado. Además, ¡la iglesia pudo pagar su hipoteca en sólo seis meses!

Durante los servicios regulares, Dios sana a la gente que sufre de cáncer, leucemia, enfermedades pulmonares y muchos otros males. Uno de los milagros que ha tenido mayor impacto fue la resurrección de un niño de ocho años llamado Denis, horas después de haber sido declarado muerto. Su padre lo había llevado al médico porque se quejaba de dolor en su pierna. Fue diagnosticado con un tumor maligno en el fémur. Después de otros exámenes, el personal médico descubrió que sus pulmones también habían sido afectados. El hospital llamó a una junta médica y decidieron que el fémur tenía que ser reemplazado. Durante la cirugía, surgió una complicación, provocando gran pérdida de sangre. El niño entró en shock y murió en la mesa de operaciones. Dos horas después que las señas vitales de Denis habían desaparecido, el cirujano ortopédico, quien era cristiano, oró por él y reprendió el espíritu de muerte. Para la gloria de Dios, ¡el niño regresó a la vida! Denis testificó que mientras estaba muerto, podía verse flotando entre las nubes con Dios Padre. Nuevos exámenes revelaron que la metástasis en sus pulmones se había revertido. Dios no sólo le devolvió la vida, sino que también sanó a Denis de cáncer.

Otro testimonio impresionante fue reportado por un miembro de su iglesia, quien testificó que su hermano había chocado en su motocicleta contra un carro y había muerto en el acto. El hombre oró por su hermano, reprendiendo el espíritu de muerte y ¡el hombre resucitó! También tenemos la sanidad milagrosa de un niño que sufría de autismo, quien pasaba los días meciéndose para adelante y atrás, aparentemente sin sentido de la realidad. Una semana después que el niño recibió la impartición del poder sobrenatural de Dios, caminó y comió por su propia cuenta, y en pleno contacto con la realidad. Además, un líder de la iglesia oró por un bebé de veintiún días de nacido, diagnosticado con cáncer, y ¡el bebé ahora está saludable! ¡Gloria a Dios!

Como parte de la multiplicación de su iglesia, Henry y Claudia González, plantaron siete iglesias en tierra que les fue donada. En una de esas localidades, tenían como vecino a un brujo. Los pastores declararon que el brujo se iría en un mes. Al mes, la esposa y el hijo del brujo aceptaron a Cristo, y un mes después, el brujo también recibió salvación. Hoy, es un hombre transformado y libre de la brujería.

Estos pastores testifican que, "La paternidad espiritual desató la herencia de lo sobrenatural y nos dio seguridad en el propósito de Dios para nuestras vidas. Desarraigó de nosotros y de la iglesia, la pasividad, el desánimo y todo aquello que nos detenía, y estableció el reino de Dios en nuestro territorio".

El enemigo trata de engañarnos, manteniéndonos enfocados en nuestros problemas y adversidades. Quiere que nuestras circunstancias se conviertan en nuestra realidad, porque de esa manera empoderamos más las situaciones negativas al confesarlas repetidamente. Busca que olvidemos que todas las circunstancias son temporales y tienen "fecha de expiración". (Vea, por ejemplo, 1 Pedro 1:6–7). Su dificultad tiene fecha de expiración porque su rompimiento existe por encima del tiempo; es sobrenatural y es producido por fe.

Si nos enfocamos en nuestras circunstancias,
nunca sabremos hasta qué punto estamos destinados a ir.

Pasos para recibir un rompimiento espiritual

Mucha gente desea un rompimiento espiritual porque se sienten infelices acerca de una situación en particular. Sin embargo, recibir un rompimiento requiere más que el simple deseo de activar el espíritu de fuerza de Dios para destruir el muro de contención de Satanás. Debemos dar los siguientes pasos:

1. Niéguese a tolerar la situación

Si queremos luchar contra el enemigo, debemos vencer la pasividad y conformidad en nuestras vidas. Cuando nos cansemos de una determinada situación —cuando nos demos cuenta que ya es suficiente y decidamos no tolerar más tiempo esa circunstancia—, desesperadamente buscaremos a Dios. Reconoceremos que estamos al final de nuestras fuerzas y habilidades y que sólo podemos depender de Él. Esto fue lo que le ocurrió a los diez leprosos que Jesús sanó, en especial al leproso samaritano, que regresó a darle gracias a Jesús y a glorificar a Dios. (Vea Lucas 17:11–19). Si los leprosos pudieron decir, "¡Es suficiente!", y tomaron la decisión de vivir y buscar liberación, ¿por qué nosotros no lo podemos hacer? Cuando nos encontremos atados a un problema, hábito, adicción o cualquier otra dificultad, debemos comenzar por decir, "¡Ya basta! ¡Eso termina aquí! ¡No más! ¡Esta fue la última vez!".

2. Llénese de ira santa

Cuando el rey David era joven, estaba lleno de ira santa contra el enemigo de Israel, por eso retó al gigante filisteo Goliat, matándolo con el espíritu de fuerza de Dios. (Vea 1 Samuel 17:26, 32). Cuando fueron amenazadas las vidas de tres jóvenes hebreos que vivían en el exilio en Babilonia, por no practicar la idolatría, ellos se llenaron de celo santo y le dijeron al rey que no adorarían dioses falsos ni doblarían sus rodillas ante una estatua de oro. Dios los rescató después de ser lanzados al fuego, también silenció a sus enemigos, y les dio favor con el rey. (Vea Daniel 3:13–30). De igual manera, cuando somos confrontados por una enfermedad, escasez financiera, discordia matrimonial, pecado o cualquier otra cosa que amenace con destruirnos, también podemos vencer y recibir rompimiento, respondiendo con ira santa. El enemigo sabe cuando hablamos en serio y estamos llenos de celo santo, de la misma manera que nuestros hijos saben cuando hablamos en serio y no les permitimos pasar los límites.

3. Ejercite la "violencia espiritual"

Cuando buscamos a Dios y Él nos da el espíritu de fuerza o la unción de rompimiento, debemos comenzar a empujar hacia adelante lo que nos ha estado deteniendo. Debemos volvernos espiritualmente violentos, no físicamente violentos. Debemos enojarnos con el diablo y sus demonios, y no con Dios ni otras personas. De otra forma, nuestra violencia no vendrá de Dios ni será santa. La ira santa pelea contra la injusticia, enfermedad, pobreza, depresión y todas las obras del diablo.

> *Desde los días de Juan el Bautista hasta ahora, el reino de los cielos sufre violencia, y los violentos lo arrebatan.* (Mateo 11:12)

Una traducción más literal de este versículo podría leerse de esta forma, "Desde los días de Juan el bautista hasta ahora, el reino de los cielos ha sido administrado por la fuerza y aquellos en el poder o gobierno, lo controlan". Dios está en control de todas las cosas, pero nos ha dado autoridad y poder para ejercer dominio en el territorio que nos ha asignado. ¿Por qué debemos ser *"violentos"* en nuestro gobierno? Porque estamos en constante guerra contra el reino de las tinieblas, peleando por tener el dominio sobre varios territorios en la tierra —sean estos, lugares físicos, gente, o áreas de influencia—. Dios le ha dado dominio a su pueblo, y dominio es el poder territorial más alto. Esta es la razón por la cual Satanás pelea contra nosotros desde el principio de la creación, y por lo que continúa peleando en contra nuestra hasta el día de hoy.

Jesús nos enseñó que para derrotar al *"hombre fuerte"*, o Satanás, debemos atarlo. (Vea, por ejemplo, Mateo 12:29). Comenzamos a hacer esto cuando confesamos a Jesucristo como Señor de nuestras vidas, porque la frase "Jesús es el Señor" es una expresión territorial. La palabra *Señor* significa absoluta autoridad y amo.

Para establecer su autoridad en cualquier lugar, usted siempre debe declarar el nombre de Jesús.

Veamos con más profundidad las repercusiones de Mateo 1:12:

+ *"Desde los días de Juan el Bautista hasta ahora…"*: Juan el Bautista fue el primero en predicar el evangelio del reino. La batalla contra el reino de las tinieblas comenzó en ese momento y ha continuado por todas las generaciones.

+ *"El reino de los cielos sufre violencia…"*: ¿Por qué sufre violencia el reino de los cielos? Cada vez que manifestamos el reino, reprendiendo una enfermedad, liberando a alguien de la atadura de las drogas o liberando a otro de traumas mentales o emocionales, ganamos un territorio para Cristo y eliminamos el reino de las tinieblas. Como hemos visto, cuando comenzamos con tomar dominio sobre un territorio en el que Satanás antes gobernaba, él va a luchar. Es más, cuando el enemigo pierde un territorio, nunca se da por vencido y tratará de recuperarlo. Por eso siempre debemos estar alertas a sus planes y resistir sus ataques. (Vea Lucas 11:24–26).

+ *"Los violentos lo arrebatan"*: El reino de Dios no avanza con gente tímida, pasiva ni débil, que se acomoda y nada hace. Antes aprendimos que el diablo ha esparcido una mentira por la iglesia, diciendo que no es necesario que hagamos nada, porque Jesús ya lo hizo todo en la cruz. Mucha gente cree que Dios nos da todo gratis, sin necesidad de esfuerzo alguno de nuestra parte. Ciertamente Dios nos da su gracia en Cristo, la cual es indispensable para el perdón y para recibir todas sus bendiciones. No merecemos redención ni nunca podríamos pagarla. Sin embargo, si vamos a poseer todo lo que Jesús ganó para nosotros, ¡todavía tenemos que pelear contra el enemigo en el poder de la fuerza de Dios! Cuando recibimos a Jesús, Él nos da su Espíritu, su fuerza y sus armas sobrenaturales para recuperar lo que Satanás nos había robado, estableciendo el reino de Dios por fuerza espiritual.

Si queremos rompimiento, tenemos que ser militantes en el ejercicio de los principios del reino. Es un asunto espiritual y aplica a todos —aunque nuestra personalidad natural nos lleve a ser enérgicos o tranquilos—. La pasividad nos deja espiritualmente heridos, en lugar de asegurar nuestro rompimiento. Debemos ser implacables con el enemigo, ¡él quiere destruirnos! Las fortalezas demoníacas temblarán y caerán cuando las empujemos con el poder de Dios.

Algunas personas han aprendido a romper ladrillos con sus manos y pies. Son capaces de hacer esto porque ven más allá de los ladrillos. Nosotros también debemos ver más allá de nuestras circunstancias para poder romperlas. Para usar otra ilustración, una gallina no le facilita el nacimiento a los pollitos rompiendo la cáscara del huevo. Son los pollitos los que deben "liberarse" picoteando las paredes interiores del cascarón con sus propios picos. De otra forma, no tendrán la fuerza necesaria para sobrevivir cuando salgan. Del mismo modo, ¡nosotros somos los que tenemos que empujar contra el muro de contención del enemigo! Pero Dios nos da su fuerza por el Espíritu Santo que mora en nosotros para que podamos hacerlo. En el proceso, creceremos fortalecidos para cumplir nuestro papel en el reino.

Hasta que el espíritu de fuerza descienda sobre nosotros, no seremos capaces de empujar los muros de contención del enemigo.

Ser espiritualmente violentos, no necesariamente significa que tenemos que hacer mucho ruido ni gritar con todas nuestras fuerzas. Significa ejercer la autoridad y el poder de Dios. Jesús es el hombre más compasivo que ha caminado sobre la tierra, pero también fue el más espiritualmente violento, por medio del poder del Espíritu. Era fuerte y firme, y nunca toleró religiosidad, pecado, enfermedad ni muerte. Igualmente, el espíritu de fuerza de Dios puede descender sobre nosotros, y empoderarnos para empujar agresivamente, más allá, las cosas que nos han mantenido estancados. En las Escrituras, vemos que cuando el espíritu de fuerza vino sobre los israelitas, después de haber entrado a la Tierra Prometida, los muros de Jericó cayeron (vea Josué 6:20), y cuando el espíritu de fuerza vino sobre el apóstol Pablo, reprendió al espíritu de adivinación (vea Hechos 16:16–18). Cada rompimiento que nosotros experimentemos traerá la manifestación de violencia espiritual.

Cuando tenemos poder podemos apropiarnos y controlar un territorio para el reino, pero si no estamos bajo autoridad espiritual no podemos ejercer poder. Este es un principio de reino. ¡La obediencia es la clave! Nadie puede expandir el reino por la fuerza, echar fuera demonios y sanar enfermos, hasta que se someta al gobierno del reino. Y el diablo conoce esto muy bien; él reconoce quién habla con el peso de la autoridad y quién no.

La autoridad debe ser reconocida y recibida.

Hoy en día, en algunos círculos cristianos, la gente pelea entre sí acerca del método correcto para echar fuera demonios. Como resultado, los demonios se manifiestan y normalmente les toma mucho tiempo echarlos. En la iglesia primitiva, echar fuera demonios se hacía rápidamente y con eficiencia porque los demonios reconocían el gobierno de Dios en los discípulos de Jesús. Los demonios estaban obligados a obedecer, porque sabían que los discípulos hablaban en el nombre del Rey de Reyes.

Por eso, para expandir el reino, debemos establecer la autoridad de Dios en nuestros hogares, negocios, iglesias, ministerios, comunidades y naciones. Si no establecemos la autoridad de Dios y nos sometemos a su gobierno superior, no tenemos el derecho legal de ejercer su poder. Cuando el enemigo no ve el gobierno de Dios en nosotros, puede retar nuestra autoridad y negarse a ir. ¿Puede ser éste el motivo por el cual muchas veces no se van cuando se lo decimos? ¿Será que le hemos dado el derecho legal para quedarse porque no nos hemos sometido a Dios y a sus autoridades delegadas? Sometámonos pues a Dios y avancemos su reino con autoridad y fuerza.

Si no está en sumisión, usted no está en gobierno.

4. Ofrezca alabanza gloriosa y espontánea a Dios

Regocíjate, oh estéril, la que no daba a luz; levanta canción y da voces de júbilo, la que nunca estuvo de parto; porque más son los hijos de la desamparada que los de la casada, ha dicho Jehová. (Isaías 54:1)

Como la mujer estéril del versículo de arriba, mucha gente no está produciendo fruto en diversas áreas de sus vidas a causa de un espíritu de infertilidad que les roba la expansión y la bendición. Por ejemplo, cada vez que están a punto de conseguir un trabajo, concretar un negocio, casarse o terminar un proyecto importante, el espíritu de esterilidad o aborto provoca que pierda su bendición. La solución a la falta de fruto es un rompimiento espiritual, y el paso final en el proceso de recibir rompimiento es ofrecer alabanza gloriosa y espontánea a Dios.

¡Regocíjese, dé gritos de júbilo, ofrézcale a Dios alabanza extravagante, cántele un cántico nuevo al Señor! Debemos alabar al Señor en medio de nuestro dolor, aun cuando parezca anormal hacerlo. El proceso de buscar un rompimiento no siempre tiene sentido para la razón humana, porque la razón no produce fe. Aquí el principio de reino es invadir el reino de las tinieblas por medio de cánticos nuevos inspirados por el Espíritu de Dios. Esta manifestación del Espíritu puede venir de repente. No me refiero a canciones regulares que a menudo cantamos en la iglesia, aunque podemos comenzar con ellas. Me refiero al "canto espontáneo". Esto no es cantar una canción, parar y esperar el rompimiento, sino continuar cantando en voz alta hasta que el espíritu de fuerza descienda sobre nosotros. Debemos continuar empujando contra el reino de las tinieblas por medio del canto, porque estamos en el proceso de dar a luz algo en el Espíritu.

La alabanza alta y espontánea da a luz rompimientos sobrenaturales.

No deje de cantar —cante canciones celestiales—; penetre la oscuridad con alabanzas al Señor. Regocíjese porque antes era estéril, pero ahora da fruto. ¡Grite con voz de júbilo, ahora mismo! Donde quiera que esté, el rompimiento viene. Este lo guiará fuera de su estancamiento espiritual, personal, vocacional o ministerial, para que pueda derrumbar los muros de contención, avanzar el territorio del reino de Dios, y destruir las obras del diablo.

Establezca el reino en su área de influencia

Ensancha el sitio de tu tienda, y las cortinas de tus habitaciones sean extendidas; no seas escasa; alarga tus cuerdas, y refuerza tus estacas.

(Isaías 54:2)

Cuando el Espíritu de fuerza viene sobre nosotros, vamos a extendernos hacia el norte, sur, este y oeste. Las barreras que antes nos detenían serán destruidas, y las limitaciones que antes nos impusieron caerán. Entonces expandiremos el reino, al multiplicar nuestros ministerios, iglesias, negocios y dones. El Espíritu de fuerza vendrá sobre nosotros para traernos grandes rompimientos. ¡Hoy es el día de expansión en nuestras vidas!

Esto fue lo que le pasó a un pastor de Venezuela. Durante una conferencia de jóvenes que nuestra iglesia patrocinó en su país, el Pastor Gregory testificó que hacía poco yo le había dado una palabra profética, y que ésta había venido a cumplimiento en su totalidad. Dios me había mostrado que el Pastor Gregory iba a establecer un colegio y una estación de radio. Las dos cosas se cumplieron. Ya tienen el colegio y recibieron la aprobación para la estación de radio. Poco después, el Pastor Gregory asistió a la Escuela Sobrenatural del Ministerio Quíntuple, donde, bajo la dirección del Espíritu Santo, desaté un rompimiento financiero a todos los que estaban allí.

Al regresar a Venezuela, un hombre de negocios se le acercó al Pastor Gregory para decirle: "El Señor no me ha dejado dormir, y me ha dado instrucciones de sembrar cuatro millones de Bolívares en su ministerio".

Luego, otro hombre de negocios sembró 1.5 millones de dólares y después medio millón más. ¡Una ola de provisión sobrenatural se había desatado! Otra persona le dio al Pastor Gregory una nueva SUV, y hasta le pagó los boletos aéreos para que él y toda su familia viajaran. Su iglesia ha experimentado milagros creativos y sanidades, los cuales han causado gran impacto. Este pastor testifica lleno de gozo que su congregación, ¡es ahora una mega iglesia! La influencia del poder sobrenatural de Dios es evidente en su vida y ministerio. Cuando terminó de dar su testimonio, lo abracé y le ministré la presencia de Dios y la paternidad espiritual. El Pastor Gregory estaba visible y profundamente tocado por Dios.

El propósito de un rompimiento espiritual es la expansión del reino.

Jesús dijo, "*No me elegisteis vosotros a mí, sino que yo os elegí a vosotros, y os he puesto para que vayáis y llevéis fruto, y vuestro fruto permanezca...*" (Juan 15:16). Si su vida no produce fruto para Dios, o si su ministerio es inefectivo, pregúntese lo siguiente:

+ ¿A qué territorio, o esfera de influencia, he sido asignado por Dios?

+ ¿Por qué estoy en este territorio? ¿Acaso he permitido que las circunstancias me traigan a este lugar? ¿Vine por decisión propia? ¿O fue Dios quien me plantó aquí?

+ ¿Está mi propósito conectado con este territorio?

+ ¿Quién es mi autoridad delegada —por ejemplo, mi pastor o apóstol—? ¿Permito que él me entrene, discipule y guíe según la Palabra de Dios?

+ ¿Estoy produciendo fruto duradero?

Cuando Dios nos llama también nos capacita. Él nos da los recursos necesarios para cumplir sus propósitos. Por el contrario, cuando no somos asignados a un territorio específico, o cuando no fuimos apropiadamente enviados allí por una autoridad que Él delegó, no tendremos dominio sobre ese territorio. Repito, el enemigo y sus demonios saben cómo reconocer a los hombres y mujeres que funcionan fuera de sus esferas de influencia o autoridad.

A veces la tarea que Dios nos da incluye servir en el ministerio a tiempo completo; sin embargo, Dios llama a los creyentes a muchos campos, como la ley, gobierno, educación, artes, ciencia e ingeniería. Por ejemplo, si Dios le asignó traer reforma al sistema educativo en su ciudad, Él lo va apoyar por muy imposible que la tarea parezca, porque ése es su territorio. Dios lo puso allí, y su poder lo respaldará.

Todos debemos estar en el proceso de cumplir nuestras tareas. Cada uno de nosotros debe buscar a Dios con toda sinceridad para descubrir nuestra tarea específica. Por medio de las parábolas de los talentos y las minas, Jesús nos explica que cuando somos fieles en lo que Dios nos manda hacer, siendo buenos mayordomos de los dones que Él nos da, Él nos recompensa con mayor territorio y responsabilidad. Además, si somos fieles en la tierra, seremos recompensados en la eternidad.

Si Dios lo ha plantado en un lugar, entonces usted verá que eso se hace evidente por los frutos que da. Creo que si es próspero donde está, es porque está en el territorio correcto, porque cuando encuentra su propósito y lo persigue con integridad, la prosperidad de Dios estará con usted en cada área de su vida.

Cuando ocurre un rompimiento espiritual, nuestra vieja mentalidad de limitación cambia a una mentalidad de expansión.

Demuestre el reino de poder aquí y ahora

¡El reto del reino es en el aquí y ahora! El reino de Dios es la atmósfera, gobierno y cultura del cielo, traída a la tierra, para que Jesús pueda ser Rey y Señor de nuestras vidas, y Satanás pueda ser removido de nuestro entorno. Cuando un corazón es transformado, cuando un enfermo recibe sanidad, cuando alguien que sufre opresión es liberado, vemos demostraciones del reino de poder de Dios. Nacimos para traer esas manifestaciones del cielo a la tierra; para eso Dios nos empoderó y nos dio dones y habilidades.

A través de este libro, usted ha sido equipado con la revelación del reino de poder, aquí y ahora. Cuando el Espíritu Santo venga sobre usted, recibirá el poder de Dios y el bautismo de fuego, encendiéndolo para manifestar su reino donde quiera que vaya —gobernando sobre la enfermedad, el pecado, los demonios, la pobreza y la muerte—. Esta es la temporada para la manifestación de los hijos de Dios sobre la tierra. Dios lo creó para que vaya al mundo con todos los dones y bendiciones que Él ha derramado sobre usted, de modo que pueda expandir y multiplicar el reino en la tierra. A medida que hace esto, Él aumentará su fe, poder y bendiciones, capacitándolo para continuar extendiendo su reino por el mundo.

¿Está listo para expandir el reino de Dios aquí y ahora? Si todavía no ha recibido a Jesús como su Señor y Salvador, quiero darle otra oportunidad para hacerlo, ahora mismo. No podrá recibir rompimiento ni expandir el reino si todavía no es un ciudadano del reino. ¡No espere más!

Padre celestial: Yo reconozco que soy un pecador, y que mi pecado me separa de ti. Hoy creo que Jesús murió por mí en la cruz y que Dios Padre lo resucitó de entre los muertos. Me arrepiento de todos mis pecados, y voluntariamente, confieso a Jesús como mi Señor y mi Salvador. Renuncio a todo pacto con el mundo, con la carne y con el diablo, y ahora hago un pacto nuevo contigo Jesús. Señor, te pido que entres a mi corazón y cambies mi vida. Si hoy muriera, al abrir mis ojos, sé que estaré en tus brazos. ¡Amén!

Si acaba de hacer esta oración o si previamente había aceptado a Cristo, pero no había recibido el bautismo del Espíritu Santo, haga la siguiente oración para que pueda ser lleno del Espíritu, con la evidencia de hablar en otras lenguas. Recuerde que el propósito de ser bautizado con el Espíritu es recibir poder sobrenatural para vencer el pecado, la tentación, la enfermedad, la pobreza, los demonios y la muerte, y tener victoria en toda otra circunstancia adversa de su vida.

Padre celestial, soy tu hijo(a) y te pido que me llenes con tu precioso Espíritu Santo. A medida que el Espíritu se manifiesta, comienzo ahora a hablar en otras lenguas.

Continúe orando con la expectativa que va a hablar el lenguaje celestial, ahora mismo.

Si ha recibido a Jesús y ha sido bautizado en el Espíritu, y si desea que Dios lo use para su reino cada día más, por favor haga la siguiente oración:

Padre celestial, yo soy tu hijo amado. Soy un rey y sacerdote bajo tu autoridad, que gobierno sobre el territorio que tú me has dado en tu reino. Soy un guerrero, lleno de tu espíritu de fuerza para derribar todos los muros de contención de Satanás, y recibo tu rompimiento para expandir aún más tu reino. Vive hoy en mí, y permite que tu Espíritu se mueva en mi vida. Permite que mi corazón siempre sea receptivo y obediente a tu propósito y voluntad. Que venga tu reino y se haga tu voluntad, en la tierra como es en el cielo; en el aquí y ahora, y por toda la eternidad. ¡Amén y amén!

Acerca del autor

El Apóstol Guillermo Maldonado es un hombre llamado a traer el poder sobrenatural de Dios a esta generación a nivel local e internacional. Activo en el ministerio por más de veinte años, es el fundador y pastor del Ministerio Internacional El Rey Jesús —una de las iglesias multiculturales de más rápido crecimiento en los Estados Unidos— reconocido por la formación de líderes de reino y por las manifestaciones visibles del poder sobrenatural de Dios.

Con su maestría en teología práctica de la Oral Roberts University y un doctorado en divinidad de Visión International University, el Apóstol Maldonado está firme y enfocado en la visión que Dios le ha dado de evangelizar, afirmar, discipular y enviar. Su misión es enseñar, entrenar, equipar y enviar lideres y creyentes a traer el poder sobrenatural de Dios a sus comunidades para entonces dejar un legado de bendición a las futuras generaciones. Esta misión es mundial. El Apóstol Maldonado es un padre espiritual para más de 100 pastores y apóstoles de iglesias locales e internacionales que forman parte de la creciente, Red Apostólica Vino Nuevo, fundada por él.

Él es autor de muchos libros y manuales, algunos de los cuales han sido traducidos a otros lenguajes. Sus libros anteriores con Whitaker House son *Cómo Caminar en el Poder Sobrenatural de Dios*, *La Gloria de Dios* y *La Gloria de Dios* (Estudio Bíblico Guiado por el Espíritu Santo). Adicionalmente, él predica el mensaje de Jesucristo y su poder redentor, a través del programa *Tiempo de Cambio*, el cual tiene alcance nacional e internacional a través de varias cadenas de televisión, alcanzando a millones a nivel mundial.

El Apóstol Maldonado reside en Miami, Florida, junto a su esposa y compañera en el ministerio, Ana, y sus dos hijos, Bryan y Ronald.